동명왕릉의 연꽃무늬

동학과 동학경전의 재인식

동학학회 편저

도서출판 신서원

3. 자연외경문명관 ………………… 154   4. 개명진보문명관 ……………… 162
5. 맺음말 ……………………… 167

동학의 신관 -주자학적 존재론의 극복을 중심으로- ▷ 박경환

1. 머리말 …………………………………………………………… 171
2. 氣一元論으로의 존재론적 전환 ……………………………… 172
3. 기일원론적 汎在神觀과 그 내재적 전개 …………………… 180
4. 맺음말 …………………………………………………………… 188

동학의 인간관 -'侍天主'의 사회사상사적 의의를 중심으로- ▷ 이명남

1. 머리말 ……………………… 193   2. 侍天主思想의 인간관 ……… 195
3. 侍天主사상에서의 인간관 …… 197   4. 맺음말 …………………………… 202

동학의 도덕적 평등주의 ▷ 오문환

1. 머리말 ……………………… 205   2. 불평등 비판과 평등주의 …… 206
3. 평등의 근거: 천주를 모심 …… 211   4. 평등의 구현 ……………………… 215
5. 평등이 실현된 이상사회 …… 218   6. 맺음말 …………………………… 220

동학의 사회관 ▷ 노태구

1. 머리말 ……………………… 223   2. 東學의 宇宙觀 ………………… 228
3. 東學의 認識論 ……………… 239   4. 東學의 世界觀 ………………… 249
5. 造化의 世界 ………………… 262   6. 맺음말 …………………………… 273

동학의 정치사상으로서의 재조명 -『용담유사』를 중심으로- ▷ 양병기

1. 머리말 ……………………… 281   2. 天道觀의 인간지상주의 …… 283
3. 同歸一體의 사회통합 지향 …… 286   4. 輔國安民의 정치사상 ………… 290
5. 맺음말 ……………………… 298

서 평

동학은 인류구원의 근원 ▷ 신재홍 ……………………………………… 301
동학혁명의 명쾌한 해답 ▷ 조항래 ……………………………………… 306
전봉준의 평가와 『동학사』의 해석문제 ▷ 이현희 …………………… 312

目 次

주 제

『동경대전』의 역사적 연구 ▷ 안창범
  1. 머리말 ·· 7 2. 동학사상의 연원 ······················ 10
  3. 史學界의 關聯學說 批判 ············ 17 4. 맺음말 ·· 31

『동경대전』의 종교철학적인 이해 ▷ 최동희
  1. 머리말 ··33
  2.『동경대전』에 나타난 종교사상 ···36 3. 맺음말 ·· 43

『용담유사』의 문학적 조명 ▷ 윤석산
  1. 머리말 ··49 2. 한글 가사로서의『용담유사』···51
  3.『용담유사』의 문학사적 위상 ···58 4. 맺음말 ·· 75

『용담유사』의 역사적 이해 -최제우 사상의 발전과정을 중심으로- ▷ 김기승
  1. 머리말 ··79 2. 득도 이전 최제우의 생애 ········83
  3. 수련 및 초기 포덕시기 ············ 87 4. 교리 정리시기 ··························96
  5. 신앙공동체 원리 확립시기 ······ 104 6. 신앙공동체 조직활동 시기··· 107
  7. 맺음말 :『용담유사』의 역사적 성격 ··· 111

『용담유사』의 철학적 고찰 ▷ 김춘성
  1. 머리말 ·· 121 2. 대중화·생활화 추구 ············ 123
  3. 侍天主개념의 정립 ··················126 4. 실천적 마음공부 ···················· 130
  5. 다시개벽의 시운관 ···················141 6. 맺음말 ···143

보 론

동학의 문명관 ▷ 김정의
  1. 머리말 ·· 147 2. 인간존중문명관 ····················· 148

주 제

『동경대전』의 역사적 연구 ▷ 안창범
『동경대전』의 종교철학적인 이해 ▷ 최동희
『용담유사』의 문학적 조명 ▷ 윤석산
『용담유사』의 역사적 이해 ▷ 김기승
『용담유사』의 철학적 고찰 ▷ 김춘성

『동경대전』의 역사적 연구

안창범*

1. 머리말

　『동경대전』을 보면 天靈·天主·하날님(한울님)·天命·天理·天道·天德·天性·天地人三才·陰陽五行이라는 天道에 관한 용어와 사상이 나오고, 神仙·仙風道骨·仙藥·不死藥·不老不死·無爲而化·地上仙境이니 하는 도교적인 용어와 사상, 부처·八道佛前·山神佛供·輪廻·蓮花·三十三天·兜率天이니 하는 불교적인 용어와 사상, 그리고 上帝·道成德立·三綱五倫·聖人君子·忠孝烈士·孝子孝婦라는 유교적인 용어와 사상이 나온다. 이래서 일반적으로 동학관련 학자들은 東學이 동양의 전통적 道·佛·儒 사상을 "수용하였다, 종합하였다, 재구성하였다"라고 주장한다.1)

---

* 제주대 교수(윤리학)
1) ① 申一澈,『崔水雲의 歷史意識』: 李炫熙 엮음,『東學思想과 東學革命』(靑亞出版社, 1984), p.16. ② 睦貞均,『東學運動의 求心力과 遠心作用』: 李炫熙 엮음, 위의 책, pp.226~228. ③ 鄭然滇,『新興宗敎의 思想的 脈絡』: 國民倫理學會 編,『韓國의 傳統思想』(螢雪出版社, 1983), p.193. ④ 韓昇助,『韓國精神史의 脈絡』: 國民倫理學會 編, 위의 책, p.231. ⑤ 申福龍,『東學思想과 甲午農民革命』(平民社, 1985), pp.21·239. ⑥ 金庠基,『東學과 東學亂』(大成出版社, 1945), pp.22~23·41~49. ⑦ 崔玟洪,『한철학 논문선집』권1(해동철학회, 1994),

그런가 하면, 『동경대전』「論學文」에 "우리 도는 無爲而化라 그 마음을 가지런히 하고 그 기운을 바르게 하며 그 성품을 거느리고 그 가르침을 받으면, 자연한 가운데서 나오니라"2) 하고, "그 이름은 天道라" 하였다.3) 『龍潭遺詞』「용담가」에는 "천은이 망극하여 경신 4월 5일에 만고없는 無極大道 如夢如覺 得道로다" 하고,4) 「歎道儒心急」에는 "山河大運이 모두 이 道에 돌아오니 그 근원이 극히 깊고 그 이치가 심히 멀도다" 하였다.5) 또한 논학문에는 "내 또한 東에서 나서 東에서 받았으니 道는 비록 天道이나 學인즉 東學이라" 하고,6) 「絶句」에는 "평생에 받은 천명은 천년 운수요, 성덕은 우리집에 내려오는 百世의 업이라. 용담의 흐르는 물은 사해의 근원이 되고, 구악에 봄이 오면 한 세상이 아름다워지니라"7)고 하였다. 이는 용담에서 사방으로 강하가 흐르는 것을 의미하고, 이를 동학의 연원에 비유한 것이다. 곧 동학사상은 동양의 전통적 외래사상을 수용한 것이 아니라, 오히려 세계사상 내지 동양사상의 근원이 되었고, 崔氏집안에서 1천 년 동안이나 전승된 가업이었다는 것이다. 그러면서 「교훈가」를 보면

---

p.346 : 『한철학사』(성문사, 1997), p.253. ⑧ 安晋吾, 『東學思想의 연원』: 柳炳德 編著, 『東學·天道敎』(시인사, 1987), pp.20·34: 이상 동학관련 거의 모든 논문에서 동학이 동양의 전통적 외래사상인 道·佛·儒 三敎思想을 수용한 것으로 기술되고 있다.

2) 『東經大全』, 「論學文」: "吾道는 無爲而化矣라. 守其心, 正其氣하고 率其性, 受其敎하면 化出於自然之中也라."

3) 「論學文」: "曰然則何道로 以名之니까? 曰天道也니라."

4) 『龍潭遺詞』, 「龍潭歌」.

5) 『東經大全』, 「歎道儒心急」: "山河大運이 盡歸此道하니 其源이 極深하고 其理가 甚遠하도다."

6) 『東經大全』, 「論學文」: "吾亦生於東, 受於東하니 道雖天道나 學則東學이라."

7) 『東經大全』, 「絶句」: "平生受命千年運 聖德家承百世業. 龍潭流水四海源 龜岳春回一世花."

"儒道・佛道 누천년에 운이 역시 다했던가"8)라고 하여 동양사상이 무기력함을 한탄하면서 동학을 "만고없는 무극대도"9)라고 극찬한다.

다시 말하면, 『동경대전』을 검토해 보면, 동학은 동양의 전통적 외래사상을 수용한 것 같이 보이는가 하면, 고래로부터 전래된 고유사상을 전승한 것 같이 보이기도 한다. 그러면 『동경대전』의 그러한 기록들을 어떻게 이해하여야 하느냐 하는 문제이다. 만약 동학이 동양의 전통적 외래사상을 수용했다고 할 경우, 고래로부터 전승된 고유사상을 전승했다는 수운 선생의 말씀을 고의적으로 부정해야 하고, 반대로 동학이 고래로부터 전승된 고유사상을 전승했다고 할 경우, 『동경대전』에 등장하는 도・불・유에 대한 용어와 사상들은 어디에서 나온 것이냐 하고 오리무중에 빠지게 된다. 그래서 동학사상의 연원에 대한 구체적인 연구물도 없거니와 있다 하더라도 그것은 아전인수격인 일방적 주장들이었다.

본 연구에서는 이상과 같이 난해한 동학사상의 연원에10) 대해 새로이 고찰함과 동시에 사학계의 관련학설에 대해 비판한다. 객관적인 비판을 바란다.

---

8) 『龍潭遺詞』, 「교훈가」(四).
9) 『龍潭遺詞』, 「교훈가」(五).
10) 보통 동학사상을 논할 경우, 동학사상의 연원이라 하지 않고, 동학운동의 발생배경 또는 동학의 사상적 배경이라 하여 후기 근세조선의 사회상황을 논한다. 그러나 그러한 논법은 있을 수 없다. 왜냐하면, 그것은 東學을 創道했다 할 경우, 성립되는 논법이기 때문이다. 그런데 『동경대전』에 동학을 得道했다 하고, 創道했다고 아니했다. 得道란 上古로부터 전해 오는 道를 받았다 또는 얻었다는 뜻이며, 創道는 道를 처음으로 만들었다는 뜻이다. 곧 독자들은 "得道와 創道", "동학사상의 연원과 동학운동의 발생배경"은 의미하는 바가 다름을 이해하여 주기 바란다.

2. 동학사상의 연원

1) 天道와 동학사상의 연원

『동경대전』 논학문에 "우리 道는 無爲而化라 그 마음을 가지런히 하고 그 기운을 바르게 하며 그 성품을 거느리고 그 가르침을 받으면, 자연한 가운데서 나오니라" 하고, "그 이름은 天道라" 하였다. 그러면 구체적으로 마음[心]과 기운[氣]과 성품[性]은 무엇을 의미하며, 천도는 어떠한 사상을 의미하느냐의 문제이다.

松月堂이라는 노승과의 문답내용을 보면, 崔濟愚 선생은 도·불·유를 하지는 않지만 좋아한다 하고, 비유하면 두 팔 가운데 어느 팔을 좋아하고 어느 팔을 싫어할 수 없는 것과 같다고 하였다. 왜냐하면, 천도는 없는 곳이 없고, 없는 곳이 없으므로 전체를 사랑할 수밖에 없기 때문이라고 하였다.11) 즉 동학사상은 원래 도·불·유 합일의 불가분적인 천도임을 말하고 있는 것이다.

또한 최제우 선생께서 제자 海月 崔時亨을 향하여 말하되 "吾道는 원래 儒도 아니고 佛도 아니며 仙[道敎의 고전적 표현]도 아니니라. 그러나 오도는 유·불·선 합일이니라. 천도는 유·불·선이 아니로되, 유·불·선은 천도의 일부분이니라. 儒의 윤리와 佛의 覺性과 仙의 養氣는 인성의 자연한 稟賦이며 천도의 고유한 부분이니, 오도는 그 無極大源을 잡은 자니라. 후에 도를 전하는 자는 이를 오해하지 말도록 지도하라"12) 하시었다.

---

11) 李敦化 編述, 『天道敎創建史』 第一編(景仁文化社, 1982), p.33.
12) 위의 책, 第一編, 第九章 道統傳授, p.47.

道 敎	氣	命	天氣	天一
佛 敎	心	性	地氣	地一
儒 敎	身	精	人氣	人一

三敎와 三房〔三眞〕과 三神의 연관성

　이를 설명하면, 도교〔仙〕의 양기는 인성의 자연한 품부 가운데 元氣를 기른다는 뜻이며, 불교의 각성은 인성의 자연한 품부 가운데 本性〔心〕을 깨친다는 뜻이다. 그리고 유교의 윤리는 修身으로서 인성의 자연한 품부 가운데 신체를 닦는다는 뜻이다. 즉 동학의 도·불·유 사상은 인성의 자연한 품부인 氣·性〔心〕·身을 닦는 사상이란 것이다. 기·성〔심〕·신은 인체계에서 서로 불가분적 일체관계를 이루어 서로 분리되거나 조작될 수 없는 것이며, 天道인 天一·地一·人一의 三神一體와 불가분적인 연관성을 지닌다.13) 따라서 동학의 도·불·유 사상은 천도이며, 누구에 의해서 조작되거나 재구성될 수 없는 사상인 것이다. 여기에서 동학의 도·불·유 三敎思想은 동양의 전통적 외래사상을 따로따로 수용하여 조작하거나 재구성했다는 주장은 제1차로 부정된다. 이상을 도표화하면 다음과 같다.

2) 선천개벽의 환웅천황과 동학사상의 연원

　『동경대전』「탄도유심급」에 "산하대운이 모두 이 도에 돌아오

---

13) 氣는 天一〔天氣〕, 性〔心〕은 地一〔地氣〕, 身은 人一〔人氣〕과 불가분적인 관계를 지니는데, 이 문제에 대해서는 안창범, 「신선도의 성립배경」(『잃어버린 배달사상과 동양사상의 기원』, 국학자료원, 1996)을 참고해 주기 바란다.

니 그 근원이 극히 깊고 그 이치가 심히 멀도다" 하여 동학의 근원이 극히 심오하고 오래됨을 말하고 있는데, 『天道敎創建史』를 보면 최시형 선생이 말씀하시기를 "오도의 大運은 天皇氏의 근본원리를 회복한 無極之運이며, 천황씨는 先天開闢의 시조를 의미한다"고 하였다.14) 義菴 孫秉熙 선생도 "우리 대선생〔최제우〕께서 비로소 無極大道와 大德의 근본원리와 接靈降話의 이치를 밝혔다고 하나, 개벽초의 천황씨로부터 처음 비롯된 運이라 하니 의심하지 말라"하였다.15) 개벽초 또는 선천개벽이란 後天開闢 이전의 개벽을 의미한다. 따라서 후천개벽이 최제우 선생의 동학 得道를 의미한다면, 선천개벽은 태고시대의 天皇에 의한 종교설립을 의미한다고 할 수 있다.

그런데 『桓檀古記』16) 「三聖紀全」 하편을 보면 安巴堅 桓仁이 "桓雄天皇에게 開天〔天道를 크게 깨치다의 뜻〕하여 종교를 세우고 자손만대에 洪範이 되게 하라"는 교시가 있고,17) "환웅천황이 三神으로 종교를 설립하고 仙界의 戒律로써 업을 삼아 무리를 모아 맹세하고 권선징악하는 법을 세웠다"고 하였다18) 환웅천황은

---

14) 李敦化, 앞의 책, 第二編, p.27.
15) 위의 책, 第三編, p.20.
16) 『桓檀古記』를 僞書라고 주장하는 학자들이 있다. 이 문제에 대해서는 뒤에 상설한다.
17) 金殷洙 譯, 「三聖紀全」 下篇(『桓檀古記』, 가나출판사, 1985), p.361: "開天立敎 在世理化 爲萬世子孫之洪範也." 이때의 開는 '크게 깨닫다, 크게 통달하다'의 뜻이며, 天은 '天理·天道'의 뜻으로, 開天은 '天道를 크게 깨닫다'의 뜻이다. 立敎는 '교육의 방침을 세우다', 곧 '종교를 세우다'의 뜻이다.
18) 金殷洙 엮음, 위의 책, 같은 면: "桓雄乃以三神設敎 以佺戒爲業 而衆作誓 有勸善懲惡之法." 여기에서의 三神은 天一·地一·人一을 의미하며, 設은 '세우다, 설치하다, 은혜를 베풀다'의 뜻으로, 敎는 '종교〔교〕'자로 풀이하면, 設敎는 '종교를 세우다, 종교를 창설하다'의 뜻이다: 張三植 編, 『大漢韓辭典』(進賢書館, 1979), 敎字 참조〔참고: 『한단고기』에 의하면, 한웅천황의 前居住地는 중앙 아시아 天山

고조선 이전 倍達國의 초대 천황을 지칭하며, 삼신은 天一・地一・人一을 의미하는데, 三神一體에서 도・불・유 삼교일체의 신선도가 성립된다.19) 다시 말하면, 배달국의 시조 환웅천황에 의하여 도・불・유 삼교일체의 신선도가 성립되었다는 것이다. 그 때는 단기 앞 1565년 10월 3일로서,20) 오늘날 10월 3일의 개천절 행사는 원래 한웅천황이 천도를 크게 깨치고 종교를 설립한 데 대한 기념행사인 것이다. 그러므로 한웅천황은 先天開闢의 시조인 것이다.

이상의 기록 이외에도 趙汝籍의 『靑鶴集』, 李能和의 『朝鮮道敎史』, 金敎獻의 『神檀實記』와 『神檀民史』를 보면 상고시대부터 우리나라에 成立宗敎가 있었다는 기록이 있고, 檀君神敎가 전승되면서 三韓[古朝鮮]에서는 天神敎, 扶餘에서는 代天敎, 高句麗에서는 敬天敎, 新羅에서는 崇天敎, 渤海에서는 眞宗敎, 遼와 金에서는 拜天敎, 滿洲에서는 主神敎 등으로 불렸다고 하였다.21) 또한 崔南善도 "조선에는 예로부터 고유신앙이 있었고… 이 민족교는 유교・불교에 앞서 있었으며, 유교・불교가 들어온 뒤에도 그대로 나란히 존재하였다"22)고 주장하고 있다. 金敎獻은 단군신교의 일파가 支那로 전포하여 仙敎라 칭하였다23) 하고, 申采

桓國 庶子部이다. 여기에서 天山의 山자와 庶子部의 部자를 생략하면, 한웅천황은 하늘[天]에서 내려온 하늘님의 庶子 같이 해석되어 한웅천황의 역사는 신화같이 보이게 된다. 이러한 점에 유의해야 할 것이다).
19) 안창범, 『우리 민족의 고유사상』(도서출판 三養, 2000), pp.39~44・55~66 참조.
20) 金殷洙 譯, 앞의 책, p.52 : 위의 책, pp.39~44 참조.
21) 金敎獻・李民樹 譯, 『神檀實記』(한뿌리, 1987), p.51 : 「大倧敎總本司」, "檀君敎復興經略", pp.4~5.
22) 崔南善, 『朝鮮常識問答』 Ⅶ. 信仰(三星文化文庫, 1974), p.148.
23) 金敎獻, 『神檀民史』(한뿌리, 1986), p.45.

浩는 "단군왕검 시대에 三神五帝敎가 지나로 傳布되었다고 하였다.24) 고유종교가 있었다는 근거로서 문자와 금관과 불탑과 범종과 절터 등이 있고, 그밖에 고고학적 실증이 있다.25)

곧 『동경대전』에 도·불·유 삼교의 용어와 사상이 혼용되어 나오는데, 우리나라 태고시대 한웅천황에 의하여 설해진 신선도가 도·불·유 三敎一體사상이다. 여기에서 동학의 도·불·유 삼교 사상은 환웅천황에 의해 설해진 신선도의 도·불·유 三敎思想을 전승했다는 것을 알 수가 있고, 동양의 전통적 老·釋·孔의 도·불·유 사상을 수용하였다는 주장은 제2차로 부정된다.

3) 용담과 동학사상의 연원

『동경대전』「절구」에 "龍潭에서 흐르는 물은 사해의 근원이 되었다"고 하였다. 이는 동학사상의 연원을 四海의 근원에 비유한 것이라 할 수 있다. 최시형 선생께서도 제자들에게 道通을 전수할 때 "山上의 물은 吾敎의 道統淵源이라. 이 현묘한 기틀과 참다운 이치를 알은 연후에야 開闢의 運과 無極의 道를 알게 되리라. 오호라! 뿌리없는 나무가 없고 근원없는 물이 없으니 만사가 오직 그와 같으니라"26)하여 동학의 연원이 최제우 선생의 창작도 아니고 외래사상의 수용도 재구성도 종합도 아니라, 山上의

---

24) 申采浩, 「朝鮮上古史」, (『丹齋申采浩全集』 上, 丹齋申采浩先生記念事業會, 螢雪出版社, 1979), pp.81~83.
25) 신선도의 실재적 증거의 문제에 대해서는 안창범, 앞의 책, 「신선도의 실재적 근거」를 참고해 주기 바란다.
26) 李敦化, 앞의 책, 第二編, p.73: "山上有水 吾敎道統之淵源也, 知此玄機眞理然後, 有以知開闢之運 無極之道矣, 嗟乎! 樹無根之樹 水無無源之水 物猶如是."

물 곧 龍潭임을 말하고 있다. 그런데 우리나라 백두산 정상의 天池에서 도·불·유 삼교일체의 신선도가 한웅천황에 의해 성립되는데27), 천지를 용담 또는 龍王潭이라28) 하고, 거기에서 압록·송화·소화·두만의 4대 강하가 사방으로 흐른다. 따라서 『동경대전』「절구」에서 말하는 용담과 최시형 선생이 말하는 산상의 물은 백두산 정상의 용담(天池)이라 할 수 있고, 그 곳이 동학의 발원지라 할 수 있다. 여기에서 동학사상이 동양의 전통적 외래 사상을 수용했다는 주장은 제3차로 부정된다.

그러나 흔히 최제우 선생의 고향인 경주 見谷面 柯亭里에 용담이 있는 것으로 이해한다. 『동경대전』「修德文」에 의하면 "난간이 못가에 다다르니 周濂溪의 뜻과 다름이 없고, 정자의 이름을 용담이라 하였으니 제갈량을 사모하는 마음이 아니겠는가"29) 하여, 용담이 정자의 이름임을 말하고 있는데, 『용담유사』「용담가」에도 "龜尾山下 一亭閣을 용담이라 이름하고"30)하여 일반적으로 이해하고 있는 용담은 물이 아니라 정자의 이름이다. 그뿐만 아니라, 현지를 답사해 보면, 그 곳은 산의 정상도 아니고 거기에서 사방으로 물이 흐르는 것도 아니다. 산기슭이며, 산 골짜기였다. 실재 龍潭亭도 있었다. 따라서 동학발원지로서의 용담은 경주 현곡면 가정리의 용담(정)이 아니라 백두산 정상의 용담(용왕담)이며, 그 곳이 동학의 발원지인 것이다.

---

27) 안창범, 앞의 책, 「백두산과 한웅천황과 신선도의 성립」(『잃어버린 배달사상과 동양사상의 기원』 V의 4) 참조.
28) ① 學園出版公社事典編纂局, 『學園世界大百科事典』(學園出版公社, 1994): 天池 또는 龍王潭. ② 金得榥, 『白頭山과 北方疆界』(思社硏, 1987), p.23 참조.
29) 『東經大全』, 「修德文」: "檻臨池塘하니 無違濂溪之志요, 亭號龍潭하니 豈非慕葛之心가."
30) 『용담유사』, 「용담가」.

4) 백세의 가업과 동학사상의 연원

또한 전술한 바, 『동경대전』「논학문」에 최제우 선생께서 "내 또한 東에서 나서 東에서 받았다"하고, 「절구」에 "평생에 받은 천명은 천년운수요, 聖德은 우리 집에 내려오는 百世의 業이라"하였다. 그래서 최제우 선생은 동학을 創道했다고 아니해서 득도했다고 하였다. "得道란 이미 있는 도를 받았다 또는 얻었다"는 뜻이다. 그런데, 최제우 선생의 제25세 시조이신 孤雲 崔致遠 선생의 『鸞郎碑序』에 도·불·유 삼교사상이 전해지고 있다. 그 원문은 다음과 같다.

> 崔致遠鸞郎碑序 曰 國有玄妙之道 曰 風流 設敎之源 備詳仙史 實乃包含三敎 接化群生 且如 入則孝於家 出則忠於國 魯司寇之旨也, 處無爲之事 行不言之敎 周柱史之宗也, 諸惡莫作 諸善奉行 竺乾太子之化也.[31]

위의 원문을 국역하면 다음과 같다.

최치원난랑비서에 이르기를 나라에 玄妙之道가 있으니 風流라 한다. 이는 宗敎설립의 원천으로써 神仙道의 史書에 상세히 실려 있거니와 근본적으로 [도·불·유]삼교의 사상을 이미 자체내에 지니어 모든 생명을 가까이 하면 저절로 감화한다. 이를테면 집에 들어온 즉 효

---

[31] 『三國史記』,「新羅本紀」第四, 眞興王 37年條: 崔致遠鸞郎碑序의 해석에 있어서 유의해야 할 점을 지적하면 設敎[종교를 세우다, 종교를 창설하다]와 說敎[교화를 베풀다], 包含[원래부터 지니고 있다]과 包涵[외부로부터 받아들여 지니고 있다], 그리고 且如[다시 말하면 …과 같다. 이를테면 …같다]를 유의해서 해석해야 할 것이다.

도하고, 나아간 즉 나라에 충성함은 魯나라 司寇[공자의 벼슬]의 敎旨와 같고, 하염없는 일에 머무르고 말없이 가르침을 실행함은 周나라 柱史[노자의 벼슬]의 宗旨와 같으며, 모든 악한 일을 짓지 않고 모든 착한 일을 받들어 실행함은 竺乾太子[가비라성의 석가]의 敎化와 같다.

곧 한웅천황에 의해 설해진 神仙道의 道·佛·儒 三敎思想이 최치원 선생의 鸞郞碑序에 그대로 고스란히 전해지고 있다. 이를 보면, 바로 위에 말한 論學文의 내용과 絶句의 내용이 그대로 성립된다. 여기에서 다시 東學은 先天開闢의 桓雄天皇에 의해 설해진 신선도의 도·불·유 三敎思想을 전승했다는 증거가 드러났다고 할 수 있고, 동학이 동양의 전통적 外來思想을 수용하였다는 주장은 제4차로 부정된다.

3. 史學界의 關聯學說 批判

1) 東學의 外來 道·佛·儒 三敎受容說 批判

이상 논한 바에 의하면 東學의 道·佛·儒 사상은 우리나라 先天開闢의 시조 桓雄天皇이 설립한 神仙道의 도·불·유 사상을 전승한 것이다. 그러나 동학을 연구하는 일부 學者들은 동학이 동양의 전통적 외래사상인 도·불·유 사상을 "수용하였다, 종합하였다, 재구성하였다"고 주장한다.

그러면 그러한 주장의 구체적 근거는 무엇인가? 그들이 제시하는 근거를 보면, 거의가 李瑄根의 저술인 『花郞道硏究』와 일본인 학자 吉川文太郞의 저술인 『朝鮮諸宗敎』(한글판)에서 재인용하고 있다. 여기에서 우선 일본인 학자 吉川文太郞의 저술인 『朝鮮諸宗敎』를 보면, 다음과 같이 기록되고 있다[古語로 된 문장을 현대어로 바꾸었다].

> 동학은 새로이 誕生된 宗敎라 말하기보다는 오히려 造作한 것이라 말하는 편이 적당할 듯하다. 崔氏는 儒·佛·仙 三敎에서 장점을 취하고, 단점을 버리었다는 것이다. 즉 유교는 名節에 구애되어 아직 玄妙의 域에 이르지 못하였고, 불교는 寂滅로 들어가 倫常을 絶하였으며, 도교는 자연에만 悠適하여 治平의 술을 缺하였다 하면서 다시 천도교의 교지로, (一) 五倫五常을 세워 仁에 살고 義를 행하며 마음을 바로 하고 뜻을 정성되이 함으로써 몸을 닦아 세상에 미치게 함은 유교에서 取하고, (二) 자비와 평등을 주지로 삼고, 몸을 버리어 세상을 구제하며 도장을 정결히 하고 입으로 神呪를 외우며 손에 염주를 쥐는 것은 불교에서 취하고, (三) 玄을 極하여 無極에 이르러 영리와 명예를 버리고 無慾淸淨한 몸을 가지고 神髓를 練하여 종말에 승천을 희망함은 도교에서 취하라의 三綱을 擧하였다"라고 적고 있다.32)

李瑄根의 『花郞道硏究』를 보면, "우리 것을 뼈로 하고, 남의 것을 살로 한 人乃天主義의 天道가 아니었더냐"라고 주장하면서 위에 든 일본인 학자 吉川文太郞이 주장하는 예문을 그대로 들고 있다.33)

이상이 동학이 동양의 전통적 老·釋·孔의 道·佛·儒 外來三敎思想을 수용했다는 근거이다. 실로 그 내용을 보면, 동학이 외래의 道·佛·儒 三敎思想을 수용했다고 주장할 만하다. 그러면 위에 제시한 전거는 무엇을 근거로 하고 있는가? 李瑄根과 일본

---

32) 吉川文太郞, 『朝鮮諸宗敎』(朝鮮興文會, 1922, 한글판), p.322.
33) ① 李瑄根, 『花郞道硏究』(海東文化社, 1941), p.140. ② 李瑄根, 『花郞道硏究』(東國文化社, 1954), p.120.

인 학자 吉川文太郎이 제시한 전거를 보면 原文과 出處를 밝히지 않고 있다. 우리나라 학자들이 제시한 전거에도 원문과 출처가 없었다. 여기에서 의문이 생긴다. 왜 원문과 출처를 밝히지 않고 있는가? 사실을 사실대로 밝히는 것이라면 원문과 출처를 밝히지 못한 이유가 무엇인가? 거기에는 원문과 출처를 밝혀서는 안 될 그 무엇이 있기 때문이 아닌가 하는 여러가지 의문이 생긴다. 그런데 우리나라의 학자들은 원문과 출처를 확인함도 없이 근거없는 전거에 의존하여 水雲先生이 동양의 전통적 외래의 道·佛·儒 3교사상을 "수용했다, 종합했다, 혼합했다, 재구성했다, 절충했다" 등 여러가지로 표현한다. 다시 말하면, 사계 우리나라 학자들의 주장은 남이 주장한다고 따라 주장하는 맹목적인 주장들이었다. 原告와 被告 또는 立會人 가운데 어느 일방의 주장만을 믿고 現場踏査 등 사실확인 없이 판결하는 것과 같은 격이라 할 수 있다.

일제시대에 발간한 『天道敎會月報』 제9호(明治 44년 4월, 서기 1911년 4월)를 보면 비로소 위의 인용문과 거의 똑같은 원문이 밝혀지고 있는데, 그 내용을 소개하면 다음과 같다.

十五日曉頭에 大神師謂神師曰 吾道는 兼儒佛仙三道也니라. 神師曰 願聞其旨하나이다. 大神師曰 立綱明倫에 居仁行義하고 意誠心正에 自身及世하니 蓋取諸儒하고, 慈悲爲心에 捨身救世하고 淸潔道場에 口呪手珠하니 蓋取諸佛하고, 究玄核無에 鐲除榮辱하고 淸淨居身에 煉髓脫胎하니 蓋取諸仙하랴, 此三道는 究其源溯其眞하면 不出於天道範圍之內하니라.34)

---

34) 「本敎歷史(續)」(『天道敎會月報』 第9號, 明治 44년 4월 15일(毎月一回十五日 발간), p.15〔참고:明治 44년은 서기 1911년임〕.

위의 원문을 국역하면 다음과 같다.

15일 이른 새벽, 大神師께서 神師에게 이르기를 吾道는 儒·佛·仙 三道를 겸했느니라고 하였다. 이에 신사께서 그 뜻을 듣고자 원하니, 대신사께서 이르기를
1) 기강을 세우고 인륜을 밝혀 仁에 살고 義를 행하여 뜻이 정성스럽고 마음이 바르면, 저절로 몸이 세상에 미치니, 어찌 그러한 것을 儒道에서 취하며,
2) 자비를 마음으로 하고 몸을 버려 세상을 구제하며 도장을 청결히 하고 주문을 외우면서 염주를 손에 쥐니, 어찌 그러한 것을 佛道에서 취하며,
3) 玄道를 궁구하여 無爲而化를 기본으로 하고, 영욕을 견제하여 몸을 청정히 하고 골수를 단련하면 육신의 허울을 벗어나니, 어찌 그러한 것을 仙道에서 취하겠는가. 이 三道는 근원을 소급하여 그 진수를 궁구하면 천도의 범위 내를 벗어나지 못하니라.35)

이상과 같이 『천도교회월보』 제9호를 보면, 동학의 도·불·유 사상은 동양의 전통적 도·불·유 사상을 수용한 것이 아니라 天道로서 우리 민족의 고유사상이다. 다시 말하면, 우리 민족에게 고유한 도·불·유 사상이 있는데, 어찌하여 동양의 전통적 도·불·유 사상에서 취하겠느냐는 것이다. 일본인 학자가 제시한 내용과 대동소이하면서 결론에 가서는 정반대이다.

그러면 구체적으로 일본인 학자가 제시한 내용과 『천도교회

---

35) 일반적으로 蓋取諸儒, 蓋取諸佛, 蓋取諸仙의 '蓋(합)'을 오역하고 있다. 蓋자 다음에 설명어가 오는 경우, 蓋자의 뜻은 '어찌(합)'으로서 절대 부정적인 의미를 나타내며, '왜·어찌·어떻게'라고 해석한다. 蓋자 다음에 명사가 오는 경우, 蓋자의 뜻은 '아마[개], 대개[개]'로 풀이한다[참고:蓋不(합불)은 '어찌…아니하랴'라고 풀이하여 절대 긍정적인 의미를 지닌다. 諸는 '…에서…를'이라 해석한다].

월보』제9호의 내용에 있어서 무엇이 어떻게 다른가 하는 문제이다. 그 내용을 자세히 살펴보면 蓋取諸儒(합취제유)·蓋取諸佛(합취제불)·蓋取諸仙(합취제선)에 대한 해석의 차이에서 비롯되고 있다.

蓋자에는 여러가지 뜻이 있다. 蓋자 다음에 설명어가 오는 경우에는 蓋자를 '어찌〔합〕'자로 풀이하는데, 그 뜻은 강력한 부정적인 의미를 나타낸다. 따라서 蓋取諸佛은 "어찌 그러한 것을 불교에서 취하겠느냐?", 蓋取諸儒는 "어찌 그러한 것을 유교에서 취하겠느냐?", 蓋取諸仙은 "어찌 그러한 것을 선교에서 취하겠느냐?"는 뜻이다. 다시 말하면, 『東經大全』에 나타나는 道·佛·儒적인 用語와 思想을 어찌하여 老·釋·孔의 道·佛·儒에서 취하겠느냐는 뜻이다. 이에 반해 蓋자의 해석을 아니하거나 蓋자를 '대개〔개〕·아마〔개〕'자로 오역하여 蓋取諸佛을 "불교에서 취하라, 아마 불교에서 취했을 것이다", 蓋取諸儒를 "유교에서 취하라, 아마 유교에서 취했을 것이다", 蓋取諸仙을 "선교에서 취하라, 아마 선교에서 취했을 것이다"라고 풀이하면 동학의 도·불·유 사상은 동양의 전통적 외래사상이란 말이 된다. 이와 같이 蓋자의 해석 여하에 따라서 동학의 도·불·유 사상에 대한 견해를 전혀 달리하게 된다.

여기에서 일본인 학자 吉川文太郎이 原文과 出處를 밝히지 않는 이유를 알게 된다. 다시 말하면, 원문과 출처를 밝히고, 사실대로 해석할 경우, 동학은 今不聞 古不聞 今不比 古不比의 無極大道로서 가장 오래이면서 가장 새롭고 오묘한 宗敎라는 사실을 인정해야 할 뿐만 아니라, 우리 민족에게는 태고시대부터 훌륭한 고유사상이 있었다는 사실을 인정해야 한다. 그래서 일본인 학자는 고의적으로 原文과 出處를 숨기고, 왜곡할 수밖에 없었던 것이라 할 수 있다. 그러면 일본인 학자의 왜곡이 어째서 우리 학계에까지 영향을 주고, 우리나라의 학계는 일본인 학자의 주장을 왜 그대로 따르는지 그것이 문제이다. 심각히 반성해야 할 문제라고 생각한다.

2) 實證史學界의 上古史 否定論 批判

우리나라 實證史學界의 見解에 따를 경우에도, 한웅천황이 신선도를 설파했다는 사실을 인정할 수 없다. 따라서 동학이 한웅천황의 신선도를 전승했다는 사실을 인정할 수 없고, 동양의 전통적 외래사상을 수용했다고밖에 할 수 없다. 곧 실증사학계의 견해에 따를 경우, 東學의 道·佛·儒 사상은 外來思想이라고 왜곡될 수밖에 없다는 것이다.

그러면 實證史學은 어떠한 학설인가? 사학은 文獻史學과 實證史學으로 나뉘고, 實證史學은 곧 考古學으로서 靑銅器時代 이전, 국가의 성립을 인정하지 않는 학설이다. 이에 따라 이 학설의 주장자들은 "우리나라에서의 청동기 사용은 기원전 10세기에서 크게 올라가지 않으므로 桓國史는 물론 倍達國史와 古朝鮮史 등 우리 민족의 上古史는 인정될 수 없다는 것이다."[36] 곧 이 학설에 따를 경우, 지금부터 약 6천 년 전 합리적 신선도의 실재를 인정할 수 없고, 동학이 신선도를 전승했다는 사실을 인정할 수 없는 것이다.

---

36) 趙仁成,「桓檀古記에 대한 몇 가지 의문」(『환단고기의 사료적 검토』, 단군학회 1999년도 전반기 학술회의, 단군학회, 1999.5). p.33.

그러나 최근의 연구 보고에 의하면 평양을 중심으로 한 여러 지역에서 기원전 25세기 이전, 더욱이 古朝鮮 시대 이전에 해당하는 시기의 靑銅器들과 金銅製品들이 많이 출토되었다. 예컨대, "기원전 2500년경에 해당하는 상원군 용곡리 5호 고인돌 무덤에서는 비파형 창끝이, 4호 고인돌 무덤에서는 청동단추가 나왔으며, 강동군 순창리 글바위 5호 무덤에서는 금동귀걸이가 발굴되었다.37) 또한 고조선의 비파형 단검과 좁은 놋단검의 시원연대를 밝히기 위해 그 유적지인 신석기 시대와 청동기 시대의 것으로 보이는 덕천시 남양유적의 집자리에서 나온 질그릇을 試料로 하여 핵분열 흔적법으로 절대연대를 측정한 결과, 남양 16호 집자리는 지금으로부터 5,769±788년 전의 것이었고, 4호 집자리는 5,793±772년 전, 10호 집자리는 5,866±816년 전, 11호 집자리는 5,793±772년 전의 것이었다. 이 연대값은 단군조선 이전시기에도 평양을 중심으로 청동기 문화가 발전하였으며, 당시 주민들이 청동기를 만들어 썼다는 것을 실증한다.38) 그밖에 1986년도의 보도에 의하면, 만주 요령지방에서 지금부터 5500년 전, 배달국 시대의 유물이 출토되었고,39) 북한 사회과학원은 평양 소재 檀君陵을 1993년 발굴하여 약 4300년 전의 金銅冠과 그 실체를 확인하였다.40) 이는 관심있는 학자라면 누구나 다 알고 있는 사실이다. 따라서 實證史學的 考古學的으로 보더라도 우리나라 實證史學界의 上古史否定論은 비판받아야 하고, 檀君朝

---

37) 이형구 엮음.『단군과 단군조선』(살림터, 1995), pp.198~199.
38) 이형구 엮음. 위의 책. pp.153~154.
39) 『조선일보』 1986.8.1., 7면.
40) 이형구 엮음. 위의 책, p.21.

鮮史는 물론 倍達國史와 그 시대의 종교인 신선도의 실재를 인정해야 한다는 논리가 성립된다. 곧 동학의 신선도 전승을 인정해야 한다는 것이다.

이상과 같이 實證史學은 사실에 근거를 둔 학문으로서 진리같이 보이나, 때로는 피할 수 없는 오류를 범하여 어느 민족의 자존심을 무참히 짓밟게 된다. 이제 그 경계해야 할 점들을 몇 가지 지적한다. 실증사학계에 참고가 되었으면 한다.

첫째, 實證史學의 기반인 考古學은 20세기 초에 이르러 학문으로 성립됨으로써 극히 짧은 역사를 갖고 있다. 그 사이에 지구 전체를 조사하거나 파볼 수도 없는 것이다. 파본다 하더라도 고대로 올라갈수록 實物이 존재하지 아니하여 확인할 수 없는 난점을 지니고 있다. 그러므로 실증사학 곧 고고학에 의하면 적은 것을 얻고 많은 것을 잃을 수 있으며, 현대사 내지 근세사만을 인정하고 고대사를 부정할 우려를 지니고 있다. 그래서 실증사학은 역사가 짧은 제국주의 국가들이 역사가 오랜 동남아 국가와 인디언을 지배하여 植民地化하는 수단으로 이용되던 학문이다. 이상과 같이 실증사학은 좋지 못한 歷史와 矛盾을 지니고 있다. 따라서 그러한 학문을 과거 식민지였던 우리 사회에 무조건 적용함은 첫째의 모순이라 할 수 있다.

둘째, 실증사학의 배경이 되는 西洋文化는 文化의 原形(pattern)에 있어서 우리 문화와 근본적으로 다르다. 곧 서양문화는 헬레니즘(Hellenism) 문화와 헤브라이즘(Hebraism) 문화에 따라 상당한 차이가 있으나, 두 문화의 공통점은 유목문화이며, 자연정복문화이다. 우리 문화에도 불교·유교·도교에 따라 다소 다르나 공통점은 농경문화이며 자연조화문화이다. 또한, 서양문화는 그 발생

연원을 연구해 보면, 인간의 사회적 경험과 역사적 배경에 의해서 형성되었고 발전되었다. 그러나 우리 문화는 우주의 운행원리 곧 天道를 발생원리로 성립되었다.41) 또한 서양문화의 우주관은 創造論으로서 自然秩序를 인간 위에 天神이 있고, 인간 밑에 동식물이 있는 것으로 본다. 즉 서양문화는 天·地·人의 관계를 수직적 位階關係로 본다. 이에 반해, 우리 문화의 宇宙觀은 循環論으로서 天神과 人間과 동식물을 수평관계로 본다. 곧 우리 문화는 天·地·人의 관계를 水平的 一體關係로 본다. 이와 같이 우리 문화와 서양문화는 發生學的 背景과 發生原理 그리고 宇宙觀 등 文化의 原形에 있어서 근본적으로 다르다. 따라서 문화의 원형이 다른 서구학설을 우리 문화에 무조건 적용시키는 것 자체가 둘째의 모순이라 할 수 있다.

셋째, 고대에 있어서 서구사회는 우리나라보다 후진사회였다. 예를 들면, 지금(서기 2000년)부터 4333년 전, 우리 민족의 국조인 단군왕검은 弘益人間 理化世界 건설을 조선국 건국이념으로 하였다. 이는 서구사회가 원시사회였을 때, 우리 민족의 사회는 문명사회였다는 것이다. 서구사회가 유년기였을 때, 우리 사회는 청년기였다고 할 수 있다. 현대종교를 예로 들면, 서구종교인 基督敎의 출현은 지금부터 2천 년 전후인데, 동양종교인 佛敎와 儒敎의 출현은 2천5백 년 이전이다. 현재도 정신과학적인 측면에

---

41) 동양의 최대고전인『周易』, 풍지관에 "하늘의 신비한 법도를 보니 봄·여름·가을·겨울의 돌아감이 어김없는지라, 이에 성인이 신비한 天道로서 종교를 세우니 천하가 잘 따르더라〔觀天之神道 而四時不忒 聖人以神道設敎 而天下服矣: 여기에서 敎는 '종교〔교〕'로서 設敎는 '종교를 세우다'의 뜻이다〕"고 한 바와 같이 우리 문화는 근본적으로 우주의 운행원리인 三神五帝를 발생원리로 성립되었다. 三神이란 天一·地一·人一을 의미하고, 五帝란 靑帝·赤帝·白帝·黑帝·黃帝를 의미한다.

서는 동양이 서양보다 뒤진 것이 없다. 이를 생각하면, 上古史에 대한 實證史學界의 見解는 後進社會를 기준으로 성립된 학설이다. 따라서 그러한 학설을 先進社會였던 우리나라에 무조건 적용함은 셋째의 모순이라 할 수 있다.

넷째, 실증사학은 서구학자들에 의해서 서구사회를 기준으로 성립된 학설이다. 곧 동양사회와 동구사회, 남방사회와 북방사회 등을 무시하고 서구사회만을 기준으로 성립된 학설이다. 그러므로 실증사학은 보편성과 객관성을 결여한 학설이라 할 수 있다. 따라서 그러한 학설을 어느 사회에나 무조건 적용함은 넷째의 모순이라 할 수 있다.

이상과 같이 볼 때, 실증사학 내지 고고학은 극히 짧은 역사와 아울러 보편성과 객관성을 상실했고, 문화의 원형에 있어서 다른 후진사회를 기준으로 성립된 학설이다. 그러므로 실증사학을 적용할 경우, 시대와 국가를 가려서 적용해야 할 것이며, 오랜 역사를 가지고 식민지정책에 의하여 역사가 파괴된 사회에 그대로 적용함은 부당하다고 할 수 있다. 곧 6천 년 역사를 가지고 식민지였던 우리 사회에 실증사학을 그대로 적용함은 이치에 어긋나는 것이며, 그러한 학설을 이유로 동학의 신선도 전승을 부정함은 논리의 모순이라 할 수 있다.

3) 『桓檀古記』 僞書論 批判

본 연구에는 『한단고기』의 내용이 다소 인용되고 있다. 그러나 실증사학계는 여러가지 이유를 들면서 『한단고기』의 내용을 인정치 않고 僞書로 취급한다. 이제 그 모순과 부당성에 대해 간단히 비판한다.
　첫째, 실증사학자들은 우리 민족의 역사를 논할 경우, 지금부터 3천~4천 년 전, 국가의 존재를 인정치 않는다. 그런데『한단고기』에 의하면 근 만 년 전에 중앙아시아의 天山을 중심으로 남북으로 5만 리, 동서로 2만여 리에 달하는 거대한 桓國이 있었다. 그래서 실증사학자들은『한단고기』를 믿을 수 없다는 것이다. 이 문제에 대한 설명이다.
　태고시대의 국가는 지금과 같이 주권·국민·영토가 독립된 국가가 아니라 神政一致의 국가였다. 神政一致란 無爲自然主義 정치로서 神敎의 영역이 정치의 영역이며, 정치의 영역이 신교의 영역이라는 뜻이다. 곧 환국의 영토가 남북으로 5만 리 동서로 2만여 리라 함은 군사적·정치적 영역을 의미하는 것이 아니라 신교의 보급영역을 의미하는 것이다. 그래서 아시아 일대와 유럽에까지 신교[신선도]의 遺風·遺俗인 샤머니즘 현상이 있고, 支石墓가 있는 것이다.42) 그밖에 러시아의 고고학자 비탈리 라리체프의 저술인『시베리아 구석기 문화』에 의하면, 지금부터 약 3만 5천 년 전 말라이 아늬아 구석기 유물로 알려진 고고학적 근거가 환국의 거점인 중앙아시아 아바칸산맥의 계곡에서 발견되었다.43) 그럼에도 불구하고 환국이라는 국가의 존재를 이유로『한단고기』를 부정한다면, 신교에 대한 이해부족에서 온 오해라 할 수 있다. 더욱이 서양의 수메루와 메소포타미아, 그리고 아프리카의 이집트왕국은 태고시대 국가임에도 불구하고 이를 국가로

---

42) 안창범 저,『잃어버린 배달사상과 동양사상의 기원』(국학자료원, 1996), pp.216~221.
43) 안창범, 위의 책, p.35.

인정하면서 제민족의 국가는 태고시대라는 이유로 인정하지 않는다면, 제민족의 문화를 무조건 깎아내리는 自家撞着인 것이다.

둘째, 『한단고기』에 天符經·三一神誥·參佺戒經 등의 經典과 五訓·五事·五倫·五戒·三倫·八條·九誓 등의 戒律과 敬天祭인 蘇塗祭天儀式이 나온다. 즉 우리 민족 사회에는 태고시대에 이미 합리적 성립종교가 있었다는 것이다. 이는 서구적인 관점에서 보면 있을 수 없는 것이다. 그러므로『한단고기』는 어느 국수주의자의 위작이 아니냐 하고 의심할 수 있다.

우리 민족의 고유사상을 연구해 보면, 지금까지 신화적 존재로 취급되고 있는 한인천제와 한웅천황과 한검단군에 의하여 신선도가 설해졌었고, 신선도는 경전·사상·계율·의식·발생원리·발생배경·발생계기 등 종교적 체계를 모두 갖춘 합리적 성립종교였다.44) 곧 우리 민족 사회에는 지금부터 약 6천 년 전, 태고시대부터 합리적 성립종교가 있었다는 것이다. 그래서 우리 나라를 東方禮義之國·君子之國·神仙之國·隱子之國·동방의 등불 등 여러가지로 불렀던 것이다. 그에 대한 유적과 유물 등 실재적 근거도 있었다. 그러므로 상고시대부터 우리 민족 사회에 고유종교가 있었다는 사실을 부정할 수 없고, 또한 그러한 사실이 기술되었다는 이유로 『한단고기』를 부정함은 연구부족에서 비롯된 오해라 할 수 있다.

셋째, 『한단고기』를 보면 상하에 차등이 없으며[上下無等], 남녀의 권한이 평등하고[男女平權], 지방분권 내지 권력분립 정치를 시행했다는 등 민주주의적인 표현들이 등장한다. 그밖에도『한단

---

44) 안창범, 앞의 책, 『우리 민족의 고유사상』 참조.

고기』여러 곳에 너무나 이색적이고 민주주의적인 표현들이 등장한다. 그래서『한단고기』의 내용이 위작이라고 주장하는 학자들이 있다.

필자의 연구에 의하면 道敎·佛敎·儒敎 등 東洋思想은 물론 三權分立·人權尊重·人間平等 등 민주주의의 발상지가 상고시대 우리나라였다. 우리나라에서 민주주의 사상이 서구사회로 전파되었던 것이다. 이 문제 역시 너무나 상식 밖의 문제이다. 그러나 앞에 제시한 필자의 저술을 보면 이해될 것이다. 따라서『한단고기』에 道·佛·儒적인 표현과 현대적이고 민주주의적인 표현들이 나오기 마련이며, 이를 이유로『한단고기』를 불신함은 제 민족의 사상을 미처 이해하지 못한 때문이라 할 수 있다.

넷째,『한단고기』에 寧古塔이란 말이 자주 등장한다. 이를 근거로『한단고기』를 僞書로 몰아붙이는 학자들이 있다.

寧古塔이란 그 뜻으로 말하면 寧安의 옛 塔이란 뜻이다. 영안은 만주 길림성 동남부에 있는 지명이다. 그런데『한단고기』에 기록된 영고탑의 유래를 보면, 영고탑은 단군조선 시대부터 존재하여 거기에서 회의를 하고, 한인·한웅·치우·단군왕검을 배향하여 제사를 지내기도 했으며, 때로는 탑을 수축했다는 기록도 있다.45) 이를 생각하면 영고탑은 신선도의 불탑으로서 옛날 그 도량에 신선도의 대 精舍가 있었음을 알 수 있다. "영안을 역사적 古城이라"46)하는 것도 바로 그 때문이라 할 수 있다.

그러나 아직도 상고시대부터 우리 민족 사회에 신선도가 있었다는 사실이 학계에 널리 알려지지 않았고, 또한 이를 깨닫지 못

---

45)『한단고기』,「단군세기」, 16세 단군 나을·20세 단군 고홀조 참조.
46) 이희승 편,『국어대사전』(민중서림, 1979, 제29판): 寧安.

한 일부 학자들은 영고탑을 근거로 들면서『한단고기』의 내용을 僞作이라고 주장한다. 그 주장의 근거를 보면,『滿洲源流考』를 전거로 들면서 寧古塔은 중국 淸나라의 조상 여섯 형제가 이 곳 언덕에 자리잡고 산 데서 생긴 지명이라는 것이다. 곧 영고탑은 청나라 때에 생긴 지명으로서 청나라 이전의 단군조선 시대에는 나올 수 없다는 것이다. 이래서『한단고기』를 청나라 건국 이후에 조작된 僞作이라 주장하는 학자들이 있다.47)

그러나『中國古今地名大辭典』의 寧古塔에 대한 기록을 보면, 滿洲語로 여섯은 寧姑[古자와 다름]라 하고, 자리는 特으로서 寧姑特에서 寧古台로, 寧古台에서 寧古塔으로 와전된 것이며, 舊說로서 지명이 아니라 했다.48) 곧『만주원류고』의 기록이 잘못되었다는 것이다. 영고탑이란 글자의 뜻으로 볼 때도 지명이 될 수 없는 것이다. 그러므로 영고탑을 이유로『한단고기』의 내용을 부정함은 연구부족에서 비롯된 과오라 아니할 수 없다.

이상과 같이 볼 때,『한단고기』는 어느 누구의 위작이 될 수 없는 것이다. 오히려 상고시대 우리 민족의 찬란했던 문화와 사상을 밝혀주는 金石之文인 것이다. 그리고 서울대 천문학과 박창범 교수와 표준연구원 천문대의 라대일 박사는『한단고기』와『단기고사』에 나타난 당시의 천문현상을 천문과학적인 방법으로 검증한 결과 "2백50년에 한번 관측되는 五星結集이나 日蝕·潮水干滿의 차이 등 기록이 96% 내지 99.3%로 정확하다며 단군조선이 한낱 신화가 아니라 실재하였음이 증명된다고 결론을 지었

---

47) 趙仁成, 앞의 논문, p.39.
48)『中國古今地名大辭典』(商務印書館, 中華民國 20年), p.1087: "舊說 滿洲最初之祖 弟兄六人 坐於阜 故名 滿語呼六爲寧姑 坐爲特 故曰寧姑特 一譌而曰寧古台 再譌而曰寧古塔…與吉林之寧古塔 非一地也."

다.49) 이에 대해 정신문화연구원의 박성수 교수는 "기존학계의 그릇된 통념을 깨는 획기적인 연구이다. 이들 사서를 연구하여 보지도 않고 백안시하여 온 학계의 풍토는 개선되어야 한다"고 주장하고 있다. 곧 『한단고기』의 기록을 함부로 부정함은 모순이라는 것이다.

4. 맺음말

이상 논한 바에 의하면, 東學의 道·佛·儒 三敎思想은 동양의 전통적 老·釋·孔의 道·佛·儒 사상을 수용하여 종합하거나 재구성한 것이 아니라, 先天開闢의 始祖인 桓雄天皇이 설한 神仙道의 道·佛·儒 思想을 전승했다고 결론을 내릴 수 있고, 老·釋·孔의 道·佛·儒의 용어가 동학의 『東經大全』에 등장하는 것은 이들 사상은 神仙道의 유파이며 支流로서 東學思想은 이들 사상과 同系思想이기 때문이라고 결론을 내릴 수 있다.50)

이에 대해 간단히 부언하면, 뿌리없는 나무가 없고, 근원없는 물이 없는 것과 같이 사상에도 반드시 先行思想이 있고, 根源思想이 있는 것이다. 無에서 돌연히 솟아나는 것은 없는 것이다. 그

---

49) 『세계일보』 전자월드, 1995.6.14., 13면.
50) 본 문제에 대해서는 안창범, 『우리 민족의 고유사상』과 『잃어버린 배달사상과 동양사상의 기원』 제2편 그리고 최근의 논문으로서 안창범, 「우리나라의 白頭山과 東洋思想의 發生」(『韓國宗敎史硏究』第七輯, 韓國宗敎史學會 編, 圓光大學校 敎學大學 韓國宗敎史學會, 1999), pp.265~294 및 안창범 「神仙道와 東學의 起源」(『동학학보』 창간호, 동학학회, 학연문화사, 2000), pp.203~228을 참고해 주기 바란다.

런데 老·釋·孔 시대 이전, 상고시대의 東洋社會는 神仙道의 影響圈 내에 있었고, 梵語〔梵字〕 내지 漢字文化圈이었다. 따라서 老·釋·孔 의 道·佛·儒 사상과 東學은 그 原形思想과 用語와 文字에 있어서 서로 동일할 수밖에 없는 것이다.

    이상과 같이 본 연구는 『東經大全』의 일부 내용을 새롭게 이해하여 보았다. 곧 동학이 동양의 전통적 외래사상을 수용했다는 종래의 주장을 극복하고, 先天開闢의 시조인 桓雄天皇의 神仙道 곧 우리 민족의 固有思想을 전승했다는 사실을 밝히기에 노력하였다. 神仙道가 우리 민족의 太古思想이라면, 동학은 우리 민족의 現代思想으로서 神仙道와 동학은 祖孫關係라는 것이다. 이를 생각하면, 동학은 앞으로 神仙道의 經典과 戒律을 수용하는 原始返本이 있어야 할 것이며, 그래야 민족종교가 통합될 수 있다고 생각된다. 관련학계의 깊은 통찰이 있기를 촉구한다.

    끝으로 본 연구에 있어서 혹 經典을 잘못 이해하였거나, 이론 전개에 있어서 논리의 비약 내지 모순이 있다면 지적해 주기 바라며, 그밖에 부족한 점에 대해 널리 이해하여 주기 바란다.

『동경대전』의 종교철학적인 이해

최동희*

1. 머리말

먼저 『東經大全』이라는 책에 대하여 좀 밝혀보려고 한다. 이 이름은 '동학의 경전을 빠짐없이 모아 엮은 책'이라는 뜻이다. 누가 어떻게 쓴 글들을 누가 어떻게 엮어 출판하였을까?

水雲 崔濟愚(1824~1864)는 1860년 4월 5일에 결정적인 종교체험(religious experience)을 하였다. 이것은 궁극적인 존재인 하느님과 직접 문답을 통해 가르침을 받은 신비적인 체험이다. 이 체험을 하기까지는 개인적인 그리고 사회적인 위기의식에 몹시 시달렸다. 이렇게 절박하였던 절망 속에서 수운은 종교의 근본행동인 종교체험을 하게 되었다. 이 체험은 새로운 확신과 새로운 실천으로 이어졌다. 그 확신은 독자적인 종교사상으로 용솟음쳤고, 그 실천은 점차 독자적인 종교의례로 발전하였다.

1860년 4월에 종교체험을 한 뒤 수운은 새로운 확신에 따라 남다른 행동을 하였다. 1861년 11월(辛酉)에 서학[천주교]으로 몰려 전라도 쪽으로 몸을 숨겼다. 이듬해 3월에 경주로 돌아와

---

* 고려대 명예교수(철학)

숨어서 종교활동을 하다가 9월에 경주 감영에서 조사를 받았다. 이듬해인 1863년 12월에 정부 당국에 의해 잡혀 조사를 받다가 1864년(甲子) 3월에 대구에서 효수형을 받았다.

이렇게 새로운 종교활동을 하기 시작한 지 겨우 3년 반쯤이라는 짧고도 험난했던 기간에 틈틈이 읊고 지은 글들이 있었다. 그들 가운데서 우리말 노래 형식으로 된 글들을 모은 책이 『용담유사』다. 그리고 애써서 꼼꼼히 지은 듯한 한문들을 모은 책이 바로 『동경대전』이다. 우리말로 된 가사는 읊기도 쉽고 표현 범위도 넓어서 그만큼 읊어낸 분량이 많은 편이다. 지금 전해지고 있는 『용담유사』(癸巳刊, 1893)는 대체로 꽤 긴 가사 8편이 실려 있다. 이에 대해 지금 전해지고 있는 『동경대전』(癸未開刊, 1883)에는 대체로 그렇게 길지 않은 한문 4편과 그렇게 많지 않은 운문들이 실려 있는데, 그 전체 분량은 『용담유사』의 3분의 1도 못 되는 매우 적은 편이다.

『용담유사』와 『동경대전』의 관계는 좀 미묘하다. 『동경대전』에는 수운의 종교사상을 이해하는 데 매우 중요하다고 알려져 온, 한문으로 된 글이 세 편〔布德文·論學文·修德文〕 실려 있다. 이들은 대체로 가사로 자유롭게 읊은 내용들을 다시 정리하고 체계화한 듯한 내용을 담고 있다. 그러므로 수운의 종교사상에 대한 중요한 서술이 가사와 한문 양쪽에 펼쳐져 있다. 그런데 우리말로 된 글은 우리 나름으로 생각하게 하는 경향이 있고, 한문에는 역시 중국식으로 생각하게 하는 경향이 있다. 따라서 양쪽을 다 같이 읽어서 서로 보완하는 방법으로 연구하는 것이 바람직하다. 가사들만 읽으면 마디마디의 강렬한 인상에 억눌려 전체적인 의미를 파악하기 어려울 수 있다. 또 한문만을 읽으면 전체적인 의미를 대충 파악하기는 쉬우나 저도 모르는 사이에 편견과 오해가 스며들 위험이 있다.

그 몇 가지 보기를 들어 본다. 첫째로 수운은 그 종교사상의 특성 때문에 흔히 쓰는 말 가운데 순수한 우리말이 많다. 이러한 말을 한문으로 슬쩍 표현하였기 때문에 오해하기 쉽다. 그 가장 심한 실례가 '天主'라는 말이다. 수운이 가장 많이 쓴 말이 '하느님'인데, 이것을 한자로 '천주'라고 표현했기 때문에 많은 오해를 일으켜 왔다. 西學의 天主(Deus)라는 오해까지 받게 되었다. 따라서 天道와 같이 天자로 된 낱말들이 오해의 여지가 있게 된다. 둘째로 수운은 우리말 '기운〔힘〕'을 한문 속에서 슬쩍 '氣'로 표현하였는데, 중국사상에서 말하는 氣로 오해되기 쉽다. 따라서 氣化·至氣와 같이 氣자로 된 낱말들이 오해의 여지가 있다. 셋째로 그 동안 우리나라에서 써온 한문 자체가 유교적인 표현 수단으로 되어 있다. 그러므로 우리가 써온 한문으로 수운의 사상을 표현하게 되면 어느덧 유교적인 냄새를 풍기게 된다. 일반적인 한문의 격식에 따라 "대저 상고 이래로 봄과 가을이 갈마들고…〔蓋自上古以來 春秋迭代…〕"라고 써내려 가는 동안에 어느덧 유교적인 역사관 또는 세계관에 사로잡히기 쉽다. 비록 쓰는 쪽에서는 서술의 격식에 따른다고 하더라도 읽는 쪽에서 이미 이 다음에는 무슨 문구가 이어질 것이라고 기대할 수 있다.

언어철학적인 반성이 더욱 깊어가는 오늘날 수운의 종교사상의 이해에 있어서도 수운이 자유롭게 읊어낸 우리 가사의 생명력과 동아시아의 고전언어인 한문의 끈질긴 포용력을 함께 활용하는 것이 바람직하다. 거듭 말하지만 『용담유사』를 읽지 않고 『동경대전』만을 읽어서 얻은 인상이나 결론은 수운이 뿜어낸 독자적인 사상과는 거리가 멀 수밖에 없다. 이를테면 "내 마음이 바로 네 마음이다〔吾心卽汝心〕"라는 한문구절 뒤에는 "우습다 자네 사람 백천만사 행할 때는 무슨 뜻을 그러하며 입산한 그 달부터 자호 이름 고칠 때는 무슨 뜻을 그러한고… 자아시 자라날 때 어느 일을 내 모르며…"〔『용담유사』「교훈가」〕라는 감동적인 긴 가사가 뒷받침하고 있다.

2. 『동경대전』에 나타난 종교사상

다음으로 『동경대전』에 나타나 있는 기본적인 종교사상을 좀 더 구체적으로 살펴본다. 수운은 그 동안 새로운 종교, 곧 신앙체계를 갈망해 왔다. "유도 불도 누천년에 운이 역시 다했던가"〔『용담유사』「교훈가」〕 이렇게 그 동안 우리 사회에서 주로 믿어오던 종교체계에 대해 크게 실망했기 때문이다. 낡은 것에 대한 실망이 그처럼 컸기에 새로운 것에 대한 갈망 또한 그만큼 컸다. 마침내 결정적인 종교체험을 하게 되었다. 그 종교체험을 두 부분으로 나누어 구체적으로 살펴볼 수 있다. 그 하나는 하느님과 직접 문답하는 부분이고 다른 하나는 그 결과다.

첫째로 그 문답의 모습과 내용을 종교철학적인 측면에서 이해하여 본다. 수운은 그 체험의 대상을 '하느님'이라고 부르며 세상에서 말하는 '上帝'와 같은 것이라고도 한다. 한문 문맥에서는 하느님을 '天主'라고 표현하였다. 이 '천주'는 천주교에서 말하는 천주(Deus)가 아니고 우리말 '하느님'을 한자로 意譯한 것이다. 곧 하느를 '天'이라 하고 님을 '主'라 하여 하느님을 '天主'라고 의역하였다. 따라서 한문 아닌 가사에서는 오로지 '하느님'이라고만 표현하였다. 수운이 말하는 하느님은 우리 겨레가 오랫동안 믿어온 하느 또는 하느님이다. 그러나 그 종교적인 의미는 다소 다르다. 우리 겨레가 믿어온 하느님은 여러 신들 가운데서 최고자리에 있는 最高神(Supreme Being)이지만, 수운이 말하는 하느님은 一神敎(monotheism)에서 믿는 오직 하나의 신과 같다. 여기서 수운이 그 당시 우리나라에 들어와 종교활동을 하고 있던 천주교[흔히 서학이라 불렸음]의 영향을 받았는가 혹은 어떻게 영향을 받았는가라는 어려운 문제가 제기되어 왔다. 여기서는 일단 이 문제를 접어두기로 한다.

하느님과의 문답은 그 내용을 대체로 두 단계로 나눌 수 있다. 그 첫 단계는 "무서워하지 말고 두려워하지 말라. 세상 사람이 나를 상제라 이르는데 너는 상제도 알지 못하느냐"[『동경대전』「포덕문」]라는 대목에서 엿볼 수 있다. 이것은 하느님이 그 정체를 알려주는 단계다. "물구무공하였어라 호천금궐 상제님을 네가 어찌 알까보냐"[『용담유사』「안심가」] 이와 같이 수운이 만나고 있는 하느님은 우리 민간에서 上帝라고 믿는 것과 같은 하느님이다. 저 유교에서 말하는 天도 아니고 천주교에서 말하는 천주도 아니다. 그것은 바로 우리 겨레의 가슴 속에 있는 하느 또는 하느님이다. 그런데 그런 하느님이 무엇보다 먼저 두려워하지 말라고 타이르는 뜻이 무엇일까? 하느님은 이제 사람들의 공포의 대상이 아니고 마음으로 우러나는 신앙의 대상이라는 것을 일깨워 주는 것이다. "誠之又誠 공경해서 하느님만 생각하소"[『용담유사』「권학가」]라고 하여 하느님만 믿는 새 신앙체계를 세우게 되는 실마리[端緖]가 여기에 있다.

　하느님과의 문답 둘째 단계는 하느님이 수운에게 더욱더 접근하여 새 신앙체계의 기본틀을 암시하는 대목이다. "…어찌하여 이렇게 나타나십니까? …내 마음이 바로 네 마음이기 때문이다. 사람들이 무엇을 알랴? 천지는 알아도 귀신은 알지 못한다. 귀신이란 것도 바로 나다. 지금 너에게 무궁한 가르침을 내려주니 이것을 닦아서 잘 익혀라. 그리고 그 가르침을 위한 글을 지어 사람들을 가르치고, 그 가르침을 위한 법을 바로 세워 포교에 힘써라. 그러면 너를 장생케 하여 천하에 빛나게 할 것이다."[『동경대전』「논학문」] 여기서 하느님은 수운을 향해 '내 마음이 바로 네 마음이다[吾心卽汝心]'라고 하였다. 여기서 마음은 생각 또는 뜻을 말한다. 저 "三界는 오직 마음일 뿐이다"라고 할 때와 같은 철학적인 의미의 마음이 아니다. 여기서는 하느님이 지금 두려워서 떨고 있는 수운에게 네가 그렇게 속으로 생각하고 있는 마음이 바로 내 마음이기도 하다는 뜻이다. 혹은 네가 지금 어지러운 세상을 구원할 수 있는 길을 그토록 애타게 찾고 있는 그 마음을 나도[하느님] 잘 이해한다는 뜻이다. 더 나아가 하느님은 세상을 건지려는 수운의 안타까운 마음을 잘 알고 그 길을 가르쳐 주려는 마음을 먹고 있다는 뜻이기도 하다. 이 '내 마음이 바로 네 마음'이라는 말에 해당하는 말이 '나도 공이 없었다[余亦無功]'라는 말이기도 하다. '내 마음이 바로 네 마음'이라는 것을 뒷받침하는 것이 『용담유사』「교훈가」에 보이는 하느님의 말씀이다[위에서 이미 언급했음].

　이리하여 하느님은 이어 '무궁한 길[無窮無窮之道]'을 수운에게 가르쳤다. 그 길을 세상사람에게 가르치기 위해 글[呪文, 하느님을 위하는 글]과 방법[하느님을 위하는 방법]을 마련하게 하였다. 이 '무궁한 길'은 인생의 궁극적인 의미를 깨닫고 실현하는 길, 곧 종교다. 이렇게 새로운 종교의 기본틀이 마련된 셈이다. 이렇게 하느님의 뜻으로 마련된 새로운 종교의 구상이 현실적으로 실천에 옮겨진 것은 한 1년쯤 뒤 일이다.

"나도 거의 1년이 되도록 잘 닦으면서 깊이 생각하여 보았다. 역시 거기에 자연스러운 이치가 있었다. 그러므로 한쪽으로는 呪文을 짓고 한쪽으로는 降靈의 법을 짓고 한쪽으로는 길이 잊지 않기로 맹세하는 글을 지었다. 도를 닦는 순서와 방법은 주문 스물한 자에 달려 있을 뿐이다."〔『동경대전』「논학문」〕

이제 하느님과 문답한 결과는 좀 더 분명하게 되었다. '도를 닦는 순서와 방법은 주문 스물한 자에 달려 있을 뿐[次策道法 猶爲二十一字而已]'이기 때문이다. 이제 '주문 스물한 자'의 정체를 알아내는 길만 남은 셈이다. 그런데 주문에 대해서도 수운이 직접 정성껏 밝혔기 때문에 그것을 해석하고 깊이 이해하여 본다. 먼저 呪文이라는 말이 몹시 마음에 걸린다. 오늘날 말하는 呪文(spell)은 개념상으로 종교와 구별되는 呪術(magic)에 속하는 종교적인 행동이기 때문이다. 주문이란 주술적인 효과를 나타내기 위해 외우거나 부르는 말인데 여기서는 부르는 말 자체의 힘으로 목적을 이룰 수 있다고 믿는다. 그러나 수운이 여기서 말하는 주문은 이와 매우 다르다. "주문이라는 말뜻은 무엇인가? 하느님을 지극히 위한다는 글자가 呪라는 글자이기 때문에 주문이라 한다. 지금의 주문이 있고 옛 주문이 있다."〔위와 같은 책, 같은 곳〕 여기서 수운은 呪라는 글자를 하느님을 지극히 위하는 글자[至爲天主之字]라고 한다. 呪는 祝이라는 글자로부터 갈라져 나온 글자로서 두 글자는 같은 뜻으로 쓰이기도 하고 다른 뜻으로 쓰이기도 한다. 다른 뜻으로 쓰일 때 呪는 주저(呪詛. 남이 못 되기를 빎)의 뜻을 나타낸다. 수운은 같은 뜻으로 보는 쪽인데 이 경우에는 呪의 본자인 祝은 사람이 신에게 빈다는 뜻이다. 청나라 말기의 王國維(1877~1927)에 따르면 禱와 祝은 같은 뜻 같은 소리의 글자인데 "모두 사람이 꿇어앉아 신에게 정성을 다하는 모습을 나타냈다"〔王國維〕고 한다. 이와 같이 도(禱)와 축(祝)과 마찬가지로 주(呪)는 사람이 꿇어앉아 신에게 정성을 다한다는 뜻을 가졌다. 이것은 수운이 呪를 "하느님을 지극히 위한다는 글자"라고 풀이한 것이 정당하다는 것을 잘 말해 준다.

이제 수운이 말하는 주문이라는 말의 뜻을 알게 되었다. 그것은 저 주술에 속하는 주문〔이 때의 '주'는 저주한다는 뜻이 주로 됨〕이 아니고 종교에 속하는 일종의 祈禱文이라 할 수 있다. 역사적으로 呪라는 글자는 後漢 이후에 나타나는데 祝과 같이 신에게 정성을 드린다는 뜻으로도 쓰여왔다. 이런 경우에 우리 사회에서는 '빌 주(呪)'라고 읽어왔다. 그리고 주문에 옛 주문이 있고 지금의 주문이 있다고 한 것은 처음에 지은 주문이 있고 뒤에 좀 고친 주문이 있다는 것을 말하는 듯하다. 이럴 경우 수운이 곧 풀이하면서 소개한 주문이 고쳐진 '지금의 주문'이라 할 수 있다.

이렇게 고쳐진 마지막 주문이 "至氣今至 願爲大降 侍天主 造化定 永世不忘 萬事知"라는 스물한 자로 된 주문이다.

이 주문을 수운 자신의 풀이에 따라 우리말로 옮겨보기로 한다.

지극한 기운이 지금 저에게 크게 내려주십시오. 하느님을 모시면 조화가 정해지고, 모시기를 길이 잊지 않으면 모든 것을 깨닫게 됩니다.

수운의 친절한 풀이에 따라 몇 군데를 다시 살펴본다. 여기서 말하는 '지극한 기운〔至氣〕'은 하느님의 놀라운 기운을 뜻한다. '모심〔侍〕'은 '하느님을 모심〔侍天主〕'이라는 점을 명심해야 한다. 수운이 여기서 '모신다'는 글자를 풀이하는 듯하지만 사실은 '하느님을 모심〔侍天主〕'이라는 인간의 근원적인 신앙태도를 애써 밝히고 있기 때문이다. 이를테면 '모신다는 것〔侍〕'은 "안으로는 신령함이 있고〔內有神靈〕 밖으로는 기화가 있고〔外有氣化〕", 그리고 "온 세상 사람이 저마다 깨닫고 옮기지 않는 것〔一世之人 各知不移〕"이라고 정말 놀라운 풀이를 하였다.

이것을 한갓 모신다는 말만 풀이한다고 여기면 수운이 그토록 간절히 알리려는 깊은 뜻을 알 수 없게 된다. 그는 어디까지나 하느님이라는 궁극적인 존재 곧 '성스러운 것(the sacred)'을 대하는 인간의 가장 정성스럽고〔誠〕, 가장 경건하고〔敬〕, 가장 굳게 믿는〔信〕 근원적인 신앙태도를 이해시키려고 했다. 다시 낱말의 구체적인 풀이를 살펴본다. "안으로 신령함이 있다〔內有神靈〕"는 구절은 모시다〔侍〕는 글자의 뜻이라고 생각하면 해석할 수 없다. 아무리 사전 같은 것을 찾아보아도 풀리지 않을 것이다. 수운의 저 종교체험으로 돌아가서 생각해 보아야 한다. 이러한 사정은 "밖으로 기화가 있다〔外有氣化〕"는 구절도 마찬가지다.

잠깐 저 종교체험의 처음 장면을 엿보기로 한다. "몸이 마구 떨리고, 밖으로는 神靈과 맞닿는 기운이 있고, 안으로는 가르쳐 주시는 말씀이 있었다. 그러나 보려 하여도 보이지 않고, 들으려 하여도 들리지 않고, 마음은 오히려 이상하였다〔身多戰寒 外有接靈之氣 內有降話之敎 視之不見 聽之不聞 心尙怪訝〕."〔『東經大全』「論學文」〕 여기서 "신령과 맞닿는 기운"이라고 하는데, 이 신령〔靈〕은 절대적인 존재를 형용하는 말로서 형용사로도 명사로도 쓰인다. 여기서는 '성스러움'이라는 추상적인 명사로 쓰였다고 할 수 있다. 결국 하느님을 은근히 가리키는 표현이다. 그리고 '가르쳐 주시는 말씀〔降話之敎〕'이라는 대목을 글자 그대로 옮기면 "말씀을 내려서 가르쳐 주시는 가르침"이다. 그 모습은 드러내지 않고 말씀만 내려서 가르친다는 뜻일까? 그러나 "들으려 해도 들리지 않는다"고 하므로 보이지도 들리지도 않는 가르침이 있다는 뜻인데, 이것은 가르침이라고 할 수도 없지 않을까? 어쨌든 가르침이라고 할 수 있는 무엇이 느껴진 것은 틀림없다.

  수운은 자신을 가르쳐 줄 수 있는, 깨우쳐 줄 수 있는, 구원해 줄 수 있는, 어떤 절대적인 것을 안타까이 기다리고 있다. 이 안타까운 기다림이 바로 그 가르침을 듣는 듯한 조바심으로 나타났다고 할 수 있다. 이렇게 어떤 절대적인 것에 대한 조바심을 안으로는 가르쳐 주시는 말씀이 있다고 표현하였다. 뒤에 다시 간추려 안으로는 신령함이 있다고 고쳐 표현하게 되었다. 마찬가지로 "밖으로는 신령과 맞닿는 기운이 있다"를 뒤에 다시 간추려 "밖으로는 氣化가 있다"고 고쳐 표현하였다. 여기서 '기화'라는 말은 "기운이 신령과 맞닿아 純化한다"는 뜻이라 볼 수 있기 때문이다. 끝으로 "온세상 사람이 저마다 깨달아 옮기지 않음"에서 '온세상 사람〔一世之人〕'이라고 한 것은 사람은 위아래의 차별이 없다는 것을 강조하는 말인데, 오늘에 있어서는 너무나 당연하다. '저마다 깨닫고 옮기지 않음'은 자각적인 확신으로 종교의 매우 중요한 의지적인 요소다.

  여기서 주목되는 것은 수운이 그의 종교체험을 새롭게 되새기면서 '하느님 모심〔侍天主〕'을 정열적으로 풀이하는 태도다. 수운은 '하느님을 지극히 위하는 글〔呪文〕'의 중심인 '하느님을 모심〔侍天主〕'에서 '경신 사월 초오일〔『용담유사』「용담가」〕'의 종교체험을 재현하고 있다. 다시 말하면 그 종교체험의 재현이기 때문에 하느님을 지극히 위하는 글이다.

종교적으로 말하면 '하느님을 지극히 위하는 글'이란 그 글을 통해 하느님을 지극히 위하는 종교행동 곧 하느님을 모시는 종교행동을 말한다. 앞에서 '도를 닦는 순서와 방법은 주문 스물한 자에 달려 있을 뿐'이라고 하였다. 이제 이 말 뜻이 밝혀진 셈이다.

수운은 결정적인 종교체험을 하였다. 이 체험을 바탕으로 새로운 종교〔신앙체계〕를 세웠다. 그 종교를 믿는 순서와 방법이 마련되었다. 그 순서와 방법은 '하느님을 지극히 위하는 글'에 달려 있을 뿐이다. 다시 말하면 그 글을 통해 볼 때 하느님을 모시는 종교행동은 곧 하느님을 지극히 위하는 종교실천에 달려 있다. 그런데 '하느님을 모심〔侍天主〕'이란 무엇일까? 그것은 수운의 결정적인 종교체험을 일상생활 속에서 재현하는 종교 실천이다. 곧 종교체험을 일상생활에서 생활화하는 신도의 행동이다. 그 내용 쪽으로 말하면 마음은 하느님과 통할 수 있도록 정성을 다하고, 기운은 하느님과 통할 수 있도록 맑고 바르게 하고, 또 저마다 깨달아 굳게 믿는 참된 종교행동이다.

3. 맺음말

지금껏 『동경대전』에 나타난 수운의 종교철학사상을 그 신앙대상과 믿음의 기본방향 쪽으로 살펴보았다. 이제 끝으로 그 종교사상의 몇 가지 측면을 비교사상적으로 해석하여 본다.

첫째로 수운의 종교사상에서 무엇보다 주목되는 것은 그 믿음의 대상이 오직 하느님뿐이라는 점이다. '내 역시 바라기는 하느님만 전혀 믿고'〔『용담유사』「교훈가」〕, '그말 저말 다 던지고 하느님만 공경하면'〔위 책, 「권학가」〕 이렇게 하느님만 믿고 하느님만 공경하라고 가르쳤다. 이런 점에서 一神敎(monotheism)라고 할 수 있다. 아직 교리체계가 짜여져 있지 않기 때문에 하느님의 개념도 그렇게 밝혀져 있지 못한 형편이다. 수운이 결정적인 종교 체험을 한 지가 겨우 3년 반쯤밖에 안되었기 때문이다. 그러므로 어떤 특성의 神觀이라 쉽게 말할 수는 없지만 적어도 인격적인 신을 믿는 일신교라고 볼 수 있다. 종래 학계에서도 대체로 그렇게 보아왔다. 그래서 수운에 의해 바로 그 시기에 일신교적인 종교가 나타나게 된 것이 문제시되어 왔다. 주로 西學〔천주교〕의 영향이라고 보는 편이었다. 서학의 영향을 아주 무시할 수는 없다. 수운 자신이 여기저기에서 서학을 말하고 있기 때문이다.

문제는 어느 정도의 어떠한 영향이냐에 있다. 좀더 살펴보면 유교의 영향도 아주 무시할 수 없다. 여기서도 어느 정도의 어떤 영향이냐가 문제다. 특히 유교가 일신교쪽으로 영향을 줄 수 있느냐가 문제다. 여기서는 조선 후기에 우리 유교가 唯理論・唯氣論의 형태로 나타난 점이 주목된다. 어느 쪽이든 굳이 말하자면 일신교적이기 때문이다. 바로 수운의 아버지 近菴 崔鋈(1762~1840)이 철저한 유리론에 속해 있었다는 점도 주목되어야 한다. 어느 쪽 영향도 결정적일 수 없다면 수운 종교사상의 독자성이 문제될 수밖에 없다.

그러므로 둘째로 수운의 종교사상을 좀더 종교철학적으로 해석하여 본다. 수운은 매우 뚜렷이 그의 종교체험을 알려준다. 그는 체험의 시작을 이렇게 말한다.

"뜻밖으로 4월에 마음과 몸이 몹시 떨렸다. 병이라 쳐도 무슨 병인지 알 수 없고 말하려 해도 나타낼 수 없었다. 홀연히 어떤 신선의 말이 들려왔다."[『동경대전』「포덕문」] '꿈일런가 잠일런가 천지가 아득해서 정신 수습 못할러라 공중에서 외는 소리 천지가 진동할 때….'[『용담유사』「안심가」] 이렇게 무엇이 나타난 것은 틀림이 없고, 그것이 절대적인 위력이라는 것도 틀림이 없다. 그러나 그것이 무엇인지는 알 수가 없다. 이것을 오토(Rudorf Otto:1869~1937)는 성스러운 것(das heilige)이라고 한다. 이것은 절대적인 위력이므로 그 앞에서 우리 인간은 아무것도 아닌 존재이다.

이 성스러운 것은 '두려움에 떨게 하는 신비'와 '끝없이 매혹하는 신비'라는 아주 반대되는 이중의 성격을 지니고 있다. 그것은 어디까지나 이율배반적·비합리적인 존재다. 따라서 알 수도 없고 말로도 글로도 무엇으로도 나타낼 수 없다. 그것은 이 세상 어떤 것과도 '아주 다른 것(das Ganz Andere)'이다. 여기에는 동서양의 구별도 고대와 근대의 구별도 따라서 문화의 구별도 있을 수 없다고 한다. 그런데 수운에게 우리말로 공중에서 외치는 소리가 들려왔다.

"물구물공 하였어라 호천금궐 상제님을 네가 어찌 알까보냐." [『용담유사』「안심가」] 이렇게 수운은 이제야 세상에서 말하는 상제가 외치는 것이라고 알아챘다. 이 순간의 기쁨을 "초야에 묻힌 인생 이리 될 줄 알았던가"[위 같은 곳]라고 나타냈다. 그러나 상제가 이렇게 나타나는 까닭을 묻지 않을 수 없었다. 마침내 "나도 역시 공이 없었다. 그러므로 너를 세상에 나게 하여 이 법을 사람들에게 가르치려고 한다"[『동경대전』「포덕문」]라는 말씀을 듣게 되어 그동안 그렇게 바라던 것이 이루어졌음을 비로소 알게 되었다. 이에 수운의 기쁨도 절정에 이르러 다음 같이 외쳤다. "어화 세상 사람들아 무극지운(無極之運) 닥친 줄을 너희 어찌 알까보냐."[『용담유사』「용담가」]

지금까지 수운을 두려워 떨게 하던 '성스러운 것', '아주 다른 것'이 뜻밖으로 세상에서 말하는 상제라는 것을 알게 되고, 나아가 그것이 바로 하느님이라는 것을 깨달은 수운의 더 없는 기쁨을 살펴보았다. 하나의 과정으로 살펴왔지만 사실은 순간순간 동시에 전율과 희열, 위협과 위안 등을 느끼고 받는다고 한다. 이러한 모순되는 두 작용의 대립적인 조화(Kontrasthar-monie)가 바로 성스러운 것의 본질적인 구조라고 한다. 사실 수운도 알 수 없는 아주 다른 것 앞에서 마음과 몸을 마구 떨다가 어느덧 하느님 앞에서 '좋을시고 좋을시고 이내 신명 좋을시고'를 외치게 되었다.

수운이 알 수 없는 '아주 다른 것'을 하느님이라고 알게 되었다고 하였는데, 여기에 미묘한 문제가 있다. 이미 위에서 '성스러운 것'은 이 세상 모든 것과 아주 다른 것이라고 했다. 따라서 이 세상 어떠한 말도 통할 수 없다. 그런데 수운에게 우리말로 외칠 수 있을까? 세상에서 말하는 상제일 수 있을까? 더욱이 우리 하느님일 수 있을까?

오토가 말하는 '성스러운 것'은 시대도 문화도 초월해 있다. 따라서 비합리적인 것이기 때문에 그 자체로서는 아무런 종교적인 의미도 없다. 인간이라는 종교의 주체와 만날 때 성스러운 것은 종교의 객체가 되면서 비로소 어떤 종교의 신앙대상이 된다. 어떤 종교사상, 어떤 교리체계에 의해 조명되고, 해명되고, 해석된다. 여기서 동서양이 갈리고 시대가 갈리고 종교의 분파가 나타난다. 이리하여 성스러운 것의 비합리성이 끝없이 합리화의 과정을 밟게 된다.

"하느님 하신 말씀 개벽 후 오만년에 네가 또한 첨이로다. 나도 또한 개벽이후 노이무공 하다가서 너를 만나 성공하니 나도 성공 너도 득의 너희 집안 운수로다."(『용담유사』 「용담가」) 우리는 이 가사의 뜻을 넓게도 좁게도 적용할 수 있다. 넓게 적용하면 저 '성스러운 것'이 세상 모든 것과 아주 다른 것으로서 아직 인류역사와의 만남을 이루지 못하였다. 천지가 열린 뒤 5만 년 만에 종교의 주체인 인간을 만나 '아주 다른 것(아무런 의미없는 것)'이 처음으로 인류신앙의 객체로 대접을 받게 되었다. 이것은 아주 다른 것인 '성스러운 것'의 성공이고 인간의 得意이기도 하다. 인간가족들의 기쁨과 슬픔이 얽힌 삶의 산 현장이기도 하다. 그러나 위에 든 수운의 가사는 그가 서 있는 19세기 후반의 우리 역사현실을 반영하고 있다. 때마침 서양종교(西學·천주교)의 충격이 온 나라를 뒤흔들었다. 유교는 우리 겨레를 위해 무엇을 하고 있었는가? 불교는 나라 안에서 무엇을 하고 있었는가? 도대체 유교·불교·천주교 혹은 무당·『정감록』이란 과연 무엇일까? 도대체 역사는 지금 어느 문턱에 와 있으며, 그 새벽인가 낮인가 밤인가? 이렇게 역사의 현실 속에서 이른바 종교라고 하는 것 그리고 종교적인 것에 대해 애써 묻고 깊이 고민하는 갈대와 같은 인간이 있었다.

앞으로는 도덕을 내세워 큰소리를 치지만 뒤로는 주술·보약

따위만 찾는 좁은 삶의 우물 안에서도 이 모든 것과 아주 다른 것을 향한 넓은 삶의 바다로 통하는 길〔天道〕을 닦는, 외로운 인간이 있었다. 그 동안 보람이 없던 하느님이 이런 수운을 만나게 되었으니 하느님의 성공, 수운의 득의일 수밖에 없다.

그 넓은 삶의 바다로 통하는 길이란 무엇일까? 수운은 그것이 바로 '하느님을 모시는 것〔侍天主〕'이라고 한다. 그것은 궁극적인 실재에 대한 인간의 가장 참된 태도다. 여기서는 인간의 세 능력〔知·情·意〕으로 분류되는 온 능력이 하나로 조화를 이룬다.

첫째로 안으로 신령함이 있다. 여기서 신령이란 신성한 경지를 말한다. 곧 신성한 존재를 대할 때 인간으로서 최선을 다하는 마음의 태도다. 우리는 이것을 정성〔誠〕이라 일컬어왔다. 우리 겨레는 자연스럽게 다음과 같이 믿어왔다. "정성이 지극하면 돌 위에 풀이 난다."

둘째로 밖으로 氣化가 있다. 수운은 하느님의 기운이 만물을 꿰뚫고 있다 한다. 이렇게 외적으로 만물을 움직이게 하는 하느님의 기운을 지극한 기운〔至氣〕이라 한다. 사람의 기운이 하느님의 기운과 하나가 되는 경지를 기화라고 한다. 따라서 사람이 하느님과 통할 수 있는 육체적인 태도 곧 가장 올바른 외적인 행동이다. 흔히 말하는 가장 예의바른 행실이다. 유교적인 전통에서는 행실쪽 마음가짐을 공경〔敬〕이라고 말해 왔다.

셋째로 스스로 깨달아서 옮기지 않는다. 여기서는 굳게 믿고 변함없이 노력할 것을 강조한다. 맹목적이 아닌 자각적인 굳은 믿음〔信〕이 있어야 한다는 것이다. 전체적으로 간추려 말하면 "하느님께 마음과 몸으로 최선을 다한다"는 뜻이다. 결국 신앙의 근본 태도를 의미한다.

『용담유사』의 문학적 조명

윤석산*

1. 머리말

『용담유사』는 잘 알려진 바와 같이 동학의 중요 經典이며, 가사문학 작품이기도 하다. 동학의 교조 水雲 崔濟愚(1824~1864) 선생이 자신의 교도와 일반에게 가르침을 펴기 위하여, 동학을 唱導한 庚申年(1860)에서부터 官에 체포되던 癸亥年(1863)까지 4년간에 걸쳐 쓴, 총 여덟 편으로 되어 있는 가사 작품이다.[1]

'龍潭'은 본래 경북 月星郡 玄谷面 龜尾山 기슭에 있는 亭子의 이름으로, 수운 선생의 아버지 되는 近菴公 최옥이 晩年에 제자를 가르치던 장소이기도 하다.[2] 그런가 하면, 己未年(1859) 10월 妻家동네인 蔚山에서 이 곳으로 그 거처를 옮겨온 수운 선생이 不出山外를 맹세하고 수련에 정진하였으며, 또 이 수련의 결과로 한울님이라는 우주절대의 신으로부터 無極大道를 받는다는, 결정적인 종교체험을 한 곳이기도 하다.[3] 다시 말해서 수운 선

---

* 한양대 교수(국문학)
1) 창작연대와 작품편수에 관해서는, 尹錫山, 『龍潭遺詞 硏究』(민족문화사, 1987), pp.23~46 참조요.
2) 『東經大全』, 「修德文」: "龍潭古舍 家嚴之丈席."
3) 『東經大全』, 「修德文」: "率妻子之日 己未之十月 乘其運道受之節 庚申之四月."

생이 오늘의 동학을 일으킨, 매우 중요한 장소가 되고 있는 것이다. 그러므로 동학교단에 있어, '龍潭'은 동학이 창도되고 또 시작된 그 근원을 의미하기도 하며, 수운 선생을 지칭하는 말이 되기도 한다.4)

또한 '遺詞'는 '남겨놓은 노래'라는 뜻으로, 수운 선생이 제자들에게 가르침을 주기 위하여 남겨놓은 노래라는 의미의 말이 된다. 따라서 이는 수운 선생 당시에 붙여진 이름이라기보다는, 수운 선생 死後에 그의 門徒나 後孫들에 의하여 붙여진 이름이라고 하겠다.

『龍潭遺詞』라는 이름이 처음 보이고 있는 기록은, 수운 선생의 道를 물려받은 해월 선생의 주도 아래, 편찬된 '癸未版 『龍潭遺詞』'에서 이다. 이 판이 출간되기 전인 申巳年(1881)에 丹陽 南面 泉洞〔일명 샘골〕에서 처음 『龍潭遺詞』가 발간이 되기도 하였지만, 이 판본은 아직 발견이 되고 있지를 않고 있을 뿐이다. 그러므로 현존하는 최고의 기록으로서, 『용담유사』라는 이름이 보이고 있는 것은 계미판 『龍潭遺詞』의 表題에서이다. 즉 해월 선생은 스승인 수운 선생이 남긴 가사작품을 정리하여 출간하면서, '龍潭 선생이 남긴 노래'라는 의미의 표제를 이의 제목으로 부쳤던 것이다.

앞에서 잠시 언급한 바와 같이, 『용담유사』는 여덟 편의 가사를 總稱하는 이름이기도 하고, 이들 여덟 편의 가사를 묶은 책의 이름이 되기도 한다. 그런가 하면, 『東經大全』과 함께 매우 중요한 동학의 經典이 되고 있는 것이다. 당시 지배계층의 전용문자

---

4) 水雲 先生이 스스로 지은 詩인 "龍潭水流四海源 龜岳春回一世花"가 의미하는 바가 곧 '龍潭'이 지닌 의미를 단적으로 나타내는 증거라고 하겠다.

이었던, 한문으로 표기되어 있는 『東經大全』이 당시 識者層이 읽고 이해하도록 쓰여진 동학의 경전이었다면, 한글가사로 되어 있는 『용담유사』는 한문을 모르는 일반인 또는 아녀자 등 당시 하층계층의 사람들이 읽고 이해하도록 쓰여진 경전이 되는 것이다.

따라서 이『용담유사』는 글을 모르는 아녀자나 하층민들도 쉽게 외우고, 노래할 수 있었던 '동학의 경전'이 된다. 그러므로 글은 몰라도 가사의 가락에 의하여 노래로 읊을 수 있고, 또 외우게 되어 있는 것이 바로 『용담유사』의 특징이 되고 있는 것이다. 그러므로 보다 넓게 이 가사는 민간에 유포가 될 수 있었고, '새로운 삶의 질서'를 이루고자 하는 동학의 가르침을 담아, 이로써 이들 민중을 이끌고 또 自覺시켜 주는 매우 중요한 가르침의 원천이 되기도 하였던 것이다.

2. 한글 가사로서의 『용담유사』

19세기 중엽, 조선조 후기에 들어서서, 수운 선생이 자신의 가르침인 東學의 經典을 『東經大全』이라는 漢文本 經典과 『용담유사』라는 한글 가사체의 경전으로 나누어 쓴 것은, 그 示唆하는 바가 매우 많다고 하겠다.

우리가 잘 아는 바와 같이 당시 사회의 언어체계는 이중적으로 되어 있어, 일반에서 통용되는 언어, 즉 口語體의 언어와 지식이나 사상을 전달하는 매체로서의 언어, 곧 文章에 의한 언어인 文語體가 완연하게 구분되어 있던 때이다. 그런가 하면, 이를

享有하는 그 계층도 서로 달라서, 상층계층인 양반들에 의하여 문자는 점유되었고, 일반대중과 아녀자들은 문자를 향유하지 못했었음이 당시의 현실이기도 하였다. 이는 곧 문자를 향유하느냐 못하느냐의 문제가 곧 班常·男女·老少라는 그 신분계급을 나타내는 척도가 되고 있다는 이야기이기도 하다. 그러므로 지식의 전달이나 사상을 고취시키는 교육은 양반 등 당시 우위를 점하고 있는 계층에게만 許與되었던 일이지, 일반대중은 꿈도 꾸지 못하던 일이었다. 즉 언어에 의하여 그 사람의 신분이 결정되던 시대였다고 말을 하여도 결코 과언이 아니라고 하겠다.

이와 같은 시대에, 수운 선생이 漢文本으로 된 경전『東經大全』을 저술하였다는 것은, 당시의 시대적인 상황으로 보아, 논리적인 지식의 전달과 사상의 체계화를 위해서는 당연했던 일이라고 하겠다. 우리가 잘 아는 바와 같이 당시의 모든 교육체계는 한문위주의 텍스트에 의하여 그 교육이 이루어졌었고,[5] 수운 선생 역시 아버지인 近菴公으로부터 어려서부터 한문교육을 받았을 것이며,[6] 당시의 모든 지식인층의 인사들 모두 한문으로 된 텍스트를 중심으로 교육을 받았을 것이다. 그러므로 당시 사회적

---

[5] 당시의 교육은 주로 儒學의 經書인 四書三經이 주요한 텍스트였음은 잘 알려진 사실이다. 또한 이러한 교육이 당시 사회에 더욱 왕성해진 이유는, 양반의 子弟들이 응시해야 하는 科擧制度의 문제 역시 이들 儒學의 經典에서 모두 출제가 되었기 때문이기도 하다.
[6] 수운 선생의 아버지인 近菴公은 嶺南 일대에 그 이름이 나 있는 선비이다. 최옥은 대대로 내려오던 양반의 집안이다. 근안공의 문집인『近菴集』을 보면, 최옥의 아버지는 최옥에게 꼭 立身揚名하여 가문을 빛낼 것을 당부하기도 한다. 그러나 최옥은 여러 차례 科擧에 낙방을 하고, 다만 고향에서 제자들을 키우며 살아간다. 그러나 훗날 그의 제자들은 文集을 만들어 남겼고, 또한 晩年에는 嶺南 일대의 선비들이 모여서 만들게 되는 盧溪 朴仁老의 文集인『盧溪集』編纂者로 참가를 하기도 하는 등 그 文名을 인근에 날리던 선비였다. 바로 이와 같은 아버지로부터 수운 선생은 어려서부터 學問을 익혔던 것이다.

인 지식의 소통이나 사상의 형성을 위한 경로는 '漢文'이라는 문자 이외에는 없었을 것으로 판단된다. 따라서 수운 선생이 자신의 사상을 체계화하고 또 이를 논리화하기 위하여서는 필연적으로 한문이라는 문자 체계를 빌리지 않을 수 없는 당위성이 여기에는 있는 것이다.

이와 같은 한문본 『東經大全』에 비하여, 『용담유사』는 우리가 잘 알고 있는 바와 같이, 한글본 가사문학 작품이다. '歌辭'는 곧 律文형식의 詩歌7)작품인 것이다. 이러한 시가작품에 있어 가장 중요한 것은 '言語'에 대한 自覺이 된다. 즉 언어가 지닌 개념인 傳達의 機能보다는 언어가 지닌 表現의 機能, 곧 어떠한 의미나 의사의 전달이라는 일상언어의 측면이 아니라, 언어가 지니고 있는 느낌이나 감각을 통해 표현하고자 하는 기능이 이에는 무엇보다 중요한 것이라고 하겠다.

『용담유사』는 바로 이와 같이 언어의 표현적 기능을 중시해야 하는 '시가' 작품인 것이다. 이러한 자각과 함께 수운 선생은 漢文이라는 中國式의 統辭 構造를 지니고 있는 文章으로는, 한국인이 느낄 수 있는, 母國語로서의 느낌과 감각, 나아가 이가 지닌 정서를 충분하게 표현시킬 수 없음을 깊이 인식했던 것이다. 따라서 수운 선생은 이러한 『용담유사』라는 詩歌의 표현을 위하여 한문의 문장이 아닌, 한글로 표기되어야 하는 가사문학의 형식을 택하게 된 것으로 생각된다.

또한 수운 선생은 詩歌라는 양식이 얼마나 민족적인 예술양식

---

7) 歌辭의 장르에 관하여 많은 논의가 되고 있다. 이러한 많은 논의들 중에서, 가사를 抒情의 양식으로 보고, 서사적 서정, 서정적 서정, 희곡적 서정, 교술적 서정으로 보고 있는 見解가 현재로서는 가장 설득력을 지닌 장르적인 해석이라고 생각된다. 따라서 가사를 서정의 장르인 詩歌로 보기로 하였다.

인가 하는 점을 확연히 깨닫고, 바로 그 민족의 감정과 정서가 가장 잘 드러나는 예술양식이 詩歌라는 사실을 누구보다도 잘 알고 있었던 사람이었다고 하겠다. 즉 詩歌의 특성상, 당시 민족 공동어가 아닌 漢文으로는 올바른 감정과 정서를 표현할 수 있으리라고 보기에는 힘이 들었기 때문인 것이다. 그러므로 일정한 계층인 당시 양반계층에서만 사용되던 언어인 漢文의 文章이 아니라, 일반대중을 포함한 당시의 모든 계층에서 자유롭게 쓰이고 있던 우리 언어의 표현인 '한글'로 된 가사의 형식을 그 매체로 수운 선생은 택하게 된 것이라고 하겠다.

모든 민족에게는 그의 언어 속에 하나의 세계관이 갈무리되어 있다. 우리는 이를 언어공동체의 운명, 그 지리적·역사적 형세, 그 정신적 조건과 외적 조건 속에서 형성된 그 민족의 세계관이라고 말하고 있다.8) 그러므로 이와 같은 우리의 말에도 우리의 세계관이 형성되어 있는 것은 당연한 일이다. 즉 수운 선생은 우리의 언어 속에 담겨진 우리의 세계관을, 당시 모든 계층에서 사용되고 있는 언어를 통하여 『용담유사』에 표현시키고자 노력했던 것이라고 하겠다.

또한 '漢文'은 엄밀하게 말해서 우리의 언어는 아니다. 즉 중국으로부터 빌려온 언어일 뿐이다. 그러나 오랜 동안 우리의 삶 속에서 사용되어 왔기 때문에 거의 우리의 언어와도 같이 認識되고 있음이 사실이다. 그러나 한문문장은 統辭的으로 볼 때에나, 그 어휘가 지닌 語感을 살펴볼 때에, 결코 우리의 말과 같이 낯이 익다고는 할 수가 없다. 그 통사적 구조가 중국식의 그것으로

---

8) 이기상, 『우리말로 철학하기』.

되어 있고, 어감 역시 우리에게 미세한 情感으로 다가오지 못함이 사실인 것이다. 그러므로 '漢文'은 내밀하게 살펴보면, 우리 민족의 세계관이 깃들여 있는 것이 아니라, 중국민족의 세계관이 깃들여 있는 언어임에 틀림이 없다.

그런가 하면, 당시 우리나라에서 쓰이고 있던 '漢文文章'이 중국의 그것과는 다르다고 하여도, 최소한 당시 상층계층인 양반들의 세계관, 이들에 의하여 이룩된 세계관이 담겨져 있는 것이지, 일반대중의 인식과 세계관까지 모두 포함해서 담고 있는 언어양식은 아닐 것이다. 조선조 사회는 분명히 봉건적인 신분질서와 함께, 최소한 언어에 있어서는, 두 다른 세계관을 그 내면에 지니고 있던 사회였음에 틀림이 없다. 즉 상층계층인 양반들과 하층계층인 일반대중의 의사소통의 방법인 문자가 같지 않았고, 그러므로 사유의 방식이 달랐으며, 나아가 이에 의하여 형성되는 그 세계관 역시 같지 않았을 것이 분명하다.

이와 같은 면을 깊이 인식하고 고려한 수운 선생은 당시의 모든 민족이 공통적으로 사용하고 있는 언어인 '한글'을 『용담유사』의 표현의 방법으로 선택하였고, 그 지식의 논리적인 전달이나 사상의 체계화를 위해서는 당시 교육을 받은 지식인 계층에서 통용되고 또 소통되고 있는 언어인 '漢文'을 『東經大全』의 표기양식으로 택하였던 것이라고 하겠다.

수운 선생이 동학을 창도한 19세기 중엽은 어느 의미에서 중국중심의 세계관을 지닌 시대였다. 그런가 하면, 당시의 주도세력은 지식인 계층이었고, 이들은 당시 외국어나 다름이 없었던 한문을 아무러한 불편 없이 사용하고 있었으며, 보다 손쉬운 정보나 의사의 유통을 위해서는 그들에게 무엇보다도 한문이 가장 편리한 도구가 되었음은 주지의 사실이다. 그러므로 이들에 의하여 주도되고 또 형성된 당시의 세계관 역시 漢文文化圈에서 크게 벗어나지 못하는 것이라고 하겠다. 즉 당시 조선조는 중국중심의 문화제국주의에 잘 길들여져 있던 사회라고 하겠다. 언어는 다름 아닌 그 문화의 토대이며 그 문화 그 자체이기 때문인 것이다.

특히 수운 선생의 『東經大全』과 『용담유사』가 모두 같이 동학의 교의와 사상을 전달하고 또 표현한 중요한 경전들임에 불구하고, 그 표현의 양상에 있어서는 서로 매우 다르게 되어 있는 것도 이에 담긴 세계관의 다름에 기인하고 있는 것이 아닌가 생각된다. 다시 말해서 『東經大全』은, 보다 당시 지배계층의 사상이었던 유교적인 인식과 방법이 그 문장의 진술이나 전개, 또는 표현에 많이 援用이 되었고, 『용담유사』에서는 당시 기층문화를 이루고 있는 민간사상들, 곧 風水地理나 圖讖說, 또는 易思想 등이 많이 援用되고 있고 있음을 볼 수가 있다. 즉 수운 선생은 『용담유사』를 통하여 민중의 꿈과 이상이 담긴 민간사상을 그 안에 담고, 이러한 援用을 통하여 보다 쉽게 이들에게 자신의 사상을 펴고 고취시키려 하였던 것이다. 다시 말해서 당시 모든 민중의 꿈에 부합되는 이상을 수운 선생은 『용담유사』를 통해서 펼쳐나갔던 것이다.

또한 이와 같은 시대에 수운 선생이 자신의 사상을 정립한 경전으로 『東經大全』과 함께 『용담유사』를 내놓은 것은, 당시 중국중심의 절대중심체계에서 탈중심의 세계로 나가고자 하는, 근대지향적인 의지에 의한 것이라고 하겠다. 즉 중국 중심의 세계에서 我國 중심의 세계관으로 그 의지를 펼쳐나가는 모습의 하나라고 하겠다. 그런가 하면, 『東經大全』이 한문문장을 통하여, 교도와 일반에게 敎義와 사상을 전달하고자 하는, 즉 의미를 전달하고자 하는 經典이 된다면, 『용담유사』는 대중들을 感化시키고 또 한울님이라는 존재를 깨닫게 하는 경전이 된다. 즉 『東經大全』이 理性的 의미전달에 그 차원을 두고 있다면, 『용담유사』는 實存的 존재에 대한 인식에 그 차원을 두고 있는 것이라고 하겠다.

이와 같이 『용담유사』는 그 표현이 전통적인 율격의 가사체인 시가로 되어 있다는 점으로, 당시 모든 민중들에게 손쉽게 다가갈 수 있었으며, 그러므로 이들의 꿈과 이념이 담긴 민간사상이 같이 융합되어 나타나고, 그러므로 보다 편안하게 이들의 이상을 고취시킬 수 있었던 것으로 생각된다. 나아가 이에는 脫中心的인 수운 선생의 근대의식이 강하게 작용하고 있으며, 당시 민중이라는 實存的인 存在를 당시의 시대의 表面으로 강하게 부각시킨, 그 힘의 源泉이 되기도 하였던 것이다.

따라서 수운 선생은 늘 『東經大全』에 담긴 「論學文」·「修德文」 등의 글과 함께, 『용담유사』에 담겨 있는 「勸學歌」·「道修詞」 등의 가사 역시 중요하게 여겼던 것으로 나타나고 있다. 특히 이들 글들이 쓰여지고 나면, 이내 제자들에게 보내져서 읽고 꼭 외우도록 가르쳤던 것이다.9) 그런가 하면, 보낸 가사에 대하여 面講을 시키기도 하였고, 중요한 구절에 대하여 그 의미를 찾도록 質疑와 應答도 하였던 것이다.10) 또한 가사의 끝절에는 늘 이 가사를 句句字字 살펴내고 외워야 하며, 正心修道하여 이내 곧 좋은 세상을

---

9) 『道源記書』: "强作道修詞 又作東學論 勸學歌 今年 壬戌春 三月 還來於縣西 白士 吉家 使崔仲義 修送家書 又封送 學與詞二件."
10) 『道源記書』: "先生曰 興比歌 前有頒布矣 或爲熟誦之耶 各爲面講也 第次講之後 姜洙獨出座中 對先生而面講…洙亦問蚊將軍之意 先生曰 君爲心通 可知矣."

맞이해야 한다11) 고 그 가르침을 펴고 있음을 볼 수가 있다. 이와 같이 『용담유사』는 동학의 중요한 경전이며, 또한 가사작품으로 민중들의 꿈과 소망이 담겨진, 나아가 이들의 이상이 펼쳐지고 있는, 소중한 민중들의 經典이며 노래라고 하겠다.

3. 『용담유사』의 문학사적 위상

가사문학을 통시적인 관점에서 바라보면, 조선조 전기의 가사, 후기의 가사, 개화기의 가사로 나뉘어질 수가 있다. 또한 작가의 신분이나 의식, 향유자의 관점에 따라 양반가사·서민가사·개화가사로 나뉘어지기도 한다. 『용담유사』는 그 창작된 시기로 보아 조선조 후기의 歌辭群에 속한다고 하겠다. 그런가 하면 창작자인 수운 선생의 신분이 몰락한 양반의 후예이며, 또한 서출이라는 점을 생각할 때, 이는 조선조 후기의 서민가사 유형에 속할 수가 있다.

그러나 『용담유사』에 담긴 그 내용은 조선조 후기가사의 내용이라기보다는 개화기 가사, 또는 近代志向的인 의식을 담고 있는 가사작품이라고 하겠다. 그러므로 연구자에 따라, 그 창작된 시기만을 추적하여 조선조 후기 歌辭群으로 보는 견해도 없지 않아 있다.12) 그런가 하면, '개화기의 첫 시가작품'13) 또는 '근대적 이

---

11) 이와 같은 구절은 『용담유사』 중, 「도수사」·「권학가」·「안심가」·「몽중노소문답가」·「도덕가」 등 여덟 편 모두에 나오고 있다.
12) 이와 같은 견해는 대체로 近代 또는 現代文學을 논의한 연구서에서 찾을 수 있

념을 담은 첫 시가'14)로 보는 견해도 있어, 서로 상충된 모습을 보이고 있다. 그렇지만 최근 학계의 동향은 『용담유사』를 개화기의 가사, 나아가 개화의식과 함께 매우 自生的인 근대의식을 담고 있는 가사15)로 보고 있음이 일반적인 현상이기도 하다.

이와 같이 『용담유사』가 지닌 여러 특성과 함께, 이가 지닌 문학사적 位相이 충분히 논의되고, 나아가 이러한 제반문제가 보다 효율적으로 해결되기 위해서는, 다음과 같이 두 방향으로 나뉘어져 그 논의가 이룩되어야 할 것이다. 즉 가사문학사 전반의 문제인 통시적인 관점에 착안하여, 조선조 후기의 가사, 개화기의 가사들과 대비·논의되어야 하며, 또한 『용담유사』가 종교적 교의를 담은 '종교가사'라는 점에 착안하여 「西往歌」를 비롯한 불교가사, 또는 개화기의 천주가사 등과 함께 공시적인 면에서 대비와 논의가 되어야 할 것이라고 생각된다. 아울러 이와 같은 두 논의의 방향을 종합적으로 검토하여, 『용담유사』가 지닌 문학사적 의미 및 문학사적 位相을 구명해야 할 것으로 판단된다.

는 것으로, 近代의 萌芽에 해당하는 開化期의 詩歌를 建陽元年(1896)으로부터 六堂의 新詩가 등장하는 隆熙 2년(1908)으로 잡고 있으므로, 자연 『龍潭遺詞』는 開化期 詩歌의 논의에서 除外되어 왔다: 李秉岐·白鐵, 『國文學全史』(新丘文化社, 1975) ; 趙演鉉, 『韓國現代文學史』(現代文學社, 1956) ; 趙芝薰, 『韓國現代詩文學史』(文學春秋, 1965.3) ; 宋敏鎬, 『韓國詩歌文學史』下(韓國文化史大系 V, 고려대 민족문화연구소, 1967) ; 鄭漢模, 『韓國現代詩文學史』(一志社, 1974) ; 金允植·김현, 『韓國文學史』(民音社, 1976).

13) 張德順, 『韓國文學史』(同和文化社, 1984), pp.354~355 ; 조동일, 『한국문학통사』(지식산업사, 1986), pp.9~18

14) 鄭在鎬, 「龍潭遺詞의 近代的 性格」(『近代文學의 形成過程』, 문학과 지성사, 1984).

15) 尹錫山, 「용담유사에 나타난 근대의식 연구」(『한국한논집』 14집, 한양대 한국학연구소, 1994).

1) 서민가사·개화가사 그리고 『용담유사』

『용담유사』가 창작되었던 조선조 후기는 그 문학적인 특성과 함께, 이 때의 가사를 대표하고 있는 것은 양반가사이었기보다는 서민가사라 하겠다. 조선조라는 신분사회에서 피지배 계급에 속하는 이들 서민들은 대부분 農·工·商이라는 생산을 담당하던 계층이 된다. 그러므로 이들은 엄밀한 의미에서 지배계급인 양민들의 生必品을 비롯한 모든 경제적인 공급자가 된다. 그런가 하면, 때로는 양반의 수탈대상·착취대상이 되기도 하였다. 그러므로 이들이 지니고 있는 意識이나, 현실을 보는 의식은 양반관료들과는 전혀 다를 수밖에 없다. 양반가사가 주로 戀主忠君·安貧樂道·道德的인 敎訓·江湖의 閑情 등이라는 유교적 이념이나, 당시 士大夫의 이념을 그 내용으로 삼고 있다면, 이들 서민가사는 현실적 矛盾의 폭로와 비판, 기존관념에의 挑戰과 인간본성의 추구, 서민적인 소박한 꿈과 소망 등16)을 주된 내용으로 삼고 있다. 그런가 하면 이는 좀더 발전하여 당시 지배 계층인 부패한 양반계층에 대한 풍자와 비판으로 이어지기도 한다.17)

그러나 이와 같은 서민가사가 지닌 현실적 모순의 폭로와 비판이라든가 양반계층에 대한 풍자·비판은 서민적 삶을 해치는 부패한 官吏의 횡포, 또는 과다한 徵稅에 대한 불만과 토로가 그 主를 이루고 있다. 다시 말해서 표면적으로 드러나는 사회제도의 모순이나 현상, 또는 이에 의하여 惹起되는 지배계층인 양반관료

---

16) 金文基, 앞의 책. p.67 참조.
17) 宋載邵, 「李朝後期歌辭의 한 特徵」(『백영 정병욱선생 환갑기념논총』, 新丘文化社, 1982.12.10), pp.597~601 참조.

들의 부패상에 대한 고발이 등이 그 樣相의 주를 이루고 있다고 하겠다.

다음과 같은 가사작품이 서민가사의 대표적인 것으로, 이와 같은 모습이 잘 나타나고 있는 것들이다.

누대봉사 이내몸은 하릴없어 매어 있고
시름 없는 제 족인은 자취없이 도망하고
여러 사람 모은 신역 한몸에 모두무니
한몸 신역 삼량오전 돈피이장 의법이라
십이명 없는 구실 합쳐보면 사십륙량
연주연에 말아무니 석승이들 당할쏘냐.18)

泛泛中流 나려가니 江山도 조흘시고
巡相의 風情이요 백성의 원수로다
인간에 남은 액운 水國에 미쳤도다
五里 밖에 會亭幕의 낭자할사 酒肉이야
列邑官吏 격기로다 浚民膏澤 아니신가.19)

이와 같이 서민가사는 자신들이 처한 현실적인 어려움과 함께 서민의 삶을 해치는 양반관료들의 횡포와 수탈 등을 비판하는 것으로 그 내용을 삼고 있다. 그러나 이와 같은 서민의 意向은 양반관료와 서민이라는 신분적 사회 속에서, 새로운 體制革命을 꾀하거나 바라는 것은 아니고, 다만 封建的인 體制 속에서 부패한 관료의 수탈과 억압에 의하여 平衡을 잃고 있는 그러한 삶의 질

---

18) 「甲民歌」.
19) 「合江亭歌」.

서에 대한 정상상태의 회복을 꾀하는 정도20)에서 그치고 있음을 볼 수 있다.

　이와 같은 서민가사의 내용에 비하여, 『용담유사』는 단순히 양반계층이나 관료라는 지배계층에 대한 모순·부패상을 고발하는 정도에서 그치지 않고, 당시 양반이나 서민, 지배계급이나 피지배계급이나를 막론하고, 모두가 共同으로 겪고 있는 시대적인 危機感, 그러므로 이로부터 맞게 되는 민족과 국가의 단위에서 맞고 있는 위기감이나 어려움에 대한 우려와 근심으로 나타나고 있음을 볼 수가 있다. 이와 같은 모습은 서민가사가 지니고 있는 다만 현실적인 어려움에 대한 불평과 현실에 대한 비판, 나아가 부패한 官僚에 대한 고발 등이라는 局部的인 면과는 다른, 민족의 단위, 또는 국가의 단위라는 總體的인 면에서의 우려와 근심이 되고 있는 것이다.

　다음과 같은 『용담유사』의 한 부분을 보기로 하자.

　　　아서라 이 세상은 堯舜之治라도 不足施요
　　　孔子之德이라도 不足言이라.21)

　당시의 시대적인 어지러움은 堯임금이나 舜임금 같은 聖賢의 다스림으로도 어쩔 수 없는 것이요, 孔子나 孟子와 같은 聖人도 어쩔 수 없는 세태라고 한탄하게 된다. 즉 당시의 정치적인 상황은 堯임금이나 舜임금 같은 德治를 펴는 聖君이 나온다고 해도

---

20) 柳鐸一,「朝鮮 後期歌辭에 나타난 庶民의 意向」(『淵民李家源博士 六秩頌壽紀念論叢』, 汎學圖書, 1977).
21) 『龍潭遺詞』,「夢中老少問答歌」.

어쩔 수 없고, 또한 道德的인 현실은 孔子나 孟子 같은 聖人이 다시 태어나 그 가르침을 펴도 어쩔 수 없는, 정치적으로 또는 도덕적으로 그 限界에 다다른 상태라는 것이다.22) 이는 어느 한 부분에 국한된 지적이나 비판이 아닌, 너나 할 것 없이 모든 세상, 총체적인 시대적인 위기에 대한 우려이며, 나아가 당시의 시대적 위기는 기존의 질서체계를 이루고 있는 儒敎의 가르침인 堯나 舜임금의 德治, 또는 孔子나 孟子의 德으로도 어떻게 할 수 없는 상태라는 말이 된다. 그러므로 필연적으로 이러한 위기를 극복하기 위해서는 당시의 支配體系이며 세계관을 담고 있는 유교적인 정치·도덕을 뛰어넘는 새로운 가르침이 나와야 한다는 것이 바로 이가 지닌 진정한 의미라고 하겠다.

　이와 같이『용담유사』에 나타나고 있는 시대에 대한 비판이나 새로움을 추구하고, 그러므로 시대적인 改革과 後天의 開闢을 요구하는 정신은 매우 지속적이고 또 체계적으로 그 시대적 개조를 요구하고 있는 것이다. 그러므로 이는 조선조 후기에 등장하는 서민가사의 내용과 같이 당시 모순된 현실과 사회를 부분적이며 일시적인 현상으로 인식하거나 파악하지 않고, 이를 보다 총체적으로 개혁해야 할, 모순된 사회로 파악하고, 이를 지속적으로 요구하고 있었던 것이다.

　또한 수운 선생은 이와 같은 현실에 대한 개혁의 방향으로 그의『용담유사』에 다음과 같은 몇 가지의 방법을 제시하고 있다. 이의 가장 먼저의 것이 인간존재에 대한 새로운 각성과 이 각성

---

22) 이러한 당시의 시대적인 세태를 수운 선생은『東經大全』·「布德文」에서 인류의 역사를 문명-도덕적인 관점에서 기술하고, 이내 "又此挽近以來 一世之人 各自爲心 不順天理 不顧天命 心常悚然 莫知所向矣"라고 말하고 있음을 볼 수가 있다. 즉 당시의 시대적 정치적·도덕적인 상황을 극명하게 표현한 것이라고 하겠다.

을 통한, 잠재되어 있는 민중적 힘의 촉구가 된다. 다시 말해서 수운 선생은 당시의 시대적 위기를 극복하기 위해서는 먼저 세상의 사람들이 본원적인 면에서 자신을 깨닫고, 이 깨달음을 통해 시대적 위기를 극복할 수 있는 힘의 소재는 어디인가를 민중 스스로 깨달을 수 있어야 함을 강조하고 있다.

이러한 민중적 힘의 신장이라는 민중에의 覺醒은 결국 수운 선생의 핵심사상인 '侍天主'에 그 바탕을 두고 있으며, 당시 봉건사회가 지니고 있는 신분적 제도를 뛰어넘는, 평등사상의 중요한 바탕이 되기도 하는 것이다. 즉 수운 선생의 '侍天主'란 다름 아니라, 인간은 누구나 본질적으로 그 바탕에 한울님을 모시고 있으므로, 신분과 제도를 뛰어넘어 모두 평등하다는 인간평등주의를 그 중요한 근간으로 삼고 있는 것이다. 따라서『용담유사』에 나타나고 있는 이와 같은 인간관[23]은 그 신분과 제도로 班常의 구분을 짓고, 尊賤의 차별이 분명했던 당시 봉건사회를 뛰어넘는, 매우 근대적인 이념에 입각한 인간관의 모습이라고 하겠다.

수운 선생은 이렇듯 그의『용담유사』를 통하여, 당시 억압된 민중에게 '모든 인간은 무궁한 존재로써 평등하며, 또 평등해야 한다'는 새로운 자각을 불어넣어 주는 동시에, 당시 겪고 있는 시대적 위기를 극복할 수 있는 힘이 다른 어느 곳에 있는 것이 아니라, 민중 자신에 있음을 일깨워 주고 있다. 이와 같이『용담유사』의 내용은 어느 의미에서, 尊賤의 신분이 뚜렷한 봉건사회로 볼 때에는, 하나의 叛逆이며 또 革命的인 사고일 수 있다. 그러나 일반민중의 입장에서 볼 때, 이는 오히려 새로운 희망의 계기

---

[23] 尹錫山,「龍潭遺詞에 나타난 水雲의 人間觀」(『한국학논집』 5집, 1983, 한양대 한국학연구소).

가 되기도 한다. 그런가 하면 새로운 시대의 主役으로 등장할 수 있는 소중한 믿음의 발판이 되기도 했던 것이다.

그러면, 수운 선생은 어떤 사상적 견해에서 이와 같은 믿음을 일반대중에게 주고 있는가? 이는 바로 당시 시대적인 위기를 극복할 主役은 다름 아니라, 수운 선생 자신을 포함한 일반민중이라는 신념에서부터 비롯되고 있다. 다시 말해서, 정치적으로 타락하고 또 당시 사회의 근본적인 질서를 이루고 있던 綱常의 "君不君 臣不臣 父不父 子不子"24)한 윤리적인 타락이 당시를 더할 수 없는 '淆薄한 세상'으로 만들게 되었으므로, 이러한 타락상을 제거하고 새로운 것이 대두되기 위해서는 잠재되어 있는 민중이 새롭게 눈을 뜨고, 무엇보다도 이들이 지닌 力量이 발휘되어야 한다는 것이 곧 수운 선생이 지닌 신념인 것이다. 아울러 시대적 위기를 극복하고 나라를 보존할 사람은 당시 富貴에 해당되는 집권층이 아니라, 나를 비롯한 貧賤한 민중이라는 것이 수운 선생이 지니고 있던 신념이기도 했던 것이다.25)

이러한 점으로 보아 『용담유사』는 그 내용에 있어, 보다 근대적이며, 조선조 후기 가사 특히 서민가사의 주제를 뛰어넘는 가사 작품이라고 할 수 있다. 그러나 이와 같은 내용상의 특징에도 불구하고, 『용담유사』에서는 開化期의 가사가 지니고 있는 직접적인 개화의식이나, 개화를 위한 勸學精神・文明開化, 또는 自主를 위한 애국사상의 고취 등은 찾아보기가 어렵다. 이러한 면은 아직 『용담유사』에 있어, 西歐的인 충격에 의한 직접적인 개화의

---

24) 『龍潭遺詞』, 「夢中老少問答歌」.
25) 조동일, 「開化期의 憂國歌辭」, (『開化期의 憂國文學』, 형설출판사, 1974), pp.78~79 참조.

식이 성숙되지 못했다는 점을 말하는 것이며, 동시에 당시 시대적인 환경이 이를 직접적으로 받아들일 만한 여건을 이루지 못했었다는 한 증거이기도 하다.

그러므로 그 표현에 있어서도 조선조 후기의 가사들과 같이 우회적이거나 골계·익살이 아닌, 비유적이고 매우 설복적이며, 개화기 가사와 같은 우회적 풍자의 방법26)도 지니고 있지를 못하다. 이와 같은 표현의 특성은 바로『용담유사』가 개화기 시가의 가장 큰 특성이며, 그 시대적 성격이 크게 강조된 '社會的 機能'이라는 면보다는 敎訓的이며, 문학적 의미를 더 띠고 있다는 말이 된다. 다시 말해서,『용담유사』는 직접적인, 개화기의 일반적이며 개념화된 개화의식의 지향이나 문명개화를 위한 사회적 기능을 지닌 가사이기보다는, 종교적 가르침인 교훈성을 통해 어지러운 세상을 개혁하고, 새로운 삶의 질서, 새로운 신념체계를 이룩하므로 해서 새로운 이상사회를 이룩해야 한다는 濟世와 改革의 의지가 담겨진 가사이다.

이러한 몇 가지 점을 들어볼 때,『용담유사』는 그 시기적으로 1860년대라는 조선조 후기에 쓰여진 조선조 후기의 가사群에 속하는 가사작품이 되고는 있지만, 개화기 이후 서구의 충격에 의해 조성된 勸學精神·文明開化, 또는 自主를 위한 애국사상의 고취 등의 개념화된 개화의식을 뛰어넘어, 매우 자주적이며 자생적인 근대의식을 그 중요한 내용으로 삼고 있는 작품이라고 하겠다. 또한 이러한 내용과 주제를 통해 표출하고 있는 현실의식, 또는 서양·일본·중국 등지에 대한 비판적 성찰을 통해 제시하고

---

26) 曺南鉉,「社會燈 가사의 諷刺方法」(『국어국문학』 72·73합, 1976), p.244.

있는.27) 시대적 위기와 민족적 위기를 극복하고자 하는 내용은 개화기 가사를 뛰어넘는 가사의 내용이라고 할 수 있을 것이다. 또한 동학이라는 종교사상과 함께 가사의 내용으로 나타나고 있는 평등사상이나 이러한 평등사상을 기조로 당시의 민중에게 새로운 민족주의적 각성을 촉구하는 내용은 또한 개화기 가사가 지닌 단편적 개화의식을 뛰어넘는 내용들이라고 할 수 있다.

그러므로 이는 동학이라는 종교적 성격과 함께, 그 시기에 있어서는 조선조 후기의 가사에 속하고 있지만, 그 내용의 면에서 다음 시기에 나타나는 개화기의 의식을 뛰어넘어, 서구의 영향이나 외세에 의존하지 않는, 민족주의를 바탕으로 하는 自生的 개화, 또는 自主的 근대의식을 담고 있는 가사작품이라고 할 수 있을 것이다. 바로 이와 같은 면에서 『용담유사』가 지닌 그 문학사적 위치를 찾을 수 있을 것으로 보인다.

2) 종교가사로서의 『용담유사』

宗敎와 讚歌의 관계는 불가분의 관계이다. 그러나 이러한 찬가는 대체로 종교의 聖스러움을 찬양하는 노래와 이에 종교적 교의를 찬가의 형식에 담아 교도와 일반에게 교의를 전달하는, 布敎를 위한 노래로 대별될 수 있다. 가사문학은 설복적이며, 반복적이고 그러므로 장중할 수 있다는 형태적 특징과 함께 일찍이 포교를 위한 시가로 채택되었음을 「西往歌」와 같은 작품을 예로

---

27) 이와 같은 서양·일본·중국에 대한 수운 선생의 비판적인 시각에 관하여서는, 尹錫山,「龍潭遺詞에 나타난 對外意識」(『한양어문연구』, 1985. 한양어문학회) 참조요.

도 잘 알 수가 있다. 그러므로 비록 현존하는 가사의 수에 비하면 작품의 양은 많지 못하나, 불교가사 또는 동학가사·천주가사 등으로 통칭되는 일련의 종교가사들이 가사가 지닌 문학적 특성과 함께 가사 문학사의 한 흐름을 이루고 있음을 볼 수 있다.

이와 같은 종교가사라는 동일한 개념으로 묶을 수 있는 歌辭群 속에서『용담유사』는 어떻게 다르며, 또 이들과 어떠한 공통적인 특질을 지니고 있는가 하는 문제를 살펴보는 것이 곧『용담유사』가 지닌 문학사적 위상을 고찰하는 또 하나의 길이라고 하겠다.

현존하고 있는 최고의 작품인 懶翁和尙의「西往歌」28)는 불교가사의 시원이며 동시에 가사문학의 효시이기도 하다. 이의 주된 내용은 그 結辭부분에서 노래하고 있듯이, "愛欲貪着만 힘쓰는 衆生에게 올바르게 佛道를 닦아 頓悟의 安養國을 깨닫도록" 권유하는 포교가 된다. 또한 임진왜란 당시에 僧軍將으로 八道十六宗 都摠攝이 되어 공을 세운 西山大師의「回心曲」은 兵亂을 거치며 거칠어진 불도들의 신앙심을 정화시키는, 불교적인 훈화를 주된 내용으로 삼고 있다. 이밖에 龍岩大師의「草庵歌」, 印慧信士 智瑩이 구술한 것으로「尊說因果曲」·「修善曲」·「勸禪曲」·「參禪曲」또는 東化和尙의「勸往歌」29) 등은 그 제목에서 받는 인상과 같이 "공덕을 닦아 佛業에 정진하여 극락 세계에 가도록 하라"는 불교적 교화를 주된 내용으로 삼고 있는 가사작품들이다.

---

28)「西往歌」를 가사의 효시로 보느냐의 문제는 학계의 많은 異論과 함께 관심사가 되고 있다. 그러나, 李秉岐·張德順·徐首生·鄭炳昱·李相寶·崔康賢 등 여러 학자들에 의해서, 이는 嚆矢作品이라는 論稿가 발표되었다. 이에 이 분들의 의견을 받아 嚆矢作品으로 보고자 한다.
29) 李相寶,『불교가사선집』(集文堂, 1980). 위의 작품들은 이 책에서 재인용함.

이밖에 한 사람의 불제자로서 優游하는 禪興이라든가, 淸貧을 낙으로 삼고 지내겠다는 物外閑僧의 초탈한 산중생활을 노래한 枕肱和尙의 「歸山曲」·「太平曲」·「靑鶴洞歌」 등30)은 유가적 隱逸, 또는 安貧樂道의 경지에 비견될 수 있는 선승으로서의 종교적 경지를 노래한 작품들이다.

이와 같은 불교가사의 대종을 이루는 내용은 불교적인 교화와 불교교리를 일반에게 전하기 위한 것들이다. 불교가 비록 외래종교이기는 해도 삼국시대 이후 우리의 민간에 널리 퍼졌고, 또 조선조의 선비들에 의해서 때로는 배척을 받은 적은 있으나, 신라와 고려 때에는 王政의 비호를 받아 우리의 생활 속에 깊이 정착된 종교이다. 그러므로 안정된 기반을 바탕으로, 현실적인 어려움 없이 포교를 위한 노래인 불교가사가 정착되었을 것으로 풀이된다.

그러나 18세기 이후 서학의 전래와 함께 서학을 신봉하는 교도나 신부들에 의해서 쓰여진 천주가사는 일반에게 교리를 전파하고 기독교적인 교화를 하기 위한 것이지만, 불교가사와는 다소 다른 양상을 보이고 있다. 이는 당시의 시대적인 상황이나 서학이라는 외래종교가 처했던 현실적인 여건 때문이라고 풀이된다. 천주 가사의 시대적인 구분은 연구자에 따라 3기로 나뉘어 지고 있다.31)

---

30) 李相寶, 「韓國 佛敎歌辭의 歷史的 考察」,(『歌辭文學硏究』, 국어국문학회편 정음사, 1979), pp.146~149 참조.
31) 河聲來, 「天主歌辭에 대하여」,(『국어국문학』 72·73합본, 국어국문학회)에서는, 聖敎會創建期(1779~1801)를 제1기, 迫害 및 傳敎時代(1801~1876)를 제2기, 信敎自由時代(1876~1903)를 제3기로 나누었다. 이밖에 崔도마 神父의 작품을 중심으로 시기를 나눈 吳淑榮, 『天主敎聖歌歌考』(淑大大學院, 1971)의 연구도 있다.

이는 대대로 서학의 전래와 정착과정이라는 敎勢확장의 문제와 연관되어 있다. 그러므로 이의 전반적인 내용이 서학의 포교라는 종교적인 문제가 되고 있지만, 서학과 연관되는 시대적인 반응이 그 중요한 바탕으로 작용되고 있음을 볼 수 있다.

개인적인 작품으로 가장 많은 양을 쓴 것으로 알려진 崔도마(良業) 신부(1821~1861)의 한 작품을 인용해 보면 다음과 같다.

天主降生 무삼일고 童貞生子 있단말고
말끝마다 헛탄하고 들을수록 기괴하다.
全能全知 분명하면 남의 손에 죽단말가.
돌기둥에 鞭笞받고 십자가에 죽었거든
무삼 능히 부활하며 무삼 능히 昇天할꼬.

이는 「思鄕歌」의 일부로서, 당시 세상 사람들이 서학을 비방하는 세태를 가사 속에 열거하고, 이에 이어서

엇지하여 이런 道를 참된 줄을 모르고서
그르다가 나무라며 외국 道를 배척하니
외국도라 배척하면 외국 문자 엇지쓴고
살펴보고 살펴보며 헤여보고 재여보자.
네 일생에 쓰는 것이 외국소리 적잖도다.
각례거니 상례거니 본국에서 지은거냐
복셔건이 술셔건이 외국소리 안일네냐
너희 믿는 석가여래 서국 소산 아닐느냐
미친 마귀 속인 술은 엇지하여 믿어좇고
仁慈思主 세운 敎는 어찌하여 훼방하노.

올바른 도를 외래의 教라고 해서 배척함을, 우리가 한문을 빌려 쓴다거나, 儒教의 嘉禮・喪禮는 卜書・術書 등이나 佛教 등도 모두 外來의 것인데 유독 '仁慈思主가 세운 教'인 서학을 훼방하느냐고, 당시의 攻西論者, 또는 斥西論者들에게 항의를 하고 있다. 그런가 하면,

靈洗 전은 魔鬼 종이 영세한 후 主의 義子
영세 전은 더럽던 이 영세 후는 白玉 같다.
영세 전은 병든 영혼 영세 후에 병이 났다.
영세 전은 죽은 영혼 영세하면 살아난다.
영세 大恩 못입은 자 三分問答 배운 후에
주구대로 대세하나 원본죄를 세척하니
남녀교우 형님네야 이내 말씀 들어보소.

教에 입교하여 영세를 받고 새롭게 살아가라고, 본격적인 포교를 펴고 있음을 볼 수 있다. 즉 천주가사는 앞에 이야기한 불교가사와 마찬가지로 종교적 포교를 위해 쓰여진 것이기는 하지만, 정착되지 못한 외래종교로서의 갈등과 이를 극복하기 위한 護教論的인 내용이 바탕을 이루고 있음을 볼 수 있다.

이러한 유형은 『용담유사』에서도 마찬가지이다.

그 모르는 세상사람 한장 다고 두장 다고
비틀비틀 하는 말이 저리되면 신선인가.
칙칙한 세상 사람 勝己者 싫어할 줄
어찌 그리 알았던고 답답해도 할 길 없다.[32]

---

32) 『龍潭遺詞』, 「安心歌」.

가련하다 경주 향중 무인지경 분명하다.
어진 사람 있게 되면 이런 말이 왜 있으며
향중풍속 다 던지고 이내 문운 가련하다.
알도 못한 흉한 괴설 남보다가 배나하며
육친이 무삼일고 원수같이 대접하며
살부지수 있었던고 어찌 그리 원수런고.33)

　수운 선생의 得道와 布敎에 관하여 세상 사람들이 험담을 하고 凶言怪說로 비방함을 한탄하고 있다. 그러나 이는 천주가사와 같이 外來宗敎이기 때문에 겪는 현실적인 어려움이 아니라, 신흥종교이기 때문에 겪는 어려움인 것이다. 즉 유교적인 이념이 正이 되고 있는 사회에서 외래종교이든 신흥종교이든 모두가 이 正에 대한 邪가 되고 있다는 것이 당시의 세태적인 모습이라고 하겠다. 그러므로 이와 같은 세상의 세태와 人心을 수운 선생은 한탄하게 되고, 이를 올바르게 가르치고자 『용담유사』를 통해 이제 새로운 삶의 질서와 신념체계를 이룩할 새로운 道가 이 세상에 나타났음을 강조하고 있는 것이라고 하겠다.

어화 세상 사람들이 무극지운 닥친 줄을
너희 어찌 알까 보냐 기장하다 기장하다
이 내 운수 기장하다 구미산수 좋은승지
무극대도 닦아내어 오만년지 운수로다.34)

　단순한 護敎論의 입장에서만 머물지 않고, 새로운 無極大道

---

33) 『龍潭遺詞』, 「敎訓歌」.
34) 『龍潭遺詞』, 「龍潭歌」.

의 출현을 강조하므로, 이 道를 올바르게 믿어 올바른 삶을 영위하도록 가르침을 펴고 있음을 볼 수 있다. 즉 불교가사나 천주가사가 이를 통하여 부처님의 功德과 神의 섭리에 중생이 눈뜨게 하므로 중생들에게 교화와 포교를 하고 있듯이,『용담유사』역시 당시 억눌려 있는 민중들로 하여금 스스로 한울님을 모신 존재로서, 우주적 질서와 한울님의 섭리에 눈뜨게 하므로, 그 종교적인 교의와 교화・布德을 해나가고 있는 것이다.

이는 곧 불교가사나 천주가사를 비롯한 모든 종교가사와 같이 『용담유사』역시 교도와 일반에게 포교와 교화를 하기 위한 모습의 하나라고 하겠다. 그러나『용담유사』에 있어서는 이와 같은 단순한 포교와 교화의 차원을 뛰어넘어, 당시 민족과 국가가 처한 시대적 위기를 극복하고자 하는 역사적 의지와 시대적인 통찰이 담겨져 있음을 볼 수가 있다. 따라서 수운 선생은『용담유사』를 통하여 다음과 같이 노래하고 있는 것이다.

    가련하다 가련하다 我國運數 가련하다
    前歲壬辰 몇해런고 이백사십 아닐런가
    十二諸國 怪疾運數 다시 開闢 아닐런가
    堯舜盛世 다시와서 國泰民安 되지마는
    崎險하다 崎險하다 我國運數 기험하다.35)

    賣官賣職 세도가도 一心은 궁궁이오
    錢穀쌓인 부첨지도 일심은 궁궁이오
    流離乞食 패가자도 일심은 궁궁이오
    風便에 뜨인 자도 혹은 궁궁촌 찾아가고

---

35)『龍潭遺詞』,「安心歌」.

혹은 萬壑山中 들어가소 혹은 西學에 입도하여
各自爲心 하는 말이 내 옳고 네 그르지.36)
淆薄한 이 세상에 不忘其本 하였어라.37)

    이와 같이 수운 선생이 『용담유사』를 통하여 노래하고 있는 여러 현실에 대한 비판이나 당시 시대적인 세태, 또는 현실인식은 동학의 중요한 종교적인 이념의 하나인 輔國安民과 廣濟蒼生38)의 또다른 표현이기도 한 것이다.
    즉『용담유사』를 비롯한 불교가사·천주가사는 종교가사라는 커다란 테두리 속에서, 교화적인 목적을 위해 쓰여졌다는 공통적인 특징을 지니고 있으나, 그러나『용담유사』가 이들 불교가사나 천주가사들과 다른 모습은, 당시 현실과 우리나라와 민족이 처하고 있는 시대적인 위기, 또는 정치적·도덕적인 限界에 대한 우려와 함께, 철저한 시대적 비판과 현실에 대한 인식을 바탕으로 쓰여지고 있다는 점이다. 즉『용담유사』는 현실비판을 바탕으로 당시 물밀듯이 들어오고 있는 西洋과 西學에 대한 면밀한 대처와 비판, 나아가 日本 등 인접국이 지니고 있는 침략성에 대한 비판적 성찰이 주요내용으로 담겨져 있으며, 이는 동학이 지닌 종교적 성격과 함께 憂國的인 사상으로, 또는 민족자주적인 사회사상으로 발전·표현되고 있다는 점이다. 이와 같은『용담유사』가 지니고 있는 내용적인 특징에서, 이를 종교가사이면서도 다만 종교가사의 범주에 머물지 않게 하는, 그러므로 憂國과 이를 통해 새

---

36) 『龍潭遺詞』, 「夢中老少問答歌」.
37) 『龍潭遺詞』, 「勸學歌」.
38) 『東經大全』, 「布德文」: "是故我國 惡疾滿世 民無四時之安 是亦傷害之數也 西洋戰勝攻取 無事不成而 天下盡滅 亦不無脣亡之歎 輔國安民 計將安出."

로운 改革과 새로운 근대적인 삶의 질서를 이루고자 하는, 근대 지향적인 의식을 담은 가사로서의 그 단초를 찾을 수 있을 것으로 생각된다.

4. 맺음말

『용담유사』는 동학의 교조 수운 최제우 선생에 의해서 1860년에서 1863년까지 4년여에 걸쳐 창작된 가사작품이다. 이는 한글가사로 되어 있는 동학의 중요 경전으로, 한글이라는 그 문자의 표기와 함께, 보다 내밀하게 민중적인 의지와 이들의 세계관이 표현된 시가로 평가되고 있다. 그런가 하면, 『용담유사』는 『東經大全』과 함께 동학의 주요 經典이 되고 있지만, 『東經大全』과는 다르게 일반민중들의 정서와 생활이 표현된, 그러므로 민중적인 세계관이 담겨진 언어인 한글로 창작되었으며, 그러므로 이를 享有하는 민중들 스스로 자신들을 실존적으로 깨닫게 하는 힘을 지닌 노래가 되고 있는 것이다. 따라서 이에는 당시 중국 중심의 中世的 세계관을 벗어나 我國中心의 근대적인 국가관, 즉 중국문화중심을 벗어나려는, 脫中心的인 근대적인 세계관이 아주 잘 드러나고 있기도 한 것이다.

또한 이는 문학사적으로, 그 창작 시대적으로는 19세기 중반이라는 조선조 후기에 속하고 있지마는, 그 내용적으로 서민가사와도 다르며, 또한 단순히 개념화된 일반적인 개화의식도 뛰어넘어, 매우 근대지향적인 의식을 담고 있는 내용의 가사 작품이라고 하겠다. 즉 서구의 충격에 의하여 고취된 개화의식이 아니라, 매우 自主的인 개화의식, 또는 自生的인 근대의식을 그 내용으로 담고 있다고 하겠다.

나아가 『용담유사』는 불교가사나 천주가사와 마찬가지로 종교가사의 범주에 속하고 있는 가사이다. 그러나 이들 가사가 지닌 敎化나 布敎라는 면에 있어서는 이들 불교가사나 천주가사와 마찬가지로, 이들의 범주 안에 속하고 있지만, 『용담유사』가 지니고 있는 현실인식과 비판, 나아가 시대에 대한 성찰과 민족과 국가에 대한 總體的인 憂慮는 이들 종교가사의 범주를 뛰어 넘게 하는 것으로 평가되고 있다. 그러므로 이에는 현실에 대한 내밀한 비판적 인식과 서양이라는 외세에 대한 비판을 통하여, 反侵略的 救國의 의지를 강하게 표명하고 있으며, 궁극적으로 '淆薄한 세상', 또는 '禽獸와 같은 세상사람'으로 인식된 당시의 시대적인 현실과 '가련한 我國運數', 또는 '怪疾運數'로 풀이되고 있는 국가적·민족적 위기의 극복을 위하여 동학적인 理念에 근거한 새로운 종교적 敎義를, 새로운 세상을 향해 펴고 있음을 볼 수가 있는 것이다.

따라서 이와 같은 『용담유사』는 그 주제적인 면에서 흔히 관념화된 개화기의 일반적인 이념을 뛰어넘어, 先天으로 지칭되고 있는 당시 사회적·정치적·경제적·문화적인 혼란을 극복하고 새로운 삶의 질서와 새로운 신념체계를 열어가고자 하는, 그러한 의지를 담고 있기도 한 것이다. 그러므로 이는 내밀히 동학적 새로운 세계라고 할 수 있는, 侍天主에 근거한 平等思想, 나아가 동학의 중요한 종교적인 이념이 되는 廣濟蒼生, 輔國安民 布德天下, 地上天國 건설이라는 동학적인 사회사상을 중요한 내용으로 그 안에 담아내고 있는 것이다.

이와 같은 모습은 궁극적으로 同歸一體의 세상을 지향하고자 하는 동학적인 이상세계의 표현의 하나이며, 새로운 개벽을 꿈꾸는 민중들의 내밀한 소망의 또다른 표현이기도 한 것이다. 아울러 이와 같은 여러 사상들은 歌辭라는 문학작품을 통해 보다 적절히 당시의 교도와 일반에게 전해지고, 또 가사라는 律文形式이 지닌 친근함과 함께 문학적인 感化에 의하여, 이들 안에서 보다 튼튼한 共感帶를 형성하게 되고, 그러므로 당시를 살아가는 민중들의 커다란 정신적 힘이 되었을 것으로 보인다. 바로 이와 같은 시가로서의 效用的인 면에 의하여 『용담유사』는 그 가사 작품으로서의 가치, 곧 문학적인 가치를 더욱 지니게 되는 것이라고 하겠다.

궁극적으로 『용담유사』는 그 창작의 연대는 조선조 후기에 해당이 되고 있지마는, 조선조 후기의 서민가사가 지니고 있는 주제적인 특성을 훨씬 뛰어넘어, 매우 自主的이며 自生的인 근대의식을 그 내용으로 하고 있는 가사작품으로 평가될 수가 있다. 또한 이러한 『용담유사』는 불교가사나 천주가사와 마찬가지로 그 敎化와 布敎라는 면에서는 종교가사의 범주에 해당이 되고는 있지만, 이가 담고 있는 내용은 그 범주를 뛰어넘어 현실에 대한 매우 비판적인 시각을 보이고 있으며, 이와 같은 현실인식을 바탕으로 새로운 삶의 질서를 추구하고 있는 것이다

따라서 이와 같이 동학의 교조 수운 선생에 의하여 쓰여진 동학의 중요경전이며 가사작품인 『용담유사』에 담겨져 있는 自主的・自生的인 近代意識이란 곧 서구의 충격에 의하여 형성되었던 관념화된 개화의식 또는 他律的인 近代意識들과는 전혀 다른

것으로, 궁극적으로는 各自爲心으로 대별될 수 있는 先天의 지극한 혼란을 극복하고 새롭게 열어가고자 하는 동학적인 삶의 질서, 곧 後天開闢의 모습이며, 새롭게 펼쳐나가고자 하는 신념체계에의 또다른 표현이기도 한 것이다.

『용담유사』의 역사적 이해
-최제우 사상의 발전과정을 중심으로-

김기승*

1. 머리말

　최제우는 1860년 4월 5일 동학을 창도하고 포덕하다가 1864년 3월 10일 경주감영에 체포되어 처형당하였다. 그가 동학을 포덕한 시기는 영불연합군이 북경을 점령하여 서양 제국주의 세력의 침략위협이 현실화되었고, 1862년 임술민란에서 볼 수 있듯이 조선조 양반관료 사회의 모순이 폭발했던 때였다. 몰락양반의 가문에서 신분적 모순을 갖고 태어난 최제우는 양반유학자의 길을 선택하지 않았다. 그는 장사를 생활수단으로 삼고 전국을 주유하면서 세상의 변화와 민심의 소재를 파악하였다. 그가 전국을 두루 방랑했던 기간은 시대와 사회의 문제를 해결하기 위한 지적 방황의 시기이기도 하였다.

　유교·불교·도교·서학·감결 사상 등 당시 존재했던 여러 사상이 그의 사상형성에 영향을 주었다. 그렇지만 그는 기존의 어떤 종교나 사상도 당시의 시대문제를 제대로 해결할 수 없다고

---
* 순천향대 교수(사학)

생각했다. 그는 서양 제국주의 세력의 침입, 세도정권의 부패와 탐학, 인륜도덕의 붕괴, 전염병의 유행 등으로 민중이 고통받고 있는 당시의 상황을 근원적 변화의 시기로 파악했다. 상원갑의 오만 년이 끝나고 하원갑의 새로운 운세가 올 것이라고 보았다. '다시 개벽'할 운세가 온다고 파악했던 것이다. 그는 새로운 시대를 맞이할 준비를 해야 한다고 했다. 그것은 곧 새로운 역사를 맞이해야 한다는 것이었다. 그 작업이 동학의 창도와 포덕으로 나타났다.

동학은 1894년의 동학농민항쟁, 1900년대의 개화운동, 1919년의 3·1운동 등 한국 근대의 민족운동에 지대한 영향을 미쳤다. 따라서 그 동안 동학에 대해서는 수많은 선학들의 연구가 축적되었다. 동학에 대해서는 그 사상의 깊이와 넓이, 그리고 민족운동에서 차지하는 위치 등으로 다양한 관점에서 다양한 방법으로 접근할 수 있다.

본고에서는 최제우가 만들고 운영했던 동학이라는 신앙공동체 조직의 역사적 성격을 구명하는 데 중점을 두고자 한다. 최제우는 4년이라는 단기간에 동학이라는 신앙공동체를 조직했다. 그 조직은 전혀 새로운 원리에 의해 만들어지고 운영되었던 사회조직이었다. 최제우가 말하는 '다시 개벽'은 바로 동학이라는 신앙공동체를 통해 실현되고 있었던 것이다.

필자는 동학이라는 신앙공동체 조직이 갖고 있었던 역사적 성격과 관련하여 다음의 두 가지 질문을 던져본다.

첫째, 최제우는 1862년 9월 경주감영에 체포되었다. 이 때 1천여 명의 동학도가 관정에 들어가 선생의 석방을 요구하였다. 정치-경제적 동기가 아닌 한 '선생'의 석방을 위해 7백여 명의 인

원이 관정에 쳐들어가서 집단적 시위를 벌인 일은 희귀한 사례이다. 최제우의 삶과 사상이 어떠했기에 이러한 역사상 초유의 일이 가능할 수 있었는가?

둘째, 최제우는 1864년 3월 10일 경주감영에서 처형되었다. 그가 처형된 것은 양반유림이 서원이나 향교를 통해 집단적으로 요구한 데 따른 것이었다. 동학도들은 최제우 포덕당시 정치적 권력을 획득하거나 경제제도의 개혁을 위한 개혁운동을 전개하지 않았다. 그럼에도 불구하고 세도정권과 양반유림은 최제우를 처형하고 동학을 탄압하였다. 동학이라는 종교조직이 갖고 있던 정치-사회적 위협요인이란 무엇이었는가?

필자는 이 질문에 대한 답변을 구하기 위해서는 최제우가 동학을 창도한 이후부터 사망하기까지 동학의 신앙공동체 조직이 발전되는 과정을 구체적으로 재구성하는 방식을 취하고자 한다. 지금까지 최제우의 연구에서는 동학 창도 이후부터 사망하기까지의 4년간을 일률적으로 다루는 경향이 많았다. 그러나 동학사상의 구체적 내용과 포덕방법은 득도순간에 마련되었다고 보기 어렵다. 그것은 득도 이후의 수련과정을 거친 후에 대체적 윤곽이 잡혔다. 그리고 제자들과의 대화를 통해 계속하여 보완·정리되었다. 동학이라는 신앙공동체 조직이 자신의 고유한 원리를 확립하고 조직체계를 갖추어 활동하게 된 것은 4년간의 계기적 발전과정을 통해서 비로소 이루어진 일이다.

필자는 동학창도 이후의 시기를, ① 수련 및 초기 포덕시기(1860.4~1861.11), ② 교리 정립시기(1861.11~1862.3), ③ 신앙공동체 원리 확립시기(1862.3~1862.10), ④ 신앙공동체 조직 활동시기(1863.10~1864.3)의 4개 시기로 구분하여 동학이 사상적 체계를 갖추고 신앙공동체로 조직화되는 과정을 구체적으로 추적하고자 한다. 이 과정에서 최제우가 제자들을 가르치는 방법, 그리고 신앙공동체의 조직원리와 특성에 주목하여 동학의 역사적 의의를 구명하고자 한다.

최제우는 동학을 창도하고 포덕하면서 주문·축문·잠언·시·논설·가사 등 여러 형식의 저술을 남겼다. 그가 남긴 저술은 대부분 『동경대전』과 『용담유사』에 수록되어 전해지고 있다.1) 그런데 최제우가 동학의 교리를 동학도에게 체계적으로 가르치기 위해 저술한 한글가사로 현존하는 것은 모두 8편이다. 이 8편의 한글가사가 『용담유사』에 수록되어 있다. 최제우가 남긴 한글가사 8편은 '유사8편'·'가사8편'으로 불렸다고 한다. 그러다가 1881년 충북 단양군 남면의 여규덕 집에서 한 권으로 묶어 간행하면서 『용담유사』라는 이름을 갖게 되었다.2)

현존하는 『용담유사』에는 8편의 가사가 「교훈가」·「안심가」·「용담가」·「몽중노소문답가」·「도수사」·「권학가」·「도덕가」·「흥비가」 등의 순서로 편제되어 있다. 그러나 필자는 이 8편의 가사를 시기별로 나누어 살펴보고자 한다. 그리하여 각각의 가사가 최제우 포덕시 동학이라는 신앙공동체 조직이 형성·발전되는 과정

---

1) 최제우가 남긴 저술은 1880년대에 비로소 편집되어 책자로 간행되었다. 1879년에는 최제우의 행적을 기술한 『최선생문집 도원기서』를, 1880년에는 한문으로 쓴 여러 형식의 글을 수집하여 『동경대전』으로, 1881년에는 한글가사 8편을 모아 『용담유사』라는 이름으로 간행하였다. 이 3권의 간행은 최시형의 주도에 의해 이루어졌으며, 최시형은 이를 통해 자신을 중심으로 한 도통체계를 확립하게 되었다. 본고에서는 『동학사상자료집』 1(아세아문화사, 1978)에 수록된 『최선생문집 도원기서』·『동경대전』·『용담유사』를 주로 참고하였다.
2) 윤석산 주해, 『용담유사』(동학사, 1999), p.257. 『용담유사』의 내용에 대한 이해는 주로 이 주해본을 참고하였다.

에서 어떠한 위치를 차지하고 있는가를 구명한다. 이를 위해 필자는 『용담유사』에 수록된 한글가사 8편의 내용분석을 통해 최제우의 사상이 계기적으로 발전하면서 구체화되는 과정을 추적한다. 그리고 결론 부분에서는 동학이라는 신앙공동체가 외부, 특히 양반 유림에게 어떻게 비쳐졌는가를 살펴봄으로써 최제우 포덕 당시 동학이 갖는 역사적 의미의 일단을 파악하고자 한다.

2. 득도 이전 최제우의 생애

최제우(1824~1864)는 1824년 경주 가정리에서 부친인 崔鋈(1762~1840)과 모친 곡산한씨 사이에서 태어났다. 본관은 경주이며, 어렸을 때의 이름은 福述, 호는 水雲이다. 그의 선조중에는 임진왜란 때 의병에 참여했던 인물이 있었다. 병자호란 때 순절한 崔震立은 최제우의 7세조였다.

부친 최옥은 여러 차례 과거에 응시하였으나 불합격한 뒤로 구미산 용담에 은거하여 학문에 몰두한 유학자였다. 퇴계학파의 영향하에 있던 그는 과거제도의 폐지를 주장하고, 한전법의 실시와 과부의 재가허용을 주장하는 등 개혁적 성향을 지닌 지식인이었다.3) 최옥 자신이 과부와 결혼하여 최제우를 낳았던 것이다.

최제우는 『동경대전』과 『용담유사』에서 자신의 경험을 이야기할 때, 임진왜란과 병자호란시 보였던 선조의 충의, 그리고 부

---

3) 최옥, 『근암유고』 권7. 잡저에는 「파과거사의」・「한민전사의」・「허개가사의」 등의 글이 수록되어 있다.

친이 용담정에서 품었던 뜻을 항상 강조하였다. 특히 그의 가문 및 용담에 대한 관념은 죄를 지은 탕아가 다시 고향집으로 돌아왔을 때의 그것과 유사하였다. 따라서 『용담유사』와 『동경대전』에서 그는 득도 이전의 자신을 항상 나라에 대한 불충, 그리고 조상에 대한 불효를 저지른 죄인의 모습으로 묘사하고 있다.

최제우는 충의지사를 배출한 양반가문에서 태어났다. 그러나 모친은 부친의 세번째 부인이었고, 과부였기 때문에 정식 결혼한 사이가 아니었다. 서자였던 셈이라고 볼 수 있다. 게다가 그는 10세에 모친상을 당하고 17세에는 부친상까지 당하게 된다.[4] 10대 소년 최제우의 환경은 한마디로 불우했다고 하겠다. 그에게는 재가녀의 자식이라는 신분적 고뇌가 찾아왔을 것이며, 부모를 일찍 여읜 뒤로는 고아신세가 되면서 인간의 생사문제도 심각한 고려대상이 되었을 법한 일이다.

그는 1842년 19세에 울산에 살던 밀양박씨와 결혼하였다. 결혼 후 그는 자신의 고향을 떠나 독자적 삶을 개척하고자 하였다. 그것은 자신의 조상들이 추구하였던 유학자로서의 삶을 포기하는 것이었다. 그는 21세인 1844년 고향을 떠나 처가가 있는 울산으로 이사하였다.[5] 이후 그는 16년 동안 울산을 생활터전으로 삼고서 장사를 하면서 전국을 떠돌아다니게 되었다. 그가 주로 취급한 품목은 '바늘'이었다고 한다.[6] 바늘장사라고 한다면 주로 아낙네들을 상대하였을 것이다. 양반 유학자들이 말

---

4) 최효식, 「수운 최제우의 생애와 사상」,(『동학연구』 2, 1998), p.42: 『교인요람』에 의하면 최제우는 5세에 모친상을 당하고, 13세에 박씨부인과 결혼한 것으로 되어 있다고 한다.
5) 최동희, 「수운의 인간상」,(『한국사상』 1·2합집, 1957).
6) 최효식, 위의 논문, p.45.

업으로 천시하는 상업활동을 했고, 그것도 여인을 주로 상대하는 것이었으니, 그의 여성관은 기존의 양반과는 근본적으로 달라졌을 것이다.

최제우가 상인이 되어 여러 지역을 돌아다니면서 생활하였던 기간은 21세인 1844년부터 31세인 1854년까지 10년간이다. 그는 유랑생활을 통해서 조선조 말기 사회의 여러 현상을 목격하고, 민심의 소재를 파악했을 것이다. 그는 방랑시기에도 지적 탐색을 멈추지 않았던 것으로 보인다. 그는 유교적 지식인으로서의 삶을 포기했지만, 곳곳에서 풍수가·술사 등을 만나『정감록』과 같은 감결사상을 접하기도 하고, 서학을 수용한 천주교도들을 만나 서학에 접하기도 했을 것이다.7) 그의 방랑은 절에 가서 본격적인 수도를 하는 것으로 끝맺게 되었다. 말하자면 10여 년간의 방랑은 당시의 현실을 직접 경험하고 또 유학 이외의 다양한 사상들을 접하면서 새로운 돌파구를 모색하고자 했던 지적 방황의 시기였다고 하겠다.

그의 지적 방황은 신비한 체험을 하면서 실마리를 찾게 되었다.『도원기서』에 의하면, 그는 1855년 3월 금강산 유점사에서 온 禪師로부터 신비한 책을 받게 된다. '을묘천서'로 불리고 있는 이 책은 유교나 불교서적이 아니었다. 그 책의 요체는 '기도의 가르침'이었다고 한다. 이 가르침에 따라 그는 이듬해인 1856년에는 여름 양산 통도사에서 天聖山에 단을 쌓고 49일간 기도를 하였는데, "天主가 강령하여 가르침을 주기를 바랐다"고 한다. 그런

---

7) 최효식, 앞의 논문, pp.45~46; 경주최씨 가문의 구전에 의하면, 최제우가 득도하기 전에 서학을 하는 동래의 경주최씨와 친밀하게 지냈다고 한다. 최효식은 최제우가 만난 천주교도 경주최씨가 충청도 청양출신의 최양업(1821~1861) 신부일 가능성이 높다고 보았다.

데 2일이 모자란 47일째 되는 날 숙부의 상을 당한 모습이 들어와 하산하여 고향에 가니 실제로 숙부의 상을 치르고 있었다는 것이다.

1856년 최제우에게 재산이라고는 논 6두락밖에 남지 않았다고 한다. 그런데 그는 이것을 처분하고 울산에다가 대장간을 차렸는데, 자금마련을 위해 7명에게 논을 판매하는 사기 행각을 벌였다고 한다. 그는 대장간 경영은 부인에게 맡기고 1857년 가을 다시 천성산에 들어가 천주가 강림하여 가르침을 내려주기를 기도하였다. 1858년에는 철점운영이 제대로 되지 않아 빚더미에 안게 되고, 7명에게 중첩해서 판매한 것도 들통이 나서 관아에 고발되었다. 이 때 항의하러 온 한 할머니를 때려 혼절시켰는데, 자식들이 몰려와 행패를 부렸다. 그런데 닭의 꼬리털로 혼절한 할머니의 목을 자극하여 피를 토하게 하여 되살려 놓음으로써 위기를 넘겼다.

결국 상인으로서 떠돌이 생활을 하는 것을 청산하고 울산에서 대장간 운영을 통해 자립을 도모하고자 했던 최제우의 계획은 참담한 실패로 끝났다. 게다가 사기행각이 드러났으니 정상적으로 사회활동을 하기도 어려운 일이었다. 이에 따라 최제우는 1859년 10월 울산을 떠나 부친이 건립한 용담정이 있는 경주의 용담으로 이사하게 되었다. 그는 고향을 떠난 지 15년 만에 다시 고향집으로 돌아온 것이다. 귀향한 후 그는 다시는 고향을 떠나지 않겠다고 맹세를 하였다.[8] 이 때 그의 나이 36세였다.

---

8) 「최선생문집 도원기서」(『동학사상자료집』 1), pp.160~165 참조.

3. 수련 및 초기 포덕시기(1860.4~1861.11)
   -「용담가」·「안심가」

　　최제우는 1859년 10월 용담에 정착하였으며, 1861년 4월 5일 한울님9)으로부터 가르침을 받는 신비체험을 갖게 된다. 이 때의 상황을『도원기서』에 의거하여 정리하면 다음과 같다. 최제우는 경신년(1860) 4월 5일 상제를 만나 대화하는 신비한 체험을 하게 되었다. 이 때 상제는 靈符를 내려주었으며, 최제우를 아들이라고 하면서 아버지로 부르도록 했다. 그런데 최제우는 '白衣의 相'으로 임명하겠다는 상제의 추가 제안에 대해 이미 아들이 되었으므로 필요없다고 거절했다. 상제가 또 여러 조화를 보여주었지만 그 모든 것이 이미 세상에 있는 조화라고 하여 거절했다. 그리하여 상제의 가르침을 시행하지 않겠다고 하여 11일 동안 음식을 먹지 않았다. 이에 상제도 한 마디의 가르침도 주지 않았는데, 거의 한 달이 다 되어갈 무렵 무궁한 조화를 내려줄 것이니 포덕천하할 것을 명하였다고 한다.

　　여기서 주목할 것은 무궁한 조화가 무엇인지에 대해서는 설명하지 않았다는 점이다. 또 상제가 최제우에게 여러 번의 조화를 보여줄 때 거절했는데, 그 이유는 이미 세상에 있는 조화였기 때

---

9)『용담유사』에는 'ᄒᆞᄂᆞᆯ님'과 '하늘님'으로 표기되어 있다. 'ᄒᆞᄂᆞᆯ님'은 29회, '하늘님'은 1회, 모두 30회 사용되고 있다. 여기서는 'ᄒᆞᄂᆞᆯ님'의 현대적 표현인 '한울님'으로 표기한다.『용담유사』의 'ᄒᆞᄂᆞᆯ님'의 의미에 대해서는 서영석,「용담유사의 'ᄒᆞᄂᆞᆯ님' 연구-국어학적 분석을 중심으로」(『동학연구』5, 1999.9), pp.105~128 참조.

문이다. 그는 지금까지는 존재한 적이 없는 전혀 새로운 조화를 요구했던 것이다. 그는 상제가 '무궁한 조화'를 내려주겠다고 한 뒤에야 단식투쟁을 끝냈다. 이에 이어『도원기서』는 다음과 같이 기록하였다.

> 이후 수심정기하였으며, 거의 1년여 동안 수련하여 자연이 아님이 없었다. 이에「용담가」를 짓고, 또「처사가」와「교훈가」및「안심가」를 지었다. 아울러 주문 2건을 지어 1건은 선생이 읽고 1건은 子姪에게 전해 주었다. 또 강령주문을 짓고, 또「검결」을 짓고 또「고자주」를 지었다.

이 때 지었다고 하는「처사가」는 현존하지 않는다. 또한「교훈가」는 그 내용으로 보았을 때 이 시기에 지었다고 보기 어렵다. 따라서 이 시기 최제우의 저술은「용담가」·「안심가」·「검결」그리고 주문 등이라고 볼 수 있다. 이 중에서「용담가」와「안심가」는『용담유사』에 수록되었으나,「검결」은 처음에는 빠졌다가 후대의『용담유사』에 수록되었다.

「용담가」는 최제우가 득도한 이후 가장 먼저 지은 글이다. 따라서 이 글에는 용담에서 득도했을 때의 기쁨과 희열의 심정이 가장 뚜렷하게 나타나 있다. 그런데 그는 득도의 기쁨을 자신의 가문 및 고향과 관련지어 표현하고 있다.

이「용담가」에서는 경주의 구미산 용담이 풍수상의 명당으로서 유교적 미풍양속이 뿌리내린 고장이라고 했다. 그 고장에서 태어난 자신은 충신과 문장가를 배출한 가문출신이라고 하였다. 그런데 가련하게도 부친은 입신양명 못하고 자신도 지난 세월 동안 허송세월 하는 불효를 저질렀다고 하였다. 그는 고향으로 돌아와 산천을 돌아보니 "불효한 이 내 마음 그 아니 슬플소냐.…불효한 이 내 마음 悲感悔心 절로 난다"고 노래했다.10) 10여 년의 방랑생활을 끝내고 고향인 용담에 돌아왔을 때, 최제우의 기본적인 정서는 가문과 부친에 대해 '불효'를 저질렀다는 죄의식과 잘못을 뉘우치는 참회의 심정 그것이었다.

그러나 1860년 4월 5일 한울님으로부터 무극대도를 받은 후부터 그의 심정은 급변한다. 자신과 가문의 운수를 '가련하다'고 했는데, 이제는 '奇壯하다'고 하였다. 그리고 그 자신이 만고에 없는 무극대도를 오만 년 만에 처음으로 한울님으로부터 받게 되면서 "마음 깊은 곳에서 희열을 느끼게 된다." 이제 그 자신과 가문의 운수는 오만 년 만에 오는 운수를 맞이하게 된 것이다. 이에 그는 '이 내 신명 좋을시고'를 반복하여 노래한다.

「용담가」의 전반부는 돌아온 탕아의 참회의 심정을 표현하고 있다. 그리고 후반부에는 한울님으로부터 무극대도를 받아 '가련한' 운수를 '기장한' 운수로 바꾸어 놓게 됨으로써 조상 앞에 당당히 설 수 있다는 자부심에 가득한 기쁨의 감정이 표현되어 있다.

최제우가 득도한 후 처음으로 취한 행동은 조상에 대한 성묘였다. 『도원기서』에 의하면 그는 득도 직후 한울님의 명령에 따라 큰 비가 오는데도 불구하고 성묘를 했다고 하였다. 그의 성묘는 조카들의 만류를 무릎쓰고 강행된 것이었다. 그만큼 성묘는 최제우에게 절실한 일이었다. 말하자면 「용담가」는 조상을 대상으로 한 글로서, 방황하면서 자식된 도리를 하지 못한 그 동안의

---

10) 『용담유사』에 수록된 모든 가사는 순한글 고어체로 되어 있다. 가사내용을 인용하는 경우에는 이해의 편의를 위해 현대어법으로 바꾸기도 하고 한문을 사용하기도 했다.

잘못을 뉘우치고 한울님으로부터 새로운 삶을 부여받은 기쁨을 노래한 것이라고 하겠다.

『도원기서』에 의하면, 최제우가 「용담가」 다음으로 쓴 글은 「처사가」라고 하였다. 그런데 「처사가」는 현재 전해지지 않고 있다. 다만 그가 "처사가를 불렀다"는 기록, 그리고 漢詩였을 가능성이 있다고 추정하고 있다.11) 필자는 이 「처사가」가 부친에게 바치는 가사였을 가능성을 조심스럽게 제기하고자 한다. 왜냐하면 최제우는 조상에 대해서는 「용담가」를 바쳤고, 부인을 대상으로 「안심가」를 지었으며, 자식과 조카들에게 보내는 「교훈가」를 지었다. 따라서 작고한 부친에게 올리는 글이나 시를 지었을 가능성을 상정할 수 있다고 본다. 「용담가」에서 그는 부친이 학문과 도덕이 높았지만 입신양명하지 못하고 '산림처사'로 종생했다고 하였다. 그는 그러한 부친을 가련하다고 하면서 자신은 부모에게 죄를 저지른 불효자라고 하였다. '처사'는 바로 자신의 부친을 뜻하는 것으로 생각된다.

최제우가 1861년 봄 「포덕가」를 짓고 포덕천하를 결심하기 이전의 글은 모두가 자신의 가족들을 대상으로 지은 글들이다. 제자라고 하더라도 주로 子姪, 즉 친척이었다. 따라서 이 때 지은 「처사가」는 '산림처사' 일반을 뜻한다고 보기는 어렵지 않나 생각된다. 이 점에서 「처사가」는 최제우의 부친과 관련된 글이었을 가능성을 조심스럽게 제기해 본다.

최제우는 부인을 대상으로 「안심가」를 지었다. 「안심가」는 "현숙한 내 집 부녀 이 글 보고 안심하소"라고 시작하여 "그 말 저

---

11) 윤석산, 『용담유사연구』(민족문화사, 1987), pp.15~16 참조.

말 듣지 말고 거룩한 내 집 부녀 근심말고 안심하소. 이 가사 외워내서 춘삼월 호시절의 태평가 불러보세"로 끝맺고 있다. 특히 이 글의 중심주제는 1860년 4월 5일의 신비체험을 목격하고 불안해 하였던 부인, 그리고 득도한 이후 서학이라고 비난하는 모함을 듣고서 불안해 하는 부인을 안심시키는 것이었다. 이 글에는 한울님이 내려주신 부적을 물에 타서 7~8개월 먹어보았다고 하였다. 이것은 이 글이 득도 후 7~8개월이 된 후인 1860년 말경에 저술되었음을 말해 준다. 이 글의 구성은 크게 두 부분으로 구성되어 있는데, 전반부에는 부녀의 불안해 하는 상황을, 후반부에는 안심시키기 위한 최제우의 노력을 표현하고 있다.

「안심가」는 자신의 부인을 직접적인 대상으로 설정했기에, 서술 역시 지극히 개인적이며 가정중심적인 서술로부터 시작한다. 자신이 그 동안 살아온 험하고 가난한 생활에서 부인이 갖는 한탄의 감정과 눈물에 대해 언급한다. 그리고 그러한 한탄은 부귀한 자의 운명과 대비되면서 팔자타령으로 이어진다. 이에 대해 최제우는 '고진감래'와 '홍진비래'라고 말하면서 기다려 보자고 말한다. 최제우가 용담에 돌아와서 지내다가 신비체험을 하게 되었다. 이 때의 광경은 부인과 자식들의 눈에는 최제우가 실성한 것으로 보여졌다. 또 최제우가 득도했다는 소문이 나자 세상사람들이 너도나도 불사약 부적을 달라고 몰려오게 된다. 그리고는 효험이 없자 음해를 하며, 서학이라고 비난하게 된다. 이러한 상황은 '내 집 부녀'가 갖고 있는 세 가지의 불안을 말해 준다. 첫째는 가난으로 인한 고생이며, 둘째는 최제우의 실성, 셋째는 최제우에 대한 마을사람들의 음해이다.

'내 집 부녀'의 한탄과 불안을 달래는 최제우의 방법은 매우 특이하다. 「안심가」 전반부의 내용은 곧 부녀의 관점에서 서술된다. 따라서 그것을 서술한 것 자체가 부녀의 심정을 충분히 이해했다는 의미가 된다. 그렇기 때문에 그는 그 불안의 원인을 직접적으로 해결하는 방법을 취하지 않는다. 오히려 그는 화제를 다른 데로 돌린다. 후반부는 "가련하다 가련하다 아국운수 가련하다"와 "십이제국 괴질 운수 다시 개벽 아닐런가"라는 말로 시작한다. 지극히 개인적인 가정에 관한 이야기에서 급작스럽게 국가와 세계의 문제로 전환된다. 그리고는 임진왜란과 병자호란을 이야기하고 그 때의 충신과 명현에 대해 언급한다. 그리고는 '개 같은 왜적놈'을 물리치고 '오랑캐 원수'를 갚자고 한다. 한울님은 바로 자기 자신에게 '아국 운수 보전'의 명령을 내렸다고 했다. 그러니까 안심하라는 식이었다.

　최제우가 자기 집안의 부녀자들을 안심시키기 위하여 제시한 사항은 그들의 실제적 불안요인을 해결하는 것이 아니었다. 개인적 혹은 집안 내의 문제를 지적하면서, 그 해결책에 대해서는 국가적・사회적 문제에 대해 답변하였던 것이다. 이는 국가와 사회의 문제가 해결되어야 가정의 문제도 해결된다고 생각할 줄 아는 여인을 만들기 위한 것이었다.[12]

　「안심가」의 독특한 서술구조 속에서 전반부와 후반부의 '내 집 부녀'는 근본적 의미를 달리하게 된다. 이런 이런 맥락에서 '내 집 부녀'에 대한 수식어가 바뀌는 현상을 확인할 수 있다. 「안심가」의 전반부에서는 '현숙한' 내 집 부녀라고 했다가 중반부에는 '奇壯한' 내 집 부녀라고 했고, 결론 부분에서는 '거룩한' 내 집 부

---

12) 이강옥, 「동경대전과 용담유사의 서술 원리」(『동학사상의 새로운 조명』, 영남대 민족문화연구소 편, 영남대학교출판부, 1998), pp.34~36 참조.

녀라고 부르게 되었다. 말하자면 가난과 고통을 인내하는 '현모양처'형에서 시대와 민족의 문제를 생각하면서 함께 해결하는 '기장' 하면서도 '거룩'한 부녀로 변화되는 것이다. 특히 주목되는 것은 여성이 기특하고 갸륵하다는 가치 평가대상으로서의 존재를 넘어서서 존경과 숭배의 의미가 담겨 있는 '거룩'한 대상으로 신성시되고 있다는 점이다.

최제우가 최초의 포교대상으로 자신의 부인을 선택했다는 것은 중요한 의미를 갖는다. 부녀자를 주요대상으로 삼게 되면서 아녀자의 글로 알려진 한글로 저술하게 된 것도 이와 관련된다고 볼 수 있다. 그가 주문 이외에 자신의 가르침을 설명한 것으로 한문으로 저술된 것은 「포덕문」이 최초이다. 「포덕문」은 1861년 봄에 저술되었다. 그런데 그 이전에 이미 「용담가」와 「안심가」가 저술되었는데, 이는 모두 한글가사 형식을 띠고 있다. 분량으로 보았을 때에도 『동경대전』에 한문으로 수록된 주요저술은 「포덕문」 등 4편에 불과한데 비해, 『용담유사』에 수록된 한글가사는 8편에 이르며 내용도 훨씬 풍부하다. 이것은 그만큼 최제우가 한글가사를 통한 포덕을 중시했고, 그렇게 된 데에는 부녀자를 주요 대상으로 삼았던 데에서 가능했던 것이라고 볼 수 있다.

그런데 그는 부녀자에게 새로운 개벽운수의 도래를 이야기하면서 과거의 전통적인 현모양처에서 더 나아가 국가와 사회의 문제에 대해서 생각할 줄 아는 '기장'하고 '거룩'한 부녀가 되라고 가르쳤다. 이것은 곧 유교의 부부유별의 덕목에 따라 내외의 구분을 엄격히 했던 과거의 관습을 파괴하는 성격을 지닌 것이었다. 부녀자도 국가와 사회문제에 대해 함께 생각하고 논의할 수 있는 인격적 주체로 인식하고 있는 것이다. 더 나아가서는 존경을 받고 숭배되어야 할 하나의 인격으로 고양되는 것이다.

　최제우가 여성을 사회적 인격을 갖는 하나의 주체로 인정하고 있는 태도는 「교훈가」에서도 확인된다. 「교훈가」에서는 최제우가 득도한 직후 부인에게 "자네 마음 어떠한고"라고 묻는 대목이 나온다. 이에 대해 부인은 대답은 하지 않고 '세상에'라는 말만 서너번 반복하였다고 한다. 그러면서 부인은 그 동안 남편을 따라다니면서 '지질한 그 고생'은 말로 다 표현할 수 없었다고 하였다. 그럼에도 불구하고 남편을 떠나지 않고 함께 지낸 이유는 "다름이 아니로다. 인물 대접 하는 거동 세상 사람 아니 듯고 처자에게 하는 거동 이내 진정 지극한" 때문이라고 하였다. 최제우는 득도 이전부터 남존여비 혹은 남녀유별의 관념에 따라 여성을 대하지 않았던 것이다. 지독한 가난 속에서도 부인과 자식에게 지극 정성으로 대했던 것이다. 여성에 대한 태도는 그의 직업과도 무관하지 않았던 것으로 보인다. 그는 주로 부녀자를 주요고객으로 삼는 바늘행상을 하였다.

　최제우는 1861년 봄에 이르러서 「포덕문」을 지었다. 한문으로 저술되어 『동경대전』에 수록된 「포덕문」에는 그가 1860년 서학에 대해 생각하다가 4월에 이르러 한울님으로부터 영부와 주문을 받아 포덕천하 하라는 명령을 받은 사실을 먼저 언급하였다. 현재 惡疾이 퍼져 백성이 불안해 하고 있으며 서양세력이 침략하여 나라가 멸망할 위기에 처해 있다고 하였다. 그리하여 보국안민의 계책으로 天道와 天德을 널리 알린다는 취지를 서술하였다. 「포덕문」은 그 말미에 "어진 사람은 들으시오"라고 함으로써, '어진 사람 일반'을 그 대상으로 설정하였다. 최제우는 1861년 봄에 이르러서 일반인을 대상으로 자신이 한울님으로부터 받은 '天道

를 포교하겠다는 계획을 갖고 기본취지를 밝힌 것이다.
 이어 6월에 이르러서는 일반인을 대상으로 실제적인 포교활동을 시작하기로 결심하여 어진 사람들을 만나보기를 원하였다. 자연히 소문을 듣고 찾아오는 사람이 수를 헤아릴 수 없었다. 혹은 직접 불러 입도하게 하기도 하고 혹은 제자에 명하여 포덕하도록 하였다.13)
 최제우가 포덕 초기인 1860년 한글로 지은 것으로는 「검결」이 있다. 이것은 「검가」·「격흥가」 등으로 불리기도 하였다. 이 노래는 동학의 의식에서 최제우 자신이 칼춤을 추면서 직접 부른 노래로서 가르침의 대상자를 설정하고 그에 적합하게 저술한 한글가사와는 구별된다. 이 칼노래는 1860년 영불연합군의 북경점령을 계기로 서양세력의 침략위협이 현실화하자 이에 대처하기 위한 목적에서 만든 작품이다.14) 그는 체포되어 심문하는 과정에서 "서양오랑캐가 나타나면 주문과 검무로써 적을 막고자 하였다"고 했다. 그리고 제자에게는 "칼춤을 익힌 자는 장차 보국안민하여 공훈을 세울 것"이라고 하였다.15) 이 「검결」은 칼이 지닌 상징성으로 인해 저항적 성격이 강하게 타나나 있어서 최제우가 체포되어 처형되었을 때 문제시되었던 작품이다. 「검결」이 갖는 특성으로 인해 1880년대 『동경대전』과 『용담유사』가 편찬될 때 누락되었다. 그러다가 1900년대 이후의 『동경대전』이나 『용담유사』에 다시 수록되었다.

---

13) 「최선생문집 도원기서」(『동학사상자료집』 1), pp.170~171.
14) 「검결」에 대해서는 박맹수, 「동학의 칼노래」(『윤병석교수 화갑기념 한국근대사논총』, 지식산업사, 1990), pp.129~141 참조.
15) 『일성록』 고종 원년(1864) 2월 29일조.

4. 교리 정리시기(1861.11~1862.3)
- 「도수사」·「권학가」·「교훈가」

최제우는 최중희만을 대동하고 1861년 11월 용담을 떠나 전라도 남원으로 가서 은적암에 머물렀다. 그리고 이 은적암에서 제야의 종소리를 들으면서 송구영신의 회포를 금할 길이 없었다고 한다. 이에 떨어져 있는 모든 어진 벗들과 함께 품은 생각과 처자에 대한 그리움으로 「도수사」·「동학론」〔「논학문」〕·「권학가」를 지었다. 그런데 『도원기서』의 기록에서 흥미있는 것은 '갑자기' 여행계획을 세웠으며, 「도수사」의 저술이 '억지로' 이루어졌다고 표현하고 있는 점이다. 이 점은 이 시기에 저술된 최제우의 글의 성격을 이해할 수 있는 실마리가 된다.

『도원기서』에 의하면 최제우는 1861년 11월 '갑자기' 용담을 떠나 여정에 올랐다고 되어 있다. 이 때 최제우는 새로 入道한 자들이 어리석고 이룸이 적은 것을 생각하면서 스스로 한탄하기를 그치지 않았다. 말하자면 그가 아무 연고가 없는 전라도 남원으로 떠나서 은적암에 은거했던 이유는 제자들에 대한 지도방법과 밀접한 관련성이 있다고 기술하고 있는 것이다.

최제우가 용담을 떠날 때의 상황을 보다 사실적으로 서술한 문서는 『동경대전』에 수록되어 있는 「통유문」과 「통문」이다.
「통유문」에는 "작년 겨울에 떠난 것… 해가 바뀌고 나서 벌써 다섯 달이 지나기에 이르렀다"라는 기술이 있다. 그리고 "초겨울에 돌아갈 것 같으니 너무 기다리지 말고 열심히 수도하여 좋은

날 좋은 낯으로 만나기를 바란다"라고 되어 있다. 이 내용으로 보아 「통유문」은 경주를 떠나 남원의 은적암에 머물던 시기에 지은 것으로 생각된다.

「통유문」의 중심내용은 최제우 자신이 경주에서 급작스럽게 떠날 수밖에 없었던 이유에 대한 설명과 양해를 구하면서, 곧 돌아갈 것을 기약하는 것이었다. 그는 자신이 경주를 떠난 것은 놀기 위한 것이 아니라고 했다. 세상의 도가 무너져 가고 있는 현실을 살피고, 지목의 혐의를 피하고, 무극대도를 닦아 포덕하기 위한 것이었다. 그리고 은적암에서 은거생활을 하고 있는데, 이는 공부하는 데 해이한 것을 추스르면서 집안의 안부를 듣고자 함이라고 했다. 그러면서 그는 용담에서의 초기 포교상황을 설명하였다. 각처의 벗들이 풍문을 듣고 오거나 배우고 논의하기 위해서 찾아왔는데, 손님은 하나이지만 주인은 수없이 많은 손님을 맞이해야만 하는 것이다. 궁벽한 산골에 손님을 맞을 집이 서너 채밖에 안되고, 양곡이 풍족하지도 않은 상황이었다. 게다가 노인이건 소년을 막론하고 찾아오는데, 오는 손님을 거절할 수는 없었다는 것이다. 만약 "이와 같은 상황이 계속된다면 마침내 어떤 결과가 초래될지 알 수 없었다. 그러므로 며칠 되지 않아 떠나게 되었던 것이다." 그리하여 이렇게 글을 보내니 용서해 달라고 하였다. 이 「통유문」에서는 용담 포덕시기에 너무 많은 사람들이 한꺼번에 몰려와서 어떻게 주체할 수 없는 상황이 되었다고 말하고 있다. 그러면서 '지목의 혐의'를 피하기 위한 목적이 있다고도 했다.

「통문」에서 최제우는 당초 자신이 사람을 가르친 의도는 약을 쓰지 않고 사람을 치료하고 어린이에게 붓글씨 교육을 하는 것이었다고 말하기도 하였다. 그런데 뜻하지 않게 서학과 같이 邪學으로 취급받는 치욕을 당하였다는 것이다. 이러니 어찌 "예의의 고장에 참여할 수 있고, 내 가문의 일에 참여할 수 있겠는가?"고 하였다. 이것은 곧 용담포덕 초기 음해하는 세력에 의해 서학으로 비난받았기에, 경주의 향촌사회와 가문에서 용납되지 못했음을 말해 주는 것이다. 말하자면 최제우는 향촌사회와 가문에서 추방된 것이나 다름없었다고 하겠다. 이에 그는 '갑자기' 용담을 떠날 수밖에 없었던 것이다.

「통유문」과 「통문」에서 최제우는 동학이 서학으로 몰리는 수치를 당하고 있는 이유를 자신이 잘 처리하지 못했기 때문이라고 했다. 그리고 또 동학을 음해하는 세력에 대해 이야기하면서 친척의 병이라도 가르치지 말고, 전도하는 사람을 살펴 가릴 것을 당부하였다. 그는 질병치유를 내세우지 말라고 지시했으며, 참도인을 가려내는 데 주의하라고 경고했다.

1861년 11월 최제우에게 부닥친 문제는 한마디로 자신의 가르침의 정체성에 관련된 문제였다. 천도를 따르라고 하고 천주를 모신다고 하는데, 그렇다면 서학과 무엇이 다른가? 또 수많은 사람들이 자신의 가르침을 멋대로 해석하여 오해를 불러일으키는데, 무엇을 올바른 가르침이라고 할 수 있는가? 또 제자들로 하여금 어떻게 수도하라고 가르칠 것인가 등의 문제였다.

최제우는 「통유문」에서 자신의 은거생활이 1862년 초겨울이면 종결되어 다시 만날 것을 기약하고 있다. 이 약속은 「통유문」이라는 공개적인 문서를 통해 공지된 공개적인 약속이었다. 그런데 최제우는 공개적인 경주 귀향약속 시점보다 훨씬 빠른 시점인 1862년 3월 은적암에서의 은거생활을 끝내고 경주로 돌아왔다.

그런데 1862년 3월 경주에 다시 돌아와 제자들을 만날 것이라는 약속은 남원 은거시기에 지은 「도수사」의 끝 부분에서 내비치고 있다. 「도수사」는 "춘삼월 호시절에 또다시 만나볼까"로 끝냄으로써 1862년 3월의 경주 귀환을 기약하고 있는 것이다.

그는 경주에 돌아와 교도 집에 머물면서 포교활동을 재개하였다. 경주로 돌아온 직후에 그는 도인들에게 「동학론」(「논학문」)· 「도수사」·「권학가」·「교훈가」 등을 보냈다. 이 글들은 그가 1861년 12월에서 1862년 1월로 해가 바뀌는 시기 은적암에 은거하면서 초기 포교시에 있어서의 문제점을 점검하고 자신의 가르침의 내용과 방법에 대해 정리한 글이었다. 이 중에서 한문으로 지은 「동학론」만 『동경대전』에 수록되었고, 나머지는 모두 한글가사로서 『용담유사』에 수록되었다.

「권학가」에서는 먼저 세상의 풍속이 어긋나고 잘못되어 있음을 지적하였다. 그리하여 민은 도탄에 빠져 있으니 보국안민이 절실한 과제라고 했다. 그것은 세상사람들이 各自爲心하여 천도를 공경하고 천명을 돌아보지 않기 때문이다. 그러나 자기 자신도 지난 40여 년 동안 불효불충하면서 허송세월을 하였다고 했다. 이어서 서양세력이 중국을 침략하고 서학이 천주당을 세우고 있음을 지적하면서, 서학에서 말하는 천당설과 제사 거부행위를 비판하였다. 그리고 "誠敬二字 지켜내어 하눌님을 공경하면 自兒時 있던 신병 勿藥自效 안일런가… 나도 또한… 어진 사람 만나거든 시운시변 의논하고… 붕우유신 하여보세… 운수 관계하는 일은 고금에 없는 고로 졸필졸문 지어내어 冒沒廉恥 전해 주니 이 글 보고 웃지 말고 欽哉訓辭 하였으라"라고 하였다.

「권학가」에서는 자신의 가르침이 서학과 근본적으로 다르다는 점을 강조하였다. 그리고 부적의 服飮과 같은 초기의 仙藥에 대한 언급이 나타나지 않고 있다. '勿藥自效'를 '誠敬二字'라는 도덕적 덕목의 실천을 통해 달성할 수 있다고 가르치고 있음이 주목된다. 또한 포덕할 때 지켜야 할 덕목으로 '붕우유신'을 제시하였다. 도인들의 관계를 붕우, 즉 벗으로 파악하고 있으며, 도인들 사이에도 벗들 사이에 지켜야 할 덕목인 信의 중요성을 언급하고 있는 것이다.

우리는 이 「권학가」에서 최제우의 가르침이 신비주의적 성격보다 실천적 도덕론의 성격이 크게 부각되는 모습을 발견하게 된다. 이것은 곧 그의 가르침이 하나의 도덕적 원리로 확립되어 갔다는 것을 의미한다. 『동경대전』에 수록된 「논학문」〔「동학론」〕은 바로 이러한 발전과정을 여실히 반영하고 있다. 「논학문」에서는 1861년에 이르러 사방에서 찾아온 어진 선비들과의 문답을 통하여 자신의 가르침이 서학과는 다른 동학임을 분명히 하였다. 그리고 주문의 뜻도 자세하게 설명하였다. 그리고 사람들이 천주를 공경하지 않고, 동학을 비방하는 이유이며, 입도했다가 탈퇴하는 자가 있는 이유 등을 문답형식을 통해 정리하였다. 말하자면 「논학문」은 그 동안 자신에게 제기되었던 질문과 의문에 대한 일종의 답변형식으로 저술된 것이다. 그리고 이 과정에서 자신의 가르침이 '동학'이라는 점을 최초로 밝히게 되었다.16)

「권학가」와 「논학문」은 '시천주'와 '순천도'를 중심한 자신의 사상이 서학과 다름없지 않느냐는 의문에 대해 '동학'으로 자기

---

16) 최제우가 직접 작성한 기록에 의하면, 「논학문」에서 처음으로 '동학'이라는 용어가 발견된다. 『도원기서』에 의하면, 1861년 11월 이전 용담에서 포덕시에 이미 '동학'을 이야기했다고 한다. 그런데 『도원기서』의 기록은 「논학문」의 문답내용을 요약하는 형식을 취하고 있다.

정체성을 확립해 가는 내용이다. 동시에 부적에 의한 질병치료라는 신비주의적인 주술이라는 오해를 탈피하고 한울님과 천도에 대한 誠敬, 그리고 도인들 사이의 信이라는 실천덕목을 확립하기 위한 노력의 산물이었다.

가르침의 내용이 확립되었다면, 그 다음에 문제가 되는 것은 가르침의 방법이나 배우는 방법에 관한 문제일 것이다. 수도하는 자세와 방법에 대해서는 「교훈가」와 「도수사」에 나타나 있다. 그런데 최제우는 동학도인 일반을 대상으로는 「도수사」를 지었고, 자신의 초기 포교대상인 가족내의 子姪을 대상으로는 「교훈가」를 지었다.

「교훈가」는 "子姪 아이들아 이 글을 받으라"는 말로 시작하였다. 최제우는 아이들에게 자신이 '40세'까지 고생하고 허송세월만 하다가 득도하기까지의 과정을 소상하게 설명하였다. 그런데 득도할 때 부인과 자식들이 실성했다고 보았다는 말도 하였다. 아이들에게조차도 가르치는 내용이 교훈이라고 하지만, 행동지침을 하달하는 형식이 아니라 자신의 경험을 솔직하게 그리고 과장하지 않고 들려줌으로써 스스로 깨닫도록 하는 방식을 취하고 있다. 그리고 가사의 내용도 정서적인 면에 초점이 두어지고 있다.

그리고 그는 자신이 포덕한 후 제자가 많아지게 되자 고을사람과 친척들이 비난하고 원수처럼 대했는데, 이는 남 잘되는 꼴을 못 보는 습성 때문이라고 했다. 이러한 모함과 비난에 대항하게 되면 "세상을 능멸하고 官長을 능멸하는" 결과가 되는 것이므로 도피하는 방법을 선택했다고 했다. 그리고 "무극한 이 내 도는 내 아니 가르쳐도 운수있는 그 사람은 차차차차 받아다가 차차차차 가르치니 내 없어도 다행일세"라고 했다. 말하자면 동학은 자신만이 가르칠 수 있는 것이 아니라 운수있는 사람이면 누구나 가르칠 수 있다고 생각하는 것이다. 그는 말하기를 정성있는 사람은 곧 어진 사람이라고 했다. 따라서 그는 자식과 조카들에게 자기는 도무지 믿지 말고 한울님을 믿으며, 어진이를 스승으로 삼아 수도에 정진하라고 당부하였다.

「교훈가」는 자식과 조카들이 아버지의 가르침이라고, 또 형제의 가르침이라고 해서 수도를 게을리 하는 자세를 나무라는 내용이다. 그는 말하기를 지금 멀리 떨어져 있지만, 자식과 조카들이 "日事違法 분명하다"고 했다. 그는 "애달프다 너희들은 출중한 현인이 되는 것은 바라지 않는다마는 사람의 아래 되고 도덕이 없어서 못난 사람이 된다면 나는 한으로 여기겠다. 운수야 좋거니와 닦아야 도덕이라. 너희라 무슨 팔자 不勞自得된단 말이냐"고 했다.

「교훈가」는 집안 아이들의 정성과 수도가 부족하다고 책망하는 내용이다. 그리고 집안사람이 아닌 다른 사람 중에 정성있는 사람을 스승으로 모시고 수도에 정진하라는 지시이다. 말하자면 자신과의 친분을 빌미로 수도를 게을리하지 말 것이며, 또 친척이 아닌 다른 사람을 스승으로 삼으라는 내용이다. 이와 같이 아이들에게 꾸짖는 소리를 하는 것은 참으로 힘든 일이었다. 그러므로 그는 「교훈가」를 '억지로 힘들게' 지었다고 했다. 그는 말하기를 "强作히 지은 문자 귀귀자자 살펴내어 방탕지심 두지 말고… 이 글보고 改過하여 날 본 듯이 수도하라"고 훈계하였다.

최제우가 '억지로 힘들게' 꾸지람하면서 쓴 글로는 또 하나가 있다. 그것은 일반제자들을 상대로 한 「도수사」이다. 「도수사」의 주제는 도통의 전수, 즉 올바른 사제관계의 정립이었다. 그는 모든 도인들을 '벗'이라고 불렀다. 그리고 자신을 낮추어 "이 내 좁은 소견, 양협한 이 내 소견"이라고 하였으며, 수천 리 밖에 앉아서 이제야 자신의 잘못을 깨달았다고 하여 반성적 자세로 제자를 대하였다. 그는 제자 가운데 입으로만 배워서 주문 외우고 나도 득도 너도 득도했다고 하면서 오히려 도를 해치는 무리가 있다고 지적하였다. 그러나 이것은 결국 제자를 잘못 가르친 자신의 책임이라고 했다. 말하자면 용담시절 자신의 가르침이 제대로 전수되지 못했던 문제점이 있었음을 말한 것이다. 그는 도를 잘못 이해하는 제자의 예로서 입도 4~5개월 만에 속성으로 득도했다고 하는 경우, 스승의 가르침과는 다르게 '次第道法'을 제멋대로 시행하는 경우를 들었다. 그리고 자신이 지은 「도수사」를 '귀귀자자 살펴내야 정심수도'함으로써 '춘삼월 호시절에 또다시 만나볼 것을' 기약하는 것으로 끝을 맺었다.

『도원기서』에는 이 「도수사」를 '强作'했다고 기록하였다. 제자들의 잘못을 꾸짖고 올바로 정심수도하라는 훈계였으므로 차마 하지 못하는 심정으로 글을 썼다고 할 수 있다. 따라서 자식들을 꾸짖는 아픈 마음을 갖고 제자들을 타이르고 있는 심정을 엿볼 수 있다. 그리고 「도수사」에서 주목되는 것은 제자들을 시종일관 '어진 벗'으로 부르고 있다는 점이며, 제자의 잘못을 자신의 책임으로 간주하여 반성하는 심정으로 글을 쓰고 있다는 점이다. 「도수사」에 나타난 스승상은, 제자보다 높은 교단 위에서 제자의 잘못을 꾸짖고 훈계하는 권위주의적인 선생의 모습이 아니다. 제자를 어진 벗으로 여기고 제자의 잘못을 타이르면서도 자신이 잘못 가르친 책임을 통감하면서 함께 훌륭한 도량을 만들 것을 기약하는 다정다감한 스승의 모습이다.

5. 신앙공동체 원리 확립시기(1862.3～1862.10)
   -「도덕가」·「몽중노소문답가」

　1862년 3월 최제우는 남원 은적암에서의 은거생활을 청산하고 경주로 돌아왔다. 이 때 그는 자신이 돌아온 사실을 도인들에게는 비밀로 하였다고 한다. 그러나 실제적인 포교작업은 바로 시작되었다. 그는 자신이 은적암 시절에 작성한「도수사」·「권학가」·「교훈가」·「논학문」을 집으로 보내도록 조치하였다. 이것은 곧 자신이 정리한 '동학'의 기본적 체계와 수도방법을 도인들에게 알리면서 본격적인 포교활동을 재개하였다는 것을 뜻하는 것이었다.
　한문으로 저술되어『동경대전』에 수록된「수덕문」은 이 시기 최제우 사상의 특색을 가장 특징적으로 보여주는 글이다. 그는 지금까지 자신이 살아온 과정과 수도하기까지의 과정을 서술하였다. 그리고 자신의 설법을 공자의 교육에 비유하면서, 인의예지는 先聖의 가르침이지만 守心正氣는 오직 자신이 새로 정한 것이라고 하여 독자성을 강조했다. 그리고 致祭의 의미는 한울님을 영원히 모시겠다는 맹세이며 이전의 미혹을 떨쳐버리고 守誠하기 위한 것이라고 했다. 말하자면 동학의 교리와 제도상의 특성과 의미를 강조했던 것이다. 더 나아가「수덕문」에서는 도인들이 일상생활에서 지켜야 할 생활규칙을 언급하였고, 동학이 실제생활에서 얻을 수 있는 실제적 효과에 대해 언급하였다.

먼저 동학의 생활규칙을 살펴보면 다음과 같다. 즉, 의관을 정제할 것이며, 걸어다니면서 먹지 말고 뒷짐지지 말 것이며, 개고기를 먹지 말라는 것 등이다. 또한 차가운 샘에 급히 않는 것은 몸에 해롭다고 했으며, 유부녀의 防塞은 나라의 법이 금하는 바라고 했으며, 누워서 큰 소리로 주문을 외우는 것은 안된다고 했다. 이상이 「수덕문」에 제시된 행동규칙이었다.

또한 동학의 실제적 효과에 대해 말하였다. 즉, 서예교육을 통해 글자를 쓸 줄 알고, 나무꾼조차도 입을 열어 唱韻할 수 있게 되며, 잘못을 뉘우친 사람은 재물욕심이 없으며, 정성을 다한 아이는 총명을 부러워하지 않으며, 용모는 신선처럼 바뀌어, 오래된 질병이 낫게 된다고 하였다. 그리고 「수덕문」은 信이 동학의 핵심적인 가르침이라고 선언하면서 끝맺고 있다.

이 시기에 저술된 한글가사 「도덕가」도 「수덕문」의 성격과 유사하다.17) 특히 「도덕가」는 동학의 교리를 유교의 교리와 관

---

17) 「도덕가」의 저술시기에 대해 『도원기서』에는 1863년 7월 「도가」를 지었다고 되어 있다. 그러나 이 「도가」가 「도덕가」인지는 확인되지 않고 있다. 이와는 달리 『천도교회사초고』(1920)에는 1862년 6월 「몽중노소문답가」・「수덕문」 등과 함께 저술했다고 했다. 이밖에 『시천교종역사』와 『천도교창건사』에도 1862년 6월로 되어 있다. 뿐만 아니라 『용담유사』 계사간본에도 「도덕가」는 1862년으로 되어 있다. 그런데 『용담유사』 계사간본에는 「도수사」는 1861년으로 되어 있고, 「권학가」와 「도덕가」가 1862에 저술되었다고 표시되어 있다. 따라서 이 때의 1862년이 은적암 시기의 3월 이전인지 6월경의 경주 시기인지는 불분명하다. 그러나 「도덕가」의 내용은 동학의 도덕을 체계적으로 설명한 작품으로서, 동학의 교리가 최종적으로 정립되어 표현된 후기의 작품으로 보인다. 따라서 동학도의 생활규칙이 구체적으로 확립되는 시기와 같은 시기에 만들어졌을 가능성이 크다. 왜냐하면 철학적 체계의 확립과 그것을 구체적인 실생활 속에서 실천하는 실천철학의 확립은 동시적으로 이루어져야 할 것이기 때문이다. 이 점에서 필자는 「수덕문」과 같이 1862년 6월경에 저술되었다고 보았다.

련을 지으면서 설명하면서도 유교와 다른 특성을 강조하였다. 즉 과거의 유교도덕에는 '敬畏之心'이 없다고 하였다. 그리고 유교에서 도덕군자를 논할 때에는 지벌이니 문필을 논하지만 동학은 '同歸一體'를 추구한다는 점에서 다르다고 하였다. 그리고 번복지심을 갖고 가거나, 물욕에 눈이 어둡거나, 헛말로 유인하여 도를 해치는 자가 되지 말도록 당부하였다. 결론적으로 개과천선 의식을 치렀으니 물욕을 제거하고 '성경이자'를 지켜 정심수도 하라고 하였다. 「도덕가」는 동학의 도인들이 지켜야 할 덕목을 유교적 개념에 비추어 설명하면서 유교와 다른 특성을 강조하고, 또 도인들이 지켜야 할 행동지침에 대해 언급하고 있다.

　이 시기 최제우가 가르치는 초점은 동학의 도인들이 도인들 상호간의 관계에서 뿐만 아니라 개인의 일상생활에서도 지켜야 할 구체적 실천규범을 정립하는 데 두었다고 볼 수 있다. 이런 맥락에서 「몽중노소문답가」의 의미를 파악할 수 있다. 이 가사는 감결사상에 따라 수신제가하지 않고 길지를 찾아 여기저기 방랑하는 생활을 청산하라는 내용이다. 그리하여 「몽중노소문답가」 후반부에 말하기를, "천운이 둘러 있으니 근심 말로 돌아가서 윤회 시운 구경하소. 십이제국 괴질운수 다시 개벽 아닐런가 태평성세 다시 정해 국태민안 할 것이니 개탄지심 두지 말고 차차차차 지냈어라"라고 하여 집으로 돌아갈 것을 촉구하고 있다.

　「몽중노소문답가」는 동학이 당시 유행하던 감결사상과 차이가 있음을 분명하게 말해 주는 글이다. 새로운 운수는 十勝地와 같은 길지가 어디인지, 중생을 구제할 '眞人'이 누구인지 찾아나서는 방식으로 맞아서는 안된다는 점을 말하는 것이다. 그것은 집으로 돌아가서 정상적인 생활을 유지하면서 동학의 생활규칙을 준수하게 되면 차츰차츰 실현되는 것이라는 점을 강조하는 내용인 것이다.

1862년 6월 「수덕문」·「도덕가」·「몽중노소문답가」 등이 저술되면서 동학은 생활윤리로서 확립되는 모습을 보이고 있다. 그러한 가운데 서학은 물론 유교 및 감결사상과도 차별화되는 고유한 특성을 갖게 되었다. 이것은 이제 동학이 최제우가 도인들에게 설명하는 단계를 넘어서 이미 동학의 도인들이 생활 속에서 교리를 실천하는 단계에 와 있음을 뜻한다고 할 수 있다. 말하자면 동학은 이미 도인들 사이에서 하나의 사회적 실천활동으로 자리매김하게 되었다고 볼 수 있다. 필자는 이것은 동학이라는 신앙공동체가 독자적 생활윤리를 실천하는 생활공동체로 확립된 것으로 보고자 한다.

1862년 6월은 동학이 생활공동체 윤리로 자기를 정립해 가는 과정이었다.

6. 신앙공동체 조직활동 시기(1863.10~1864.3)
　-「흥비가」

최제우는 경주고을과 가문에서 배척을 당하면서도 꾸준하게 포덕을 계속하였다. 그는 1861년 11월 용담에 몰려드는 사람들을 감당할 수 없어서, 그리고 향중과 가문의 음해와 비난을 견딜 수 없었기 때문에 남원의 은적암으로 피난하였다. 은적암에 은거하면서 그는 자신의 교리를 정리하고 제자들에 대한 지도방침을 확정하였다. 이에 따라 1862년 3월 경주로 다시 돌아와서 정리된 교리와 방침을 전달하였다. 더 나아가 1862년 6월부터는 도인들이 일상적 사회생활을 영위하면서 지켜야 할 실천윤리를 정립하였다. 이로써 동학은 독자적인 생활공동체로서의 성격을 띠게 되었다. 이제 동학도들은 도인들끼리 모여서 종교의식을 거행할 때에만 다른 사람들과 구별되는 존재가 아니었다. 일상생활 속에서도 구별되는 사회집단이 되었던 것이다. 1862년 3월 최제우가 경주로 돌아와 본격적인 포덕활동을 재개하면서 교도수는 급격하게 늘어가게 되었다. 게다가 6월부터는 동학이 유교적 생활윤리와 구별되는 독자적 질서를 갖는 사회적 존재로 확립되기 시작하였다.

 1862년 9월 최제우는 박대여의 집에서 포교활동을 하다가 경주진의 영장에 의해 체포되었다. 최제우가 체포되었다는 사실이 알려지자 동학교도 7백여 명이 경주진영으로 몰려들었다.18) 관변측의 기록에 의하면 5~6백 명의 동학도가 官廷으로 들어가 "동학이 害民敗俗하는 것이 아니라고 하면서 저희들의 스승을 석방해 줄 것"을 요청한 것으로 되어 있다.19) 동학도의 기세에 눌린 영장은 최제우에게 사과하고 석방하고 말았다. 말하자면 동학도의 집단행동에 지방관이 굴복하고 만 셈이었다. 최제우의 체포를 계기로 동학도들이 전개한 집단적 시위행동은 선생의 석방이라는 결과를 얻어냄으로써 동학의 대 사회활동은 성공적이었다고 볼 수 있다. 동학도들은 집단행동을 통해 동학집단이 하나의 사회적 세력으로 성장했음을 입증한 셈이었다.

---

18) 『최선생문집 도원기서』는 7백 명, 『대선생문집』는 1천 명으로 기록하고 있다.
19) 『비변사등록』 제250책, 철종 14년 12월 20일조.

최제우는 1863년 10월 5일 용담에 돌아왔고, 10월 14일 「통문」을 발하여 공개적이고 본격적인 포교활동을 전개했다. 최제우의 체포는 오히려 공개적인 포교활동과 동학교도의 급속한 증가를 가능하게 하는 계기가 되었다. 그가 포교하는 방법은 다양했다. 탄압이 느슨할 경우에는 용담 자신의 집에 수련소를 설치하였고, 교도가 많은 곳에는 일종의 포교소인 '結幕'을 하여 집회를 개최했다. 탄압을 피하기 위해 경주부근의 교도 집을 순방하면서 포교하기도 했다. 또 매월 초하루와 보름에 산에 올라가 단을 설치하고 하늘에 제사를 지내기도 했다.20) 향촌유생과 지방관의 탄압에도 불구하고 동학도인의 수는 급격하게 팽창하였다. 이에 따라 최제우는 1862년 11월 9일 접주제를 실시하여 지역별 접주를 임명하여 포교하도록 조치하였다.

접주제를 통한 동학교도의 조직화는 동학이 믿음을 같이하는 개인들의 집합을 넘어서서 나름대로의 원리를 갖춘 독자적인 사회 조직으로 확대·발전되었다는 것을 뜻한다. 1862년 12월 최제우는 고을단위로 접주를 임명했다.21) 당시 최제우에 의해 임명된 접주는 경주를 중심으로 영해·안동 등 15개 고을 16명에 달하였다. 최제우 포교당시 이밖에 다른 지역에도 동학도들이 있었음이 확인되고 있다. 즉 경상도뿐만 아니라 전라도와 충청도 지역 일부에서도 동학도의 존재가 확인되고 있는 것이다.22)

최제우는 1863년 3월 각 지역의 접주들을 소집하여 7월 초부

---

20) 박맹수,「동학의 교단조직과 지도체제의 변천」(『1894년 농민전쟁연구 3』), p.304.
21) 『도원기서』(「동학사상자료집」 1), pp.179~180.
22) 박맹수,「동학의 교단 조직과 지도체제의 변천」(『1894년 동학농민전쟁연구 3』), pp.305~306.

터 한 달 정도 접주회의를 개최하여 동학조직 운영 전반에 대해 체계적으로 가르쳤다. 이 때 최경상을 북접주인으로 임명하여 접주보다 상위에 있게 하였다. 이후 그는 자신의 도통을 최경상, 즉 최시형에게 전수하였다.23)

이와 같이 동학이라는 신앙공동체가 조직적으로 팽창하면서 유교중심의 사회질서에 위협적 요소로 작용하게 되었다. 이에 따라 경주의 유림은 서원과 향교를 중심으로 동학 반대운동을 전개했고, 중앙정부에서도 동학을 이단으로 규정하여 최제우의 체포를 명하였다. 결국 최제우는 1863년 12월 9일 경주감영에 체포되었다가 1864년 3월 10일 처형당하였다.

동학이 조직적으로 팽창하는 시기에 한글가사로 저술되어 『용담유사』에 수록된 것으로는 「흥비가」가 있다.

「흥비가」는 1863년 8월경에 저술된 것으로 알려져 있다. 「흥비가」는 제자들에게 "熟讀嘗味하라"고 특별하게 지시한 가사이다. 『수운행록』과 『도원기서』에 의하면 최제우는 「흥비가」에 대해서는 특별히 좋은 가사라고 하면서 제자들에게 주면서 외우라고 지시했다고 한다. 그리고 후에는 제자들이 실제로 잘 암송하고 있는지를 점검하는 面講을 실시하기도 하였다. 이것은 그만큼 「흥비가」를 중시하였음을 말해 준다. 「흥비가」는 도를 빙자하여 도를 해치는 자를 모기에 비유하여 경계하면서, 도를 닦되 처음에는 열심히 하다가 계속하지 못하고 흐트러지게 되는 마음을 가다듬도록 하는 내용이었다. 이를테면 올바른 도의 전승에 관한 가사였다.

---

23) 최효식, 「수운 최제우의 생애와 사상」(『동학연구』 2, 1998.4), p.57.

그는 「흥비가」에서 동학의 도를 배우러 와서 신앙공동체를 빙자하여 영험한 좋은 말은 다 버리고 그 중에 불미스러운 일만 모아 떠나가는 사람이 있다고 했다. 그는 그러한 사람은 한여름에 피를 빨아먹고 달아나는 모기와 같다고 비판하였다. 이들이 바로 밖으로 나가 도를 모함하는 간사한 무리가 된다는 것이다. 이러한 모기에 대비되는 존재로서 그는 '현인달사'에 대해 언급하였다. 그는 말하기를 "師師相授한다 해도 自在淵源"이라고 했다. 참다운 가르침의 전수란 스스로 끊임없이 반성하는 가운데 이루어진다는 점을 강조했던 것이다. 그는 제자들에게 처음에는 열심히 하다가 나중에 풀어지게 되는데, 이렇게 게을러지는 마음을 다시 잡으라고 당부하였다. 그는 아무리 좋은 재목이라도 조금이라도 썩게 되면 재목으로 인정받지 못한다고 했다. 제자들에게 수도에 정진하라는 당부의 말이었다. 「흥비가」는 후계자의 선정과 관련된 가사였던 것이다.

7. 맺음말 : 『용담유사』의 역사적 성격

최제우의 생애 자체는 조선조 사회가 갖고 있는 신분제 사회의 모순을 온몸으로 담지하고 있음을 보여준다. 그는 몰락양반의 서자이며 재가녀의 아들로 태어났다. 그는 태생적으로 서얼신분으로 차별을 받을 수밖에 없는 신분이었다. 과부의 재가금지 관습에 의하면, 태어나서는 안될 존재이기도 했다. 그러나 그의 부친은 과부의 재가를 허용해야 한다는 생각을 갖고 있었고, 실제로 과부와 결혼하여 최제우를 낳았다. 최제우의 출생 자체가 이미 조선시대의 관습이 깨지는 것을 뜻하였다.

성년이 된 이후 최제우의 삶도 조선시대 양반의 자제가 가는 길과는 근본적으로 달랐다. 그는 성가 이후 자신의 고향을 떠나 울산으로 거처를 옮겼다. 이것은 곧 처가살이를 뜻하는 것이었다. 그리고 그는 양반으로서 과거공부를 하지 않고 천대받는 직업인 상업을 선택했다. 그는 바늘장사를 하면서 전국을 돌아다니게 되었는데, 부녀자를 주요고객으로 상대하게 되었다. 남존여비와 남녀유별의 관습이 지배하고 있는 시대에, 그는 거꾸로 처가살이를 하면서 부녀자를 상대하면서 생활하였다.

최제우는 생존을 위해 사기까지 행했던 생활인이기도 했지만, 시대와 사회의 문제에 대해 고뇌하는 지식인이기도 했다. 그는 전국을 돌아다니면서 인심을 살피기도 하고 『정감록』과 같은 감결사상이나 서학 등에 관해 접하게 되었다. 그러나 그가 접한 어떠한 사상도 그의 문제를 해결할 수 없다고 생각했다. 그리하여 그는 새로운 가르침을 얻기 위한 수도를 계속하여 몇 차례의 신비체험을 하게 되었다.

1859년 가족을 데리고 고향 용담으로 돌아오면서 최제우는 새로운 삶을 개척할 결심을 하였다. 그 결과 1860년 4월 5일 한울님으로부터 무극대도를 받았다. 그는 자신의 가르침을 '동학'이라고 이름짓고, 부인·자식과 조카들에게 먼저 전파하였다. 이어서 1861년 6월부터 포덕하다가 1864년 3월 10일 체포되어 처형당하였다.

최제우가 동학을 전파한 기간은 본격적 포덕시기부터 계산하면 3년 미만, 창도 이후부터 계산한다 해도 4년 미만이다. 이처럼 단기간임에도 불구하고 동학은 급속도로 전파되어, 그가 처형될 당시에는 경상도뿐만 아니라 충청도와 전라도 지역에까지 동학교세가 확산되었다. 동학의 급속한 팽창은 조선조 양반사회에 파괴적인 영향을 미친다고 판단되었다. 이에 따라 세도정권에서는 동학을 邪學으로 규정하고 최제우를 혹세무민의 죄로 처형하였다.

최제우의 초기 포덕은 주문 암송・靈符服飮・致祭의 방법이었다.[24] 최제우는 「수덕문」에서 致祭의 의의를 "영원히 모시겠다는 맹세이니, 이는 만 가지 의혹을 떨쳐버리고 정성을 지키겠다는 뜻이다"라고 했다. 그리고 도인을 '懺悔斯人', 즉 '잘못을 참회한 이 사람'이라고 표현했다. 그는 한울님을 모신다는 맹세의 의미를 이전의 잘못된 삶을 참회하고 새로운 삶을 살겠다는 다짐으로 해석했다. 이는 그 자신이 득도 이전 범했던 불효불충의 죄를 한울님 앞에서 참회하고 반성하면서 새로운 삶을 살게 되었다는 경험을 일반화하여 종교의례로 만든 것이다.

『용담유사』에 수록된 8편의 한글가사는 모두 최제우가 자신의 깨달음을 다른 사람에게 전달하기 위해 지은 가사이다. 「용담가」는 선친과 조상을 대상으로 최초로 쓰여진 것이었다. 다음으로 쓰여진 것은 부인을 대상으로 한 「안심가」였다. 그리고 그는 자식과 조카들을 대상으로 「교훈가」를 지었고, 제자일반을 대상으로 해서는 「도수사」・「권학가」・「몽중노소문답가」・「도덕가」・「흥비가」를 지었다.

최제우가 『용담유사』의 한글가사를 통해 전달하고자 했던 중

---

[24] 최제우 포덕당시의 동학의례에 대해서는 임운길, 「동학・천도교의 의례와 수행」 (『동학연구』 4, 1999.2), pp.123~154 참조.

심내용은 바로 자신의 삶이었다. 「용담가」·「안심가」·「교훈가」 등 집안식구들을 대상으로 한 가사에서는 그가 불효불충의 허송 세월을 보내다가 득도하게 되었다는 사실을 자세하게 기술하였 다. 그리고 「권학가」에서는 "나도 또한 출세 후의 조실부모 아닐 런가. 정성공경 없었으니 득죄부모 아닐런가. 나도 또한 충렬손 이 초야에 자라나서 군신유의 몰랐으니 득죄군왕 아닐런가 허송 세월 지내나니 거연 사십 되었더라"라고 했다. 또 「도덕가」에서 는 "이 세상 인심으로 물욕제거 하여내어 개과천선 되었으니 성 경이자 못지킬가"라고 하였다. 『용담유사』에는 최제우가 자신의 득도 이전의 삶에 대한 회한과 참회가 기본적 정서로 자리잡고 있다.

최제우는 득도 후 부인을 최초로 포덕대상으로 삼았다. 그리 하여 그는 「권학가」에서 모든 도인들도 자신이 부인과 자식들에 게 먼저 포덕한 것처럼 "처자 불러 효유하고 영세불망 하였으라" 고 하였다. 그는 포덕대상에서 부녀자와 아이들을 중시했던 것이 다. 따라서 이들을 대상으로 깨우치는 적절한 방법으로서 한글 가사라는 형식을 채택했다고 하겠다. 또한 그는 아이들에게 서예 를 가르쳤다. 「몽중노소문답가」는 노인과 소년을 등장시킴으로 써 그들을 대상으로 삼았다. 한마디로 『용담유사』는 남녀노소를 불문하고 모든 사람을 고려하면서 작성되었다고 할 수 있다.

최제우는 동학도인들 사이에서 '선생'이라고 불렸다. 1880년 대 그의 행적을 최초로 정리한 책의 제목은 『최선생문집 도원기 서』였다. '대신사'·'대선생'·교조라는 존칭은 훨씬 후대에 붙여 진 호칭이었다. 그가 체포되었을 때, 그는 誠敬의 덕목을 가르치 고 아이에게 필법을 가르친 것이 무슨 죄가 있느냐고 했다. 그는 자신의 사상을 '동학'이라고 불렀는데, 이는 하늘이 내려준 천도에 대한 실천적 공부를 뜻하는 것이었다. 그 배움이 동국 즉 조선에서 살아가는 사람들에 의해 이루어지기 때문에 동학이라고 이름 붙였다고 했다.

최제우가 만들었던 동학이라는 신앙공동체는 일종의 교육기관으로서의 성격을 띠고 있었던 것이다.[25] 이 교육기관에서의 사제관계는 수직적 관계가 아니었다. 그 자신이 한울님으로부터 받은 도도 한울님이 주는 것을 그대로 받은 것이 아니라 한울님과 대화하면서 심지어는 단식투쟁 한 끝에 얻어낸 것이었다. 그리고 그의 사상은 제자들과 문답하면서 정리되고 확립되었다. 그는 제자들을 '벗'이라고 불렀다. 그리고 신앙공동체 조직의 기본적 원리로서 '붕우유신'을 제시하였다. 한울님을 모시기로 맹세한 모든 도인은 서로를 존중하는 평등한 관계로 맺어졌다. 실제로 동학에 입도한 도인은 그 순간부터 군자가 된다고 했다. 도인들은 먼저 입도한 자에게는 제자가 되지만, 비동학도에게는 스승이 되는 것이었다.

최제우는 동학의 장점으로 수도기간이 짧다는 점을 내세웠다. 비록 4~5개월 만에 득도했다고 교리를 제멋대로 해석하는 제자를 비판했지만, 수련기간이 3년 미만의 단기라는 점이 동학의 장점임을 내세웠다. 그 자신의 수련기간을 보면 7~8개월 정도를 상정하는 것 같다. 이러한 특성으로 동학이라는 교육조직 내에서 도인들은 스승이면서 동시에 제자가 된다. 수평적 대화를 통한 교육, 이것이 동학이 갖는 주요한 특징중의 하나라고 볼 수 있다.

---

[25] 동학의 교육사상에 대해서는 정영희, 「동학의 이념과 교육사상 연구」(『동학학보』 창간호, 2000.1) 참조.

이것은 권위주의적 사제관계 속에서 10년 이상의 수련을 거쳐야 한다는 전통적 관념을 바꾼 것이다.

    동학의 교세확장이란 동학이라는 가르침을 따르는 교도의 증가만을 뜻하는 것이 아니라. 그 교도들이 접주제에 의해 하나의 사회 조직단위로 결집되어 가는 과정을 뜻하는 것이었다. 말하자면 최제우는 동학이라는 새로운 가르침을 제시한 선생이었을 뿐만 아니라, 접주제를 통해 사람들을 하나의 사회조직의 단위로 결속시켰던 새로운 사회의 지도자라는 성격도 갖게 되었다고 볼 수 있다. 그가 포교하는 당시의 동학의 접주제 조직은 경상도를 중심으로 새롭게 대두한 독자적인 사회단위였다. 그것은 이전에 존재했던 사회단위와는 근본적으로 다른 조직이었다. 이러한 이질적인 사회조직이 조선시대 향촌사회 내에 등장하면서 기존의 사회조직은 위협을 느끼게 되었다.

    조선왕조 사회를 구성하는 기본조직은 가족이었으며, 조선왕조 사회의 행정단위는 고을 즉, 군현을 중심으로 운영되고 있었다. 군현의 하부단위는 주로 부세징수를 위한 면임과 리임이 존재하고 있었다. 천주교와 같은 이단사상이 유포되면서 5가작통법을 시행하여 향촌사회에 대한 통제를 보다 강화하였다. 이와 같은 관 주도적인 조직 이외에는 양반지주들이 주도하는 사회조직이 군현단위로 존재하고 있었는데, 그것은 향교·서원 등의 교육기관이었다. 이러한 기관을 중심으로 유교의 윤리가 보급·실행되었고, 양반중심의 신분질서가 강화되었다. 그리고 이러한 교육조직 이외에도 유력 양반가문을 중심으로 조직된 향약이나 계 등은 유교이념을 신봉하는 양반유림들이 향촌사회 내에서 주도권을 장악하고 행사는 조직이었다.

따라서 동학이라는 새로운 사회조직이 향촌사회 내에서 급속하게 전파되는 현상은 곧 양반유림 중심의 사회에 대항하는 성격을 띠게 되는 것이다. 양반유림에 대한 직접적인 공격을 행하지 않는다고 하더라도, 별도의 새로운 사회조직을 만든다는 것 자체가 이미 양반유림 사회의 향촌사회에 대한 주도권을 인정하지 않겠다는 의미를 지닌 것이었다. 말하자면 양반유림 사회와는 다른 새로운 사회를 만들어 가는 사회운동의 성격을 필연적으로 띠게 되는 것이다. 게다가 동학은 유교의 삼강오륜과 어긋나지 않는다고 하였다. 이것은 동학이 邪敎라는 비판에 대한 단순한 방어적 논리가 아니었다. 오히려 그것은 향촌사회를 이끌어 가는 원리로서 동학이 유교를 대체할 수 있다는 적극적 의미를 지닌 것이었다.

동학이라는 신앙공동체가 갖는 사회변혁운동으로서의 성격은 당시 향촌사회의 지배세력이었던 양반유림이 정확하게 파악하고 있었다. 그들은 동학의 팽창은 자신들의 기득권에 대한 직접적인 위협이라는 사실을 실감하였던 것이다. 그 위협은 개인적으로 해결될 수 있는 성질의 것이 아니라 양반유림이 집단적으로 대처해야 할 만큼 위험한 것이었다. 이에 따라 경주의 유학자들은 통문을 돌리고 서원을 중심으로 동학배척운동을 벌이게 되었다. 최제우가 체포되기 8일 전인 1863년 12월 1일 도남서원에서는 동학의 죄를 성토하는 통문을 돌렸다.26) 그 중에서 동학의 신앙공동체의 특성에 대해 다음과 같이 말하였다.

전해 오는 말을 들어보면, 대개 天主를 誦呪하는 법은 서양의 천주학

---

26) 최효식, 「수운 최제우의 생애와 사상」(『동학연구』 1, 1998.4), pp.59~61.

을 모방한 것이고 부적과 물로 병을 한다는 말은 황건적의 것을 답습한 것이다. 貴賤을 하나로 하여 威嚴을 동등하게 하고 差別을 없애니 백정·상인 등 천민들이 들어갔다. 얇은 장막만을 설치하여 남자와 여자를 뒤섞어서 홀어미와 홀아비가 나아갔다. 재화를 좋아하고 없는 자와 있는 자가 서로 도우니 빈궁한 자가 기뻐하였다.

이 글에서는 동학신앙공동체의 조직원리와 그 결과를 3가지로 요약하였다. 첫째는 귀천의 차별이 없고 권위를 동등하게 했다는 것이며, 둘째는 남녀의 차별을 두지 않았다는 것이고, 셋째는 '有無相資' 즉 부자와 가난한 자가 서로 도운다는 공생의 원리이다. 이 3가지를 아우르는 공통의 원리는 평등주의라고 볼 수 있다. 동학이라는 신앙공동체는 바로 평등주의 원리를 실천하는 사회조직이었으며, 그 조직은 각 지역별 책임자인 접주에 의해 운영되고 확산되었다. 그 결과 신분차별을 받고 있던 기층민중, 남존여비의 관습에 얽매어 있던 부녀자, 누군가의 도움을 필요로 했던 가난한 사람들이 주로 입도하게 되었다. 말하자면 동학은 지방관과 양반토호로부터 핍박을 받거나 신분적 차별을 당하고 있는 민중을 독자적인 사회집단으로 결속하게 만들었던 것이다.

동학이라는 신앙공동체는 최제우가 포덕할 당시 조직적 차원에서 정치적 행동을 하지는 않았다. 그러나 평등주의라는 새로운 원리에 입각한 새로운 사회집단을 조직했다. 이 자체가 이미 사회변혁운동으로서의 의미를 지닌다고 볼 수 있다. 평등주의 원리를 자신의 삶 속에서 직접 실천하고 또 그 원리가 실현된 사회조직을 건설하는 것, 이것은 평등주의 제도를 만들어 달라고 집권자에게 요구하거나 제도를 만들기 위해 권력을 획득하고자 하는 정치적 행위보다 사회변혁적 의미가 훨씬 크다고 할 수 있다. 왜냐하면 전자는 이미 행해지고 있는 실천이지만, 후자는 성공하기 전까지는 실천되기 이전의 계획과 의도의 단계에 머문 것이기 때문이다.

『용담유사』의 철학적 고찰

김춘성*

1. 머리말

동학은 1860년 4월 5일 수운 최제우(1824~1864)의 결정적 종교체험을 통한 대각으로 창명되었다. 수운은 득도 후에도 거의 일년간이나 수련을 하면서 자신의 신비체험에 대한 반성과 꼼꼼하게 헤아려 보는 신중함을 보였으며, 자신의 종교체험과 깨달음의 내용을 '순한문'과 '순한글'이라는 두 가지 언어체계로 표현하였다.

그 중에서 순한문으로 이루어진 것이 『동경대전』이고 순한글로 이루어진 것이 『용담유사』이다. 그러므로 『동경대전』과 『용담유사』는 제자들에 의해서 쓰여진 것이 아니라 교조인 수운의 직접 저술이라는 점에서 다른 경전과 차별화 될 뿐만 아니라 동학사상의 핵심을 파악할 수 있는 귀중한 근거가 되고 있다.

따라서 동학은 『동경대전』과 『용담유사』가 서로 짝을 이루고 있다. 수운은 '우리 도는 지금도 듣지 못하고 옛적에도 듣지 못한 일이요 지금도 비교할 수 없고 옛적에도 비교할 수 없는

---

* 부산예술문화대학 교수(철학)

법'1) 이라고 하여 동학과 이전의 전통종교 및 다른 학문과의 차별을 분명히 하였다. 또 '닦는 사람은 헛된 것 같지만 실지가 있고 듣기만 하는 사람은 실지가 있는 것 같지만 헛된 것'2)이라고 하여 동학의 실천적 측면도 체계화 시켰다.

이 중 『용담유사』는 수운이 다양한 계층의 제자들에게 동학의 핵심과 실천을 당부하기 위하여 쓴 글이다. 이 글들은 모두 하루아침에 쓰여진 것이 아니라 동학창도 후 관에 체포되기 전까지 즉 1860년에서 1863년 사이에 쓰여졌다.

또한 각 편마다 글을 쓰게 된 목적이 매우 구체적으로 표현되어 있다. 또 수운의 출생과 성장·구도 및 득도의 전과정이 모두 들어 있다. 따라서 『용담유사』는 동학창도의 역사적 사회적 배경 및 동학사상을 고찰하기 위한 중요한 근거라고 할 수 있다.3)

---

1) 『東經大全』, 「論學文」; "吾道 今不聞古不聞之事 今不比古不比之法也."
2) 『東經大全』, 「論學文」; "修者, 如虛而有實, 聞者 如實而有虛也."
3) 『용담유사』와 관련된 기존의 연구는 다음과 같다: 신일철, 「동경대전-용담유사 해제」(『한국의 명저』, 1970) : 김인환, 「용담유사의 내용분석」(『한국사상』 15, 1977) : 오출세, 「용담유사에 나타난 사상적 배경고」(『동악어문집』 15, 동국대, 1981) : 송재소, 「동학가사에 나타난 궁을사상연구」(고려대 석사논문, 1982) : 정재호, 「용담유사에 나타난 수운상」(『동학사상논총』 1, 천도교중앙총부, 1982c) : 윤석산, 「용담유사에 나타난 수운의 인간관」(『한국학논집』 5, 한양대, 1984b) : 류경환, 『동학가사의 심층연구:신화적 해석을 중심으로』(대한출판사, 1985) : 윤석산, 「용담유사에 나타난 낙원사상연구」(『한국학논집』, 1985a) : 윤석산, 「용담유사에 나타난 수운의 대외의식」(『한양어문연구』 3, 한양대, 1985b) : 이현숙, 「동학의 가사에 나타난 여성관에 관한 고찰」(이화여자대학교 석사논문, 1985) : 윤석산, 「용담유사에 나타난 변혁의 의지」(『겨레문학』 3/3, 도서출판 지평, 1990. 3) : 유경환, 「동학가사에 나타난 낙원사상의 수용양상」, (『어문연구』 69, 1991) : 윤석산, 「동학가사에 나타난 근대의식연구」(『한국학논집』 25집, 한양대 한국학연구소, 1994) : 유경환, 「동학가사에 나타난 순환적 사고(1)-신관을 중심으로」(『새국어교육』 56, 1998)

2. 대중화·생활화 추구

이 『용담유사』는 높은 수준의 유교적 지식과 교양을 지니고 있던 수운이 당시 지식인들이 주로 사용하던 한문으로 된 문장뿐만 아니라 순한글 가사체 형식으로 자신의 사상을 표현하였다는 점에서 매우 파격적인 일로 받아들여진다. 사실 한글은 당시 지식인들이 외면하는 글이었으며, 또한 자신의 사상을 두 가지 언어체계로 표현한다는 것은 결코 쉬운 일이 아니다. 그럼에도 불구하고 수운은 이성적 언어라고 할 수 있는 한문과 감성적 언어라고 할 수 있는 한글을 모두 사용하여 동학을 설명하고자 하였다. 이는 동학이 논리적 체계와 직관을 아우르고 있음을 보여주는 것이라 할 수 있다. 또한 종교적 직관과 통찰을 歌詞라는 문학양식으로 담아냄으로써 표현양식의 다양화는 물론 대중화를 시도한 것으로 보인다.

『용담유사』는 수운의 인생과 종교적 깨달음 그리고 교훈의 가르침을 노랫말로 쓴 글이다. 즉 수운의 인간과 현실에 대한 철학적 반성을 보여주고 있다. 그러나 무엇보다도 『용담유사』는 논리적 세계를 넘어선 종교적 직관과 통찰이 들어 있는 노래이며 글이다. 『용담유사』에는 유학을 비롯한 노장·불교 심지어 풍수·도참사상 등의 전통사상과 서학에서 사용하는 용어와 개념이 무수히 등장하는가 하면 한편으로는 이들에 대한 수운의 냉철한 비판이 깔려 있다. 그러므로 동학은 유·불·선의 장점을 취하여 만든 것이라고 평가되기도 하고, 유학을 갱신한 신유학 정도로 보기도 하며, 또 서학인 천주교의 영향을 상당부분 받았다고 주장하기도 한다. 하지만 수운은 동학을 이전의 종교사상과는 전혀 다른 '새로운 것'임을 경전 곳곳에서 밝히고 있다. 이 점을 간과해서는 안될 것이다. 종교적 각성과 통찰은 차원의 변화를 의미한다. 따라서 철학적 사유의 틀을 파괴함과 동시에 재구성하는 것이다.

수운이 비록 유교나 노장·불교와 같은 기존의 전통사상 속에서 나타난 개념을 그대로 사용하고 있을지라도 그 사상적 철학적 체계가 달라진 이상 그것은 이미 새로운 차원에서 재구성 된 것이며 독창적인 의미를 지니고 사용된 것이다. 이는 전통의 계승인 동시에 단절을 의미한다. 즉 연속인 동시에 불연속적이다. 따라서 철학사상은 개념적 파악은 물론 이를 넘어선 통찰이 요구된다. 종교사상은 더욱 그렇다.

수운은 「도덕가」에서 자신의 몸과 마음으로 경험하고 자각하지 못하면 그것은 참으로 아는 것이 아님을 강조하고 있다.4) 또 외적인 사회적 신분이나 지식을 가지고 사람을 평가하는 당시의 풍토를 한탄하였다.

> 약간어찌 수신하면 지벌보고 가세보아 추세해서 하는말이 아무는 지벌도 좋거니와 문필이 유여하니 도덕군자 분명타고 모몰염치 추존하니 우습다 저사람은 지벌이 무엇이게 군자를 비유하며 문필이 무엇이게 도덕을 의논하노.

이는 당시 주자학적 풍토 속에서 이론적·지식적 방법으로

---
4) "아동방 현인달사 도덕군자 이름하나 무지한 세상사람 아는바 천지라도 경외지심 없었으니 아는 것이 무엇이며."

학문을 추구해 온 지식인들에 대한 강한 회의와 비판이다. 수운은 당시 윤리도덕이 타락하여 사회가 부패한 책임이 지배층과 지식인들에 있음을 『용담유사』곳곳에서 암시하고 있다. 자각과 실천이 결여된 학문은 결국 이론만 무성할 뿐 사회적 실천력을 상실할 수밖에 없다. 따라서 수운은 '유도불도 누천년에 운이 역시 다했다[5])'고 본 것이다.

수운은 또 현실을 떠나 초월적 가치만을 추구하는 사람들에 대해서도 반대한다. 수운은 '저 세상'보다는 '지금 이 세상'을 주목하며 인간의 현실적 삶을 꾸준히 문제삼는다. 즉 생활 속의 도를 강조한다. 수운의 득도도 깊은 산 속이나 은밀한 장소에서 홀로 이루어진 비밀스러운 것이 아니다. 바로 부인과 자식이 지켜보는 가운데 집안에서 이루어진 것이다. 이 점이 매우 주목된다. 종래의 구도자들은 도를 구하고자 미련없이 세상을 등지기도 하고, 자신의 현실적 삶을 철저히 파괴시킬 때 구도의 목적을 달성할 수 있다고 믿어왔다. 그러므로 가정을 버리는 것을 당연하게 받아들인 것도 사실이다. 그러나 수운은 전혀 다른 모습을 보여주었다. 수운은 구도과정에서 초기에는 처자를 버리고 입산수도와 주유천하 등 종래의 방법으로 세상을 구할 도를 얻고자 하였다. 그러나 허송세월만 하다가 결국 고향으로 돌아와 처자를 거느리고 생활인으로 살면서 득도를 하였다. 생활은 바로 피할 수 없는 구체적 현실이다. 수많은 사람들이 현실 앞에서 좌절한다. 그런 점에서 수운의 득도는 가정이라는 구체적 현실을 극복한 것이며 현실적 대안이기도 하다. 따라서 수운의 관심은 통치자나 지배계

---

5) 『용담유사』, 「교훈가」.

층에 있는 것이 아니라 "왈이자질 아이들아 경수차서 하였어라"6) "현숙한 내집부녀 이글보고 안심하소"7) "현숙한 모든벗은 차차차차 경계해서 안심안도 하여주소"8) 등 대중을 향하고있다. 따라서 『용담유사』는 대중을 위한 글이며 생활을 통한 가르침이다. 『용담유사』는 대중을 지향하고 있을 뿐만 아니라 우리의 구체적 생활을 통하여 보편적 진리로 나아가고 있다는 점에서 매우 큰 의미를 지니는 것이다. 특히 추상적·보편적 가치보다는 구체적이고 현실적인 삶이 존중되는 현대사회에서 볼 때 이런 지향은 매우 선구적인 모습인 것이다.

3. 侍天主개념의 정립

두번째로『용담유사』에서 찾아볼 수 있는 철학적 의의는『동경대전』의 '侍天主'개념을 명확히 했다는 점이다. 한문경전에서 '侍天主'라는 단어는 매우 오해의 여지를 많이 남기고 있다. 특히 '天主'라는 용어 때문에 동학이 서학으로 몰리기도 하고, 수운이 천주교의 영향을 다분히 받은 것으로 주장되기도 한다. '天主'라는 말은 유학에서는 거의 찾아보기 어렵다. 당시의 유학인 성리학에 있어서는 天이 '天命'·'天道'·'天理'·'天德' 등과 같이 쓰여지는 경우가 많았다. 그러므로 객관적·우주적 법칙을 나타내는

---

6) 『용담유사』, 「교훈가」.
7) 『용담유사』, 「안심가」.
8) 『용담유사』, 「도수사」.

理法으로서의 天이며, 형이상학적 의미로서의 天이었다. 또 천주교의 '천주'는 인격적이며 초월적인 존재이다. 그러나 수운은 『동경대전』에서 '侍'라는 것은 "안으로는 神靈이 있고 밖으로는 氣化가 있어 온 세상사람이 각각 깨달아 옮기지 않는 것9)"이라 하였다. 그리고 '主'라는 것은 "존칭하여 부모와 같이 더불어 섬기는 것"10)이라 하였다. 그리고 '天'에 대한 개념적 설명은 하고 있지 않다. 이 점을 놓고 볼 때 수운은 天을 개념적 규정이 불가능하다고 본 것 같기도 하고, 한편으로는 '侍'의 설명 속에 이미 天의 의미가 필연적으로 내포되어 있으므로 중복을 피한 것 같기도 하다. 그러나 이 둘 모두 억측에 불과하다. 분명한 것은 수운이 파악한 天은 바로 자신의 체험을 통한 것이라는 점이다.

 수운은 天을 靈인 동시에 氣이기도 한 역동적인 존재로 파악하고 있다. 또 부모와 더불어 같이 섬겨야 한다고 하여 성리학적 天과 차별화 한다. 그러나 동학에 있어서 중요한 것은 '천'이나 '천주'가 아니라 바로 '시천주'이다. '시천주'를 떠나 '천' 또는 '천주'를 따로 말하는 것은 무의미하다고 하겠다. 결국 수운은 '시천주'라는 새로운 개념을 통하여 지극한 기운이 안으로는 신령한 마음으로 작용하고, 밖으로는 신령한 기운으로 작용하며 모든 존재의 안과 밖을 관통하고 있음을 밝혔다. 그러나 수운은 '시천주'를 존재론적으로 파악함과 동시에 『용담유사』에서는 '시천주'를 통하여 인간의 실천적 자각이라는 종교적 차원을 제시함으로써 궁극적·절대적 가치를 인간의 내면에서 찾고 있다.

 수운은 지금까지 막연하게 믿어오던 한울님을 내가 모시고 있

---

9) 『東經大全』, 「論學文」; "侍者 內有神靈 外有氣化 一世之人 各知不移者也."
10) 『東經大全』, 「論學文」; "稱其尊而與父母同事者也."

다고 함으로써 한울님에 대한 새로운 인식을 보여준다. 이것이 용담유사에서는 보다 구체적으로 드러나고 있다. 「도덕가」에서는

> 천상에 상제님이 옥경대 계시다고 보는 듯이 말을 하니 음양이치 고사하고 허무지설 아닐런가

라고 하여 사람들이 하늘 어딘가에 초월적인 절대자가 있다고 생각하는 것을 명확하게 비판하고, 또 「교훈가」에서도

> 나는 도시 믿지말고 한울님만 믿었어라. 네 몸에 모셨으니 사근취원 하단말가

라고 하여 시천주는 바로 내 몸에 모신 한울님이란 뜻을 확실히 밝히고 있다. 따라서 수운은 또 외재적·초월적 존재로서의 한울님이 아닌, 바로 내 몸에 모신 한울님을 믿으라고 하였다.

따라서 『동경대전』과 『용담유사』를 통하여 파악된 동학의 한울님은 형이상학적 실체의 의미가 아니다. 외재적이며 초월적 존재는 더욱 아니다. 천지만물을 만들어놓고, 다시 그 안에 들어가 쉼없이 천지만물을 생성·변화시키며, 안으로는 신령한 마음이 되고 밖으로는 신령한 기운이 되어 일마다 간섭치 아니함이 없고 일마다 명령하지 않음이 없는 신령하고 무궁한 존재이다. 그러므로 『동경대전』에서 '시천주'에 대한 존재론적 의미를 밝혔다면 『용담유사』는 종교적 자각과 실천을 강조한 것이다. 즉 동학의 핵심이라고 할 수 있는 '시천주'의 개념 속에는 바로 천지만물이 이루어진 근본과 이를 깨닫는 종교적 실천이 함께 들어 있음을 알 수가 있다.

수운은 이런 한울님의 이해를 바탕으로 '天地'·'鬼神'·'陰陽' 등도 이런 한울님의 다른 표현이라고 밝히고 있다. 이런 용어들은 『周易』에서 중요한 의미로 사용되어 이후의 학자들에게 많은 관심을 불러일으켜 왔지만, 程朱 性理學에 와서는 天의 理的 측면을 강조하면서 天의 靈活한 측면이 간과되어 왔다. 이것을 수운은 시천주의 이해에 바탕해서 천지와 귀신, 음양의 개념을 새롭게 설명해내고 있다. 「논학문」에서 이미 "鬼神者도 吾也"[11] 라고 하여 지금까지 귀신이라 실체가 바로 한울님의 영의 작용임을 밝혔다. 그런데 『용담유사』에서는 이를 좀 더 자세하게 다시 설명하고 있다.

> 사람의 수족동정 이는 역시 귀신이오 선악간 마음용사 이는 역시 기운이오 말하고 웃는것은 이는 역시 조화로세. 그러나 한울님은 지공무사 하신마음 불택선악 하시나니 효박한 이세상을 동귀일체 하단 말가.[12]

한울님이 단순한 리가 아니라, 천지의 기운이며, 모든 조화의 실체이며, 또한 사람의 몸 안에 영기로써 간섭하여 우리의 모든 수족동정을 움직이게끔 해주신다는 것이다. 그러니 사람의 모든 행동이 한울님 조화로서 이루어지는 것이다. 마음작용 조차도 마찬가지다. 그러나 이 말은 모든 정신작용과 육체작용을 한울님이 통제하고 결정한다는 말이 아니다. 한울님은 지극히 공변되어 사사로움이 없는 마음이며, 인간의 상대적 선악개념을 넘어서 '不

---

11) 『東經大全』, 「論學文」.
12) 『용담유사』, 「도덕가」.

擇善惡'한 존재이다. 인간의 선악과 화복을 미리 정해서 명하고 주재하고 섭리하는 절대자로서의 한울님이 아니다. 모든 선악과 화복의 결정자는 우리의 마음이다. 다만 그것을 이치에 맞게 이루어주는 분이 한울님인 것이다.13)

이렇게 『용담유사』에서는 『동경대전』의 시천주 개념을 더욱 명확하고 구체적으로 설명하면서 동학의 한울님이 유학의 천 개념과도 다르며, 기독교의 신개념과도 다름을 밝히고 있다. 이제 동학의 가장 특징인 마음공부를 『용담유사』안에서 어떻게 이야기하고 있는지 살펴보자.

4. 실천적 마음공부

1) 전통적 심학

『동경대전』에는 心學이란 표현이 보이지 않는다. 따라서 『동경대전』만 보아서는 동학의 마음공부가 뭔지 또 어떻게 해야 하는지 구체적으로 알긴 어렵다. 단지 '守心正氣'와 '誠敬信'을 강조하고 있을 뿐이다. 그러나 『용담유사』에는 마음공부를 권하고 있는 구절이 많이 보이며 그 구체적인 방법까지도 제시하고 있

---

13) 물론 동학의 한울님은 인격적인 의미가 강하고, 그런 점에서 기독교의 신관과 비슷한 점도 있지만, 동학의 한울님은 기독교에서처럼 초월적이고 절대적인 존재로만 이해되지 않고, 때로는 理로 때로는 기운으로, 그리고 때로는 심령으로 이해된다. 그리고 한울님이 선악을 구분하지 않고, 선악을 비롯한 모든 운명을 결정하는 존재는 우리 인간의 몫으로 돌리고 다만, 한울님은 그것이 인과의 이치에 맞게 이루어주시는 존재로 이해하는 것이 동학의 한울님 개념의 특징이다. 여기에 동학의 인본주의의 특징이 있다고 하겠다.

다. 그런데 心學이라고 하면 흔히 陽明의 心學을 생각하곤 하는데 동학의 심학은 양명의 심학과는 어떤 차이가 있는지를 우선 밝혀야 할 것 같다.

수운은 제자들에게 동학은 객관적 지식을 추구하는 학문이 아닌, 현인군자가 되는 공부 즉 道成立德을 위한 공부임을 천명하였다. 또한 많은 글이나 책을 필요로 하지 않는 마음공부임을 밝혀 누구나 할 수 있는 쉬운 공부라고 강조한다.

> 열세자 지극하면 만권시서 무엇하며 심학이라 하였으니 불망기의 하였어라
> 현인군자 될것이니 도성입덕 못미칠까 이같이 쉬운도를 자포자기 하단말가14)

여기서 열세 자는 동학의 주문이며 만권시서는 당시 사대부들이 '修己治人'을 위하여 읽어야 할 수많은 경전과 책을 말한다. 朱子學的 전통에 따르면 독서는 유학의 궁극목표인 '道成立德'을 위한 필수적인 학문방법이다. 그러나 수운은 열세 자 주문이 만권시서를 대신 할 수 있다는 파격적인 선언으로 소수 지식인에게만 열려 있던 현인화·군자화의 길을 만인에게 제시하였다. 사실 만권시서를 통한 주자의 공부방법은 현실적으로 많은 제약이 따른다. 따라서 유학이 추구하는 도성입덕의 길을 지식인에 국한시키고 말았다. 그러나 수운은 도성입덕을 위한 방법으로 객관적 지식을 추구하기보다는 마음공부를 강조한다. 이는 '性卽理'를 주장한 주자의 理學을 비판하고 '心卽理'를 주장한 陸象山[陸九

---

14) 『용담유사』, 「교훈가」.

淵: 1139~1192)의 心學과 일맥상통한다..

육상산은 자신의 철학체계를 '心學'이라고 하였으며 학문이 진실로 근본을 아는 것이라면 절대로 문자만을 씹거나 지리한 注疏에 매달려서는 안된다고 보아 '道問學' 공부에 편중하는 주자의 방식이 그 체계가 비록 방대할지라도 道體를 밝힐 수 없으며 도리어 학문을 왜소화시켜 문자해석의 유희로 변한다고 비판하였다. 즉 理學은 선비들에게 오직 옛 성현의 책을 읽는 것만을 중시하고 주관정신의 수양을 소홀히 하는 폐단을 조성하기 때문에 "마음이 곧 理이다"는 명제를 제출하여 독서에 의존하기 보다는 나의 본래 마음을 밝히는 '簡易工夫'에 힘쓸 것을 주장하였다.

나아가 육상산은 "우주가 곧 내 마음이고 내 마음이 곧 우주"15)라고 하여 모든 理가 내 마음에 본래 갖추어져 있다고 하였으며, "학문을 함에 진실로 근본을 알게되면 六經은 모두 나에 대한 해석이다"16)라고까지 말한다. 그러므로 마음밖에 따로 理가 없으며 마음이 바로 理라고 주장하였다.

> 마음이란 하나의 마음이요 이치란 하나의 이치이다. 지극히 타당한 것은 하나로 귀결되고 정밀한 의리는 둘이 아니다. 이 마음, 이 이치는 실로 둘이 있을 수 없다.17)

> 사람에겐 모두 이 마음이 있고 마음에는 모두 이 이치가 갖추어져있으니, 마음이 곧 이치이다.18)

---

15) 『象山全集』 권22, 「雜說」; "吾心便是宇宙, 宇宙便是吾心."
16) 『象山全集』 34권, 「語錄」.
17) 『象山全集』; "蓋心一心也 理一理也 至當歸一 精義無二 此心此理 實不容有二."
18) 같은 책 권11, 「與李宰」.

이처럼 朱子와 陸象山은 理를 다르게 이해함으로써 학문하는 방법이 달라졌다. 두 사람의 대표적인 논쟁은 鵝湖寺에서 이루어졌는데, 주자는 사람으로 하여금 널리 많은 책을 보고서 요약처에 귀착케 해야 함을 말하였고, 육상산은 먼저 사람의 '本心'을 밝힌 뒤에 博覽케 해야 한다고 하였다. 주자는 육상산의 교육방법을 太簡이라 배척하였고 육상산은 주자를 지루하다고 비난하여 둘의 의견은 서로 합쳐질 수 없었다19)고 전한다. 육상산의 사상체계는 뚜렷한 특색을 지니고 있는데 '明心'을 근본으로 삼고 그 이외에는 모두 지엽적인 것으로 생각하였다는 점이다. 육상산의 심학은 객관세계를 인식하거나 개조하기보다는 內省이라는 도덕수양을 학문의 유일한 내용으로 삼고있는 것이다.

육상산을 계승하여 心學이라는 명칭을 본격적으로 사용한 사람은 明의 王陽明이다. 왕양명은 『象山文集』의 서문에서 '聖人의 학문은 心學'이라고 정의하고, 堯·舜·禹가 서로 주고받은 것은 바로 人心·道心에 관한 것이었으며, 이것이 孔孟 心學의 근원이라고 하여 심학의 계통을 세웠다.20) 그의 철학은 四句敎로서 대표할 수 있는데 "선도 없고 악도 없는 것은 심의 체요, 선도 있고 악도 있는 것은 意의 움직임이요, 선을 알고 악을 아는 것은 良知요, 선을 하고 악을 제거하는 것이 격물이다"라고 하여 이론적으로 방대한 朱子의 理學체계에 대항하였다.

朱子는 학문방법으로 '居敬'과 '窮理'를 제시하여, 居敬이 우리의 마음속에 있는 선천적인 도덕률을 지키는 것이라면 窮理란

---

19) 『宋元學案』 권77, 「槐堂諸儒學案, 朱亨道傳」.
20) "聖人之學 心學也 堯舜禹之相授受曰 人心惟危 道心惟微 惟精惟一 允執闕中 此心學之源也."

객관적인 사물의 존재근거를 끝까지 탐구하여 豁然貫通하는 것이다. 왕양명은 心과 事物을 분리시켜 밖에서 그 원리를 탐구하는 주자의 격물치지를 비판하고 心을 떠나 어떠한 原理도 존재하지 않는다고 주장한다. 그러므로 마음의 본체인 良知를 현실사회에서 구체적으로 실현하는 '致良知'를 제시하였던 것이다.

2) 동학의 마음공부

수운은 "도성입덕하는 법은 한가지는 정성이오 한가지는 사람이라"21)고 하였다. 따라서 도성입덕을 위해서는 정성·공경·믿음이라는 나의 구체적인 마음과 실천이 중시되고 있다. 또한 수운에게 있어서 도덕을 닦는 것은 자신에게 모셔져 있는 한울님을 깨닫는 것이며 또한 믿는 것이다. 그것은 바로 한울님이 나의 근본인 동시에 도덕의 근본이라고 파악하고 있기 때문이다.

> 나는도시 믿지말고 한울님을 믿었어라 네몸에 모셨으니 사근취원하단말가 내역시 바라기는 한울님만 전혀믿고 해몽못한 너희들은 서책은 아주폐코 수도하기 힘쓰기는 그도 또한 도덕이라.22)

그러므로 한울님과 도덕을 말함에 있어 사람을 떠나 따로 있지 않음을 강조하고 있다. 따라서 지금까지 한울님과 도덕을 외재적인 것으로 파악하여 글로 배우고 말로 가르치려고 한 모든 학문을 비판하였다. 동학은 한편으로는 자신의 몸과 마음으로 한

---

21) 『용담유사』, 「교훈가」.
22) 『용담유사』, 「교훈가」.

울님을 체험함으로서 깨달음을 얻고, 또 한편으로는 깨달음을 통하여 도성입덕을 추구한다. 내 몸과 마음을 둘로 갈라놓을 수 없는 것처럼 한울님과 도덕을 별개로 파악하지 않는다. 사실 유학에서도 공자는 踐仁知天을 말하였고 맹자가 盡心·知性·知天을 말하였으며, 宋明에 이르러 양명은 心을 우주의 본체로 설명하기도 한다. 그러나 선진유학에서 강조되어 온 도덕실천은 程朱 성리학에 와서는 점점 이론화·관념화되고 만다. 동학은 이런 유학의 폐단을 극복하여, 구체적 인간의 마음을 통하여 도덕을 가르치고자 하였다.

수운에게 있어서 心은 인식의 대상이 아니라 체험의 대상이다. 그러므로 수운은 '한울님을 믿으라'고 한다. 그리고 한울님이 '네몸에 모셔져 있다'고 함으로써 인간을 떠난 초월적 대상이 아님을 밝혔다. 수운은 경신년 4월 5일 한울님의 소리를 듣는 종교체험을 통해 '오심즉여심'이라는 깊은 종교적 깨달음을 얻었다. 이렇게 모든 근원을 마음으로 보는 데서는 양명과 흡사하지만, 이 마음은 陸王의 本心이나 良知와는 다른, 실제로 인간에게 가르침을 주기도 하고, 기운이 내려 온몸이 떨리는 체험을 주기도 하는, 즉 종교학에서 말하는 궁극적 존재가 내재화된 心靈인 것이다.

수운은 득도라고 하는 신비체험을 거친 후 마음상태의 큰 변화를 가져왔다. 그것은 지금까지 지내온 자신의 삶의 의미가 완전히 바뀌는 놀라운 경험이다. 더구나 객관세계인 자연과의 관계가 모두 새롭게 변하는 벅찬 감동을 느끼고 있으며, 이러한 광경은 그가 득도 후 맨 처음 지었다는 「용담가」에 잘 나타나고 있다. 처음에 용담으로 들어올 때의 심정은

불효한 이내마음 그아니 슬플소냐 오작은 날아들어 조롱을 하는듯고
송백은 울울하여 청절을 지켜내니 불효한 이내마음 비감회심 절로난
다…

라고 하였다가, 득도의 체험 후에는 다음과 같이 변한다.

천은이 망극하여 경신사월 초오일에 글로어찌 기록하며 말로어찌 성
언할까
만고없는 무극대도 여몽여각 득도로다…
기장하다 기장하다 이내운수 기장하다 구미산수 좋은승지 무극대도
닦아내니
오만년지 운수로다 만세일지 장부로서 좋을시고 좋을시고 이내신명
좋을시고…

오랜 구도생활을 하였으나 뜻을 이루지 못하고 고향인 구미용담으로 돌아오는 수운과 득도후의 수운의 마음이 달라진 것이다. 먼저 슬픔과 비통함과 회한이 "좋을시고 좋을시고 이내신명 좋을시고"로 변하였으며, 고향의 구미용담과 산천초목이 새로운 모습으로 다가오고 있다. 수운은 자신의 마음상태와 자기 삶의 의미와 객관적 자연이 서로 분리되어 있지 않다는 것을 온 몸과 온 마음으로 체험하고 있는 것이다.

동학은 모순된 현실, 열악한 현실에서 그 현실을 직시하면서 그 속에서 최선의 삶의 지혜와 그것을 극복할 수 있는 마음의 힘을 얻고자 한다. 단순히 도덕적 이상만 추구하는 것이 아니라, 마음의 실상을 파악하고 변화시킴으로써 '待人接物'에서 실제적 변화가 일어나게끔 하는 것이다. 따라서 마음의 변화는 모든 갈등

과 대립을 해소할 뿐만 아니라 바깥세계와의 관계를 모두 새롭게 재정립하는 것이다.

동학은 학문상 방법에서 주자와 대립한 육구연과 왕양명의 심학적 전통과 많은 부분에서 공통점을 가지고 있다. 마음이 본래 하나라는 것, 또 이 마음에 모든 이치가 갖추어져 있다고 보는 것, 그러므로 학습을 통한 독서 등의 박학(博學)공부보다는 본심을 회복하는 마음공부를 중시하는 점, 수양을 중시하고 이론보다는 실천을 강조하는 것 등등 많다. 그러나 무엇보다 학문의 목적을 지식의 축적에 두지 않고 덕성을 함양하는데 두었다는 점이다. 이러한 점에서 수운의 심학은 陸王의 심학과 차이를 느낄 수 없다. 그러나 그 심에 대한 이해가 조금 다름을 위에서도 밝혔다. 육왕의 심이 도덕적 本心이라면, 동학의 심은 안으로는 내유신령으로 밖으로는 외유기화로 끊임없이 작용하면서 만물을 이루어 놓고 다시 만물 속에서 작용하는 '시천주'의 한울님을 말한다. 그러므로 동학의 심은 '內有神靈'으로서 창조성을 지닌 심이다. 즉 동학의 심은 창조적 원리인 동시에 창조성 그 자체인 것이다. 즉 우주적 본체로서의 심인 동시에 구체적으로 작용하는 靈活한 心이다. 따라서 陸王 심학이 도덕적 본심을 밝힌 공부라면, 동학의 심학은 "사람이 바로 한울님"인 것을 밝힌 것이다. 그러므로 양명의 수양론이 '지행합일'을 추구했다면, 동학의 마음공부는 '천인합일'을 추구하는 것이다.

그러면 이러한 변화는 어떻게 가능한 것일까? 그것은 바로 수운이 한울님으로부터 받은 '영부'과 '주문'공부를 통해서 이루어진다.[23] 수운은 "열세자 지극하면 만권시서 무엇하며 심학이라 하였으니 불망기의 하였어라"라고 하여 '주문공부'를 강조한다. 동학의 마음공부는 주문을 통해서 마음의 차원을 바꾸는 것이다. 즉 한울님 마음을 회복하는 것이다. 그런데 여기서 한울님의 마음을 이야기하면, 그냥 도덕적 천심 정도로만 생각하기 쉬운데, 여기서 한울님 마음은 내유신령으로서 활동하는 '신령'이기도 하다는 점에 주목하여야 한다. 주문공부를 통해서 한울님 마음을 회복한다는 것은 내 안의 활동하는 '신령'으로서의 한울님의 영과 하나가 된다는 말이기도 하다. 그리고 이 靈은 밖으로는 만물을 생성하고 변화시키는 기운이기도 하기 때문에 내 안의 한울님 靈을 자각한다는 것은 만물화생의 근본과 모든 생명의 기화작용까지도 깨닫는 의미이기도 하다.

수운은 귀신·기운·조화·마음·한울님을 별개가 아니고 하나임을 밝혔다. 근본이 한울님이며 지공무사하신 마음이 한울님이다. 또한 마음이 바로 귀신이고 마음이 조화라고 말할 수도 있다. 어떤 관점에서 보느냐에 따라 구분은 할 수 있지만 근본에서는 하나이다. 따라서 보이지 않는 귀신의 신묘한 조화작용에 의한 것이라고 믿어왔던 인간의 화복과 운명도 사실은 마음에서 발생한 것이다. 따라서 수운은 이렇게 마음의 변화에 따라 자기의 몸의 기운변화는 물론 생활 속에서의 화복과 운명까지도 스스로 주관할 수 있는 공부를 마음공부라고 한 것이다. 따라서 이것은 전통적 심학에서 윤리적 측면을 강조한 마음과는 조금 다르다. 유학이 마음을 윤리·도덕적 차원에서 접근하였다면 동학에 있어서는 마음을 천지만물의 근본으로서 도덕의 주체는 물론 화복과 운명의 주체가 됨을 밝혔다.

---

23)『東經大全』,「布德文」: "吾有靈符 其名仙藥 其形太極 又形弓弓 受我此符 濟人疾病 受我呪文教人爲我則 汝亦長生 布德天下矣."

따라서 이 마음공부의 구체적인 방법과 절차가 바로 '呪文'에 있는 것이며, 마음에서 일어나는 기운작용과 조화의 측면, 즉 한울님 마음의 작용적 측면을 '靈符'라고 한 것이다. 그러므로 동학의 마음공부를 한마디로 말하면, 주문과 영부를 통해 내 안에서 영으로 작용하고 계신 한울님을 깨달아 만물화생의 근본이치와 인생복록의 원천24)을 밝히는 공부인 것이다.

3) 구체적 실천지침 제시

수운은 이처럼 주문 열세 자에는 도성입덕을 위한 절차와 방법이 모두 들어 있기 때문에 성현의 가르침을 기록한 만권시서를 읽음으로써 깨닫는 것보다 오히려 속성이라고 말한다.

> 십년을 공부해서 도성입덕 되게되면 속성이라 하지마는 무극한 이내 도는 삼년불성 되게되면 그 아니 헛말인가25)

그러나 동학이 마음을 중시하고 마음에서 모든 것이 결정된다고 하더라도 전통적 심학과 다른 점은 그 마음의 근본을 한울님의 '내유신령'으로 이해하고 있기 때문에 종교적 '敬畏之心'을 강조하는 점이다. 동학은 이해의 차원에 머물지 않고 구체적 실천을 요구한다. 道와 德을 알려면 우선 '마음의 신령성'을 회복해야 한다. 그것은 곧 시천주를 통해서 '경외지심'을 회복하는 것이다.

---

24) 『해월신사법설』, 「영부·주문」; "呪文三七字 大宇宙 大精神 大生命 圖出之天書也「侍天主造化定」萬物化生之根本也「永世不忘萬事知」人生食祿之源泉也."
25) 『용담유사』, 「도수사」.

즉 한울님을 공경하고 두려워하는 마음이 있어야 한다. 그러므로 수운은 "아동방 현인달사 도덕군자 이름하나 무지한 세상사람 아는바 천지라도 경외지심 없었으니 아는것이 무엇이며"26)라고 하여 도와 덕은 지식의 차원이 아니라 '경외지심'이라는 마음의 차원으로 도달하는 경지라고 하였다. 따라서

> 번복지심 두게되면 이는 역시 역리자요, 물욕교폐 되게되면 이는역시 비루자요, 헛말로 유인하면 이는역시 혹세자요, 안으로 불량하고 겉으로 꾸며내면 이는역시 기천자라.27)

고 하는 구체적인 실천적 방법을 밝힌다. 이를 잘 지키고 실천하면 허다한 세상악질이 勿藥自效가 된다고 하였다. 이것이 바로 바로 동학이 추구하는 바의 마음공부의 목표이다. 동학에 있어 마음공부는 다만 개인의 수양을 위한 차원이 아닌 것이다. 동학에 있어서 나와 세상은 결코 둘이 아니다. 그러므로 허다한 세상의 질병은 곧 나의 질병이다. 수운은 이 세상 질병의 근본적 원인을 세상사람들의 '各自爲心'에 있다고 보았고, 이를 극복하는 방법으로 敬天 · 順天의 '敬畏之心'을 회복할 것을 들고 있다. 그리고 그 경외지심의 구체적 실천지침으로 위의 네 가지를 제시하고 있는 것이다.

　수운은 유학이 추구하는 윤리적 · 도덕적 차원의 인간완성에 머물지 않고, 우주적 존재로서의 인간과 우주적 차원의 삶을 말하고 있다. 따라서 수운은 이런 경지를 다음과 같이 노래하고 있다.

---

26) 『용담유사』, 「도덕가」.
27) 『용담유사』, 「도덕가」.

이글보고 저글보고 무궁한 그이치를 불연기연 살펴내어 부야흥야 비해보면 글도역시무궁하고 말도역시 무궁이라 무궁히 살펴내어 무궁히 알았으면 무궁한 이울속에 무궁한 내아닌가.28)

그러므로 수운이 말하는 심학은 도덕실천의 근원으로서 본심과 도덕실천의 방법을 문제삼는 유학으로서의 심학과 다르다. 수운은 유학의 수많은 경전이 도와 덕을 밝히고자 하였고, 도덕실천을 강조하지만 결국은 도와 덕을 알지 못하였다고 본다. 천도와 천명이라는 초월적 가치는 학문적·지식적 방법으로 파악되는 것이 아니라 인간의 '경외지심'을 통하여 드러날 뿐이라는 것이다. 그리고 그것의 구체적 방법은 위의 네 가지 실천지침으로 경외지심을 잃지 않고 항상 생활 속에서 지키고 실천하는 공부인 것이다.

5. 다시개벽의 시운관

『용담유사』에는 새로운 운수, 즉 개벽운수에 관한 구절들이 많이 보인다. 이런 개벽에 관한 언급은 『동경대전』에서는 거의 찾아볼 수 없는 것이었다. 수운은 여러 부분에서 '윤회시운'·'다시개벽'의 새로운 시운관을 제시하고 있다.

시운(時運)이 둘렀던가 만고없는 무극대도 이세상에 창건하니 이도

---
28)『용담유사』,「홍비가」.

역시 시운이라 …
차차차차 증험하니 윤회시운 분명하다.〔「권학가」〕
십이제국 괴질운수 다시개벽 아닐런가 요순성세 다시와서 국태민안
되지마는.〔「안심가」〕
개벽시 국초일에 만지장서 나리시고 십이제국 다버리고 아국운수 먼
저하네.〔「안심가」〕

이런 수운의 새로운 시운관이 의미하는 것이 무엇일까? 물론 암울한 시대에 백성들에게 희망을 주고자 유토피아적 미래를 제시했을 수도 있고, 그 당시 유행하던 『정감록』이나 『격암유록』 등의 비결서의 영향을 받았을 수도 있고, 유학의 『易』의 사상에 따라 '循環之理의 회복'의 역사적 필연성을 제시하는 것일 수도 있다. 그러나 동학은 단순한 전통적인 순환의 역사관은 아니다. 그리고 막연히 미래의 지상천국을 희망처럼 민중들에게 던져서 지금의 고난을 참고 이겨내자는 위무책도 아니다.

수운은 전통사상 및 당시 새로운 종교인 서학조차도 인간의 구체적이고 현실적인 삶의 문제를 해결할 수 없다고 보았다. 추상적·초월적 가치를 추구하는 종교사상은 '허무지설'에 불과하다는 것이다. 수운은 철저히 '지금 여기'를 주목하고 있다. '지금 여기'에서 살아가는 '인간의 삶'을 통하여 절대적 경지를 열어내고자 하였다. 그러므로 '효박한 이세상' 과 여기에서 살아가는 '인간의 삶'을 끝까지 문제삼고자 한다. '인간의 현실적 삶' 즉 구체적인 생활을 떠난 그 무엇도 무의미하다고 본 것이다. 따라서 수운은 마음을 중시한다. 모든 사람들이 제 몸 안에 모신 한울님을 깨달아서 경외지심으로 공경함으로써 그 한마음으로 돌아갈 것을 역설한다.

시운을 의논해도 일성일쇠 아닐런가 쇠운이 지극하면 성운이 오지 마는 현숙한 모든 군자 동귀일체 하였던가.〔「권학가」〕

성운이 오는 것이 중요한 것이 아니라 모든 사람들이 한울님 본 마음으로 돌아가는 것, 한 이치로 돌아가는 것이 중요한 것이다. 그래서 다시 개벽의 세상은 모든 사람들이 현인·군자가 되고, 따라서 삶의 가치와 양식이 변화됨으로써 열어내는 새 세상이요 새 문명인 것이다.

6. 맺음말

지금까지 『용담유사』에 나타난 철학적 특징들을 살펴보면서 첫째로 대중화·생활화를 추구하였다는 점과 둘째, 시천주의 개념을 명확히 했다는 점. 셋째, 마음공부라는 것을 제시하면서 구체적인 마음공부의 방법을 통한 동학적 수양론을 폈다는 점. 넷째, 동학의 시운관을 밝히면서 동학의 다시개벽은 역사의 당연법칙으로서 주어지는 것이 아니라 지금 여기에 살고 있는 우리 모두가 근본을 깨쳐서 현인군자가 됨으로써 이루어지는 것임을 밝히고 있다. 다시 말해 정신개벽이 되고 동귀일체가 됨으로써만 가능하다는 것이다. 따라서 미래의 어떤 시점이 아니라 지금 여기를 살고 있는 우리의 주체적 노력 그리고 우리의 마음자세·마음공부 문제라는 것을 밝혔다.

사실 동학은 철학적 반성을 위주로 한 철학적 사유물이 아니다. 수운은 기존의 유·불·선을 비판, 극복하면서 동학의 고유한 철학적 체계를 세우기 위한 노력보다는 다만 모든 사람들이 현인군자가 될 수 있는 길이 무엇인가를 제시하고있다. 따라서 심학으로서의 동학은 현인군자가 되는 실천적 공부인 것이다. 원래 공자의 원시유학도 성인이 되는 학이었다. 그런데 그것이 송명에 와서는 불교와 노장의 영향으로 형이상학화되고 철학화되었다. 그러므로 학문적으로는 엄밀해지고 발전했지만 정말 성인지학으로서의 유학의 본래의 정신은 오히려 잃어버렸는지도 모른다. 더욱 조선의 유학은 주자학 일색으로 지식을 강조함으로써 소수 지배계층의 전유물이 되고 말았다. 수운은 '시천주'라는 새로운 인간관을 제시함으로써 당시 소외되고 천대받던 민중들을 향하여 새로운 비전을 제시하였다. 또 심학이라는 새로운 학문방법을 통하여 누구나 '성인화' '군자화'의 길을 걸을 수 있게 한 것이다. 즉 만인평등과 만인의 군자화를 추구하며 그것을 통해 '다시개벽'의 새로운 세상을 열어내고자 한 근대지향적 사상이라고 할 수 있다.

보 론

동학의 문명관 ▷ 김정의
동학의 신관 ▷ 박경환
동학의 인간관 ▷ 이명남
동학의 도덕적 평등주의 ▷ 오문환
동학의 사회관 ▷ 노태구
동학의 정치사상으로서의 재조명 ▷ 양병기

동학의 문명관

김정의*

1. 머리말

　문화는 차이, 문명은 진보의 차원에서 선명하게 구분된다. 그런데 문명은 적어도 문자·도시·종교를 구성요소로 하고 있다. 그럼 한국은 문명을 이루었는가? 문자와 도시는 확실한데 종교가 취약점은 아닌지? 물론 불교를 집대성하고, 성리학을 완성했다는 것은 자랑스러운 일이다. 그런데 어떤 영문인지 개운치 않다. 왜일까? 아무리 집대성하고 완성했다 해도 그것은 원초적으로 외래수입품이기 때문이다. 여기에 민족자존의 문제가 있는 것이다.
　그런데 우리들에겐 동학이라는 종교를, 그것도 人乃天이라는 宗旨를 갖춘 고등종교를 갖고 있다. 불교의 慈悲, 유교의 仁義, 기독교의 사랑을 익히 알고 있지만 한국의 최제우는 侍天主에 터하여 "사람 섬기기를 한울님 섬기듯 하라〔事人如天〕"는 경지에 이른 동학을 1860년 창도한 것이다. 동학의 교리를 살피면 인류구원의 이상을 갖춘 보편적 고등종교임이 명백하다. 그렇다면 한국

---

* 한양여대 교수(사학)

은 문명의 제조건을 두루 갖춘 문명단계의 나라임도 부수적으로 드러난다.

어쨌든 이와 같은 동학사상은 한민족에게 커다란 중심사상이다. 또한 동학의 역사는 창도후 동학민중혁명운동·갑진개화운동·3·1민주혁명운동을 주도함으로써 한국역사의 중추를 형성하였다. 그런데 동학의 사상이나 운동에는 현대의 차원에서 보아도 전혀 손색이 없는 문명관이 발견되고 있다. 그 문명관은 정신적인 측면에서 그리고 물질적인 측면에서 모두 근대적인 요소를 갖추고 미래지향적이었다. 그것은 인간존중·自然畏敬·개명진보 문명관에 잘 나타나 있다. 그러나 동학이 우려했던 대로 서구문물이 봇물처럼 유입된 작금 各者爲心이 만연함으로써 인간성이 말살되고, 생태계가 파괴되고, 군사기술·공해산업이 난무하여 지구존망의 기로에 이르게 되었다.

따라서 이 같은 시점에서 새로운 즈믄해를 맞으며 동학의 문명관을 조망해 보는 것은 인간성을 근원적으로 회복하고, 연결된 고리로서의 생태계에 대한 외경심을 되찾고, 평화산업을 이룩하는 데에 일정한 도움이 될 것으로 생각된다.

2. 인간존중문명관

우리 민족은 오랜 옛 날부터 고유사상인 天神信仰을 지녀오면서 고대·중세·근세를 거치면서 유·불·선을 수용하였다.1) 근세후기에는 西勢東漸 속에 천주교가 전래되는 혼란 속에 불안과 희망이 뒤섞였다. 이러한 상황에서 민족적인 전통사상의 바탕 위에 이제까지의 모든 종교사상을 수용하는 새로운 종교가 탄생했으니 이것이 곧 東學의 창도이다. 이는 분명 새로운 文明開闢의 출발을 알리는 신호로 작용되었다.

동학은 물론 水雲 崔濟愚(1824~1864)가 神[ᄒᆞ눌님(한울님:天主)][2])에 계시를 받아 1860년 4월 5일[3]) 창도한 데서 비롯된다.[4]) 이 해가 바로 布德원년이다. 그는 한울님의 말씀을 빌어 동학이 창도되던 당시의 시점을 '개벽 후 오만 년'으로 규정하였다. 그리고 창도를 '다시개벽'을 이끌 만고에 없는 無極大道로 확신하였다. 『동경대전』에 의하면 한울님께서 수운에게 天道를 내리면서,

나의 마음이 곧 네 마음이니라.[日吾心則汝心也][5])

라고 깨우쳐 주었다 한다. 수운은 이 말을 듣고 정신에 기운이

---

1) 동학은 한국고유사상을 기저로 유·불·선과 기독교 교리까지 수용하여 창도하였다. 그런데 한국 고유사상은 도대체 무엇일까. 그것은 申采浩의 소론에 의하면 郎家思想[花郞道]이다. 그런데 화랑도 등장시에도 고유사상에 기저를 두고 유·불·선을 종합하여 화랑도를 만들었음을 알 수 있다. 여기서 말하는 고유사상을 崔致遠(857~?)은 「鸞郞碑序」에서 '玄妙之道'라고 지적하였다. 그렇다면 '현묘지도'는 과연 무엇일까. 그것이 동학에서 말하는 천신사상과 일맥상통하는 것은 아닐까. 마침 李瑄根은 그의 『화랑도 연구』에서 동학사상이 화랑도에서 연원되었다고 주장하였다. 이제 무엇인가 감이 잡힐 것 같다. 동학의 천신사상이 바로 한국의 고유사상이다. 따라서 그것은 필시 화랑도와 상통하고 더 소급하면 현묘지도, 즉 開天시의 '弘益人間' 내지는 '理化世界'에 가서 脈이 닿지 않을까 생각한다.
2) 표영삼, 「동학의 종교사상」(『동학연구』 창간호, 한국동학학회, 1997), p.114; 동학의 神호칭은 'ᄒᆞ눌님[한울님]'이고 한자로 표기할 때 '天主'라고 번역해서 쓴다.
3) 천도교에서는 최제우가 동학을 창도한 원년을 기원원년으로 삼고 '布德'이라는 기원을 사용해 오고 있다. 따라서 올해[단기 4334년/서기 2001년]는 포덕 142년에 해당된다.
4) 오지영, 『동학사』(영창서관, 1940), pp.19~22.
5) 『동경대전』, 「논학문」, p.28.

들고 밝고 밝은 광명을 얻었다. 그리하여 다음 해에는 무극대도의 이치가 侍天主(한울님을 모신다)임을 터득하고 온누리에 널리 포덕하기 시작하였다. 포덕한 지 3년째 되던 해(1863) 海月 崔時亨(1829~1898)에게 道統을 전수하고 체포되어 다음해에 殉道당하였다. 그 동안 수운은 「龍潭歌」·「敎訓歌」·「布德文」 등을 펴냈다.6)

전술처럼 수운이 득도한 기본이념은 시천주 사상이다. 수운은 스스로 시천주의 개념을 설명하였는데,

> '시'라는 것은 안에 신령이 있고 밖에 기화가 있어 온세상 사람이 각각 알아서 옮기지 않는 것이요, '주'라는 것은 존칭해서 부모와 더불어 같이 섬긴다.7)

는 것이라고 하였다. "한울님을 모신다"는 것은 바로 한울님의 전능과 전지가 통할 수 있는 종교 경지인 것이다.8) 이 시천주 사상은 제2세 교주 최시형에 의하여 養天主로 재해석하고 人是天9)을 명제로 하는 事人如天사상으로 발전시켰다.10) 제3세 교주 義菴

---

6) 오익제, 「동학사상의 태동」(『동학혁명100년사』 上, 동학혁명100주년기념사업회, 1994), pp.111~112.
7) 『동경대전』, 「논학문」, p.34.
8) 최동희, 「한국 전통신앙과 동학」(『동학혁명100년사』 上, 동학혁명100주년기념사업회, 1994), p.87.
9) 『동경대전』, 「천지인·귀신·음양」, p.268: "사람이 바로 한울이요 한울이 바로 사람이다. 사람 밖에 한울이 없고 한울 밖에 사람이 없느니라. 마음은 어느 곳에 있는가 한울에 있고, 한울은 어느 곳에 있는가 마음에 있느니라. 그러므로 마음이 곧 한울이요 한울이 곧 마음이니, 마음 밖에 한울이 없고 한울 밖에 마음이 없느니라."
10) 황선희, 『한국근대사상과 민족운동 I』(도서출판 혜안, 1996), p.70.

孫秉熙(1861~1922)에 의해서는 人乃天이라고 근대적으로 표현되었는데11) 모두 시천주 개념에 근거를 두고 있다.

시천주의 단어가 뜻하듯이 사람은 한울님을 모시고 섬기는 위치에 있으므로 한울님은 항상 사람보다 높으시고 위대하며 사람은 한울님보다 낮은 존재라는 것이 명백하다. 그러나 동학에서는 한울님을 內在的 신으로 여겼다.

> 나는 도시 믿지 말고 한울님을 믿었어라. 네 몸에 모셨으니 捨近取遠하단말가.12)

라고 수운은 강조하였다. 이 같은 '시천주'사상 속에는 인간의 존엄성과 평등성의 의미가 충분히 함축되어 있다. 수운은 그의 생활에서 평등사상을 실천하였다. 부인도 한울님이라 하여 여성평등 개념을 실천에 옮겼다. 즉 득도 이후 최초의 포교대상을 바로 자신의 부인으로 삼아 도의 경지에 이르기 위해 부인에 대하여 지극한 공경을 다하였다. 또 두 女婢를 해방시켜 한 사람은 며느리로 삼고 한 사람은 자기 딸로 삼은 것이 그 예이다.

수운은 이러한 여성에 대한 자신의 인식을 '家和論'으로써 피력하고 있다. 수운의 '가화론'은 가정이 화목해야 도의 경지에 이를 수 있으니 가정의 화순을 위해 노력해야 한다고 주장한 것으로 가정의 주체는 부인이므로 화순이 곧 가화의 기본이라 한 것이다. 특히 그는 가도가 화순치 못한 것은 가장의 잘못이라고 하였다. 가정을 버리고 도와 덕은 있을 수 없고 도를 얻기 위해서

---

11) 이돈화, 『천도교창건사』(천도교중앙종리원, 1933), p.66.
12) 『동경대전』, 「교훈가」, p.142.

는 가화가 필수임을 가르친 것이다. 이 때 가정의 화순은 남편들이 부인에게 성심으로 대함으로써 얻을 수 있고 이것이 부족하면 더욱 성의를 다하며 부인을 공경함으로 가화를 얻을 것을 강조하였다.13)

그리고 수운은 "부하고 귀한 사람 이전 시절 빈천이요 빈하고 천한 사람 오는 시절 부귀로세"14)라고 후천개벽 문명을 제시함으로써 민중층에게 강한 희망을 안겨주고 인간의 존엄성과 평등을 강조하였다. 즉 班常・奴主・嫡庶・男女의 차별을 부정하는 인간평등사상을 창출한 것이다.15) 이는 모든 사람이 한울님이니 인간이 누려야 할 권리는 누구도 침해하거나 박탈할 수 없다는 인간존중문명관에 바탕을 둔 것이다. 그것은 구체적으로 봉건적 신분차별을 타파한 인간평등사상 내지는 인간존중문명관을 제고한 것이라 하겠다.16)

같은 차원에서 최제우는 제자들에게 참된 상하귀천은 富와 교육과 사회적 배경과 지위에 의거한 것이 아니고, 도덕적 인격에 의존하여, 모든 사람을 동등하게 존경해야 한다고 가르쳤다.17) 이처럼 당시 민중이 요구하는 열망이 무엇인가를 알고 출발함으로써 일반 민중으로부터 환영을 받았는데 그 기반은 바로 인간존중의 문명관이었던 것이다.

수운은 '시천주' 사상을 계속 키워나갔다.

---

13) 황묘희, 「수운 최제우의 여성관」(『동학연구』, 한국동학학회, 1998), p.103.
14) 「교훈가」.
15) 황묘희, 앞의 논문, p.106.
16) 황묘희, 앞의 논문, p.103.
17) 백세명, 『동학사상과 천도교』(동학사, 1956), pp.122~123.

입도한 세상사람 그 날부터 군자되어, 무위이화될 것이니 지상신선
(地上神仙) 네 아니냐.18)

고 마음 속에 한울님을 모시는 신자가 되기만 하면 군자나 지상
신선이 될 수 있음을 노래했다. 그는 동학교도들과 작별을 고하
고 피신하면서도 '시천주'의 기본사상을, "열석자 지극하면 만권
시서 무엇하리"19)라고 하면서 13자의 呪文20)을 다음과 같이,

시천주조화정영세불망만사지(侍天主造化定永世不忘萬事知)21)

라고 설파하여 한울님을 모신다는 강력한 의지를 표명하였다. 13
자의 주문 속에는 한울님을 정성껏 받들고 따른다는 敬天과 尊天
의 의미가 담겨져 있는 것이다.22)
 "나의 마음이 곧 네 마음이다." '시천주'의 사상으로 수운은 드
디어 모든 인간의 위치를 한울님과 같은 반열에 올려놓았음을 알
수 있다. 그는 스스로 여비를 해방하여 며느리와 딸로 삼았다. 그
의 이 같은 大覺은 이제껏 인간 이하의 대우를 받아오던 소년과
여성에게도 해방의 소식으로 받아들여졌다. 실제로 해월은 수운

---

18) 「교훈가」.
19) 「교훈가」.
20) 『동경대전』, 「논학문」: 주문은 원래 스물한 자(21자)로 되어 있는데 8자로 되어
  있는 앞 구절[至氣今至願爲大降]과 13자로 되어 있는 뒷 구절로 나뉘어져 있다.
21) 『동경대전』, 「주문」, p.70 : 최동희, 앞의 책, 「한국 전통신앙과 동학」, p.87:
  "한울님을 모시면 조화가 이루어지고 한울님을 길이 잊지 않으면 만사가 깨달아
  진다."
22) 이항령, 「동학의 우주관」,(『동학혁명100년사』 上, 동학혁명100주년기념사업회,
  1994), p.195: "우주는 지기로서 구성되었고 인간은 천주를 모시고 있으며 세계
  는 장차 지혜로운 방향으로 나아간다."

의 '事人如天〔한울님을 섬기듯 사람을 섬겨라〕' 가르침을 소개하고 발전시켜 어린이나 여성에게도 '사인여천' 이념을 행하였다.23) 특히 최제우의 가화론을 夫和婦順으로 승화시켰다. 그는 부화부순을 도의 근본으로 여겼는데 이는 부부를 우주의 주체로 보았기 때문이다.24) 한편 김기전은 어린이에게도 존댓말을 쓰기 시작했고,25) 방정환은 아예 어린아이의 명칭을 '어린이'라는 존칭어로 널리 보급하여 모든 이가 어린아이를 '어린이'로 사용하는 풍토를 조성하는 데 크게 기여하였다.26) 이는 모든 사람을 존경하라는 동학의 이념을 구현하는 것에 다름 아니다.

이처럼 동학은 '나의 마음이 곧 너의 마음'에서 창도하여 '시천주'사상을 교리로 삼았으니 '사인여천'은 동학의 당연한 귀결점이 될 수밖에 없었다. 따라서 '사인여천'은 근대적인 인간존중 문명관의 本旨라고 여겨진다.

3. 자연외경문명관

自然의 본태는 우주에 저절로 태연스럽게 있을 수밖에 없는 필연적인 모습으로 여기에 더하지도 않고 덜하지도 않고 있는 그대로 있게 하는 것이다.27) 그런데 한국은 오랫동안 자연의 본태

---

23) 오지영, 『동학사』(대광문화사, 1984), p.79.
24) 『해월선생법설주해』, p.132.
25) 김석범, 「나의 아버지 소춘 김기전」,(『신인간』 547, 신인간사, 1996), p.44.
26) 김정의, 『한국의 소년운동』(도서출판 혜안, 1999), p.58.
27) 배영기, 「동학과 생명 세계관의 조명」,(『신인간』 588, 신인간사, 1999), p.27.

에 손상을 입히지 않고 인간과 자연이 서로 의지하며 조화를 이루며 살아왔다.

이러한 자연중심적인 일원론적 비전을 깔고 있는 한국의 전통사상을 축으로 역시 같은 비전을 깔고 있는 유·불·선을 창조적으로 종합하여 창도된 동학은 생태학적 세계관의 모델이 될 수 있는 잠재력을 갖고 있다. 동학은 본질적으로 自然畏敬 문명관을 지니고 있음이 도처에서 발견되기 때문이다.

우선 동학은 그 교지가 '시천주'이다. 이를 최시형 때 이르러 '養天主'로 발전시킨 바 있다.

> 내 또한 五臟이 잇거니 어찌 물욕을 몰으리요마는 내 이를 하지안는 것은 한울을 養하지 못할가 누려워하노라. …그럼으로 내 평생에 外飾을 피하고 내실을 主하는 것은 오로지 한울을 양함에 유감이 없기를 기함이니라.28)

양천주는 한울의 마음을 기르는 것으로 해석할 수 있다. 다시 말하면 최제우의 守心正氣를 마음을 바르게 정하는 것으로 풀이한 것이 양천주이다.29) 좀더 구체화하여 보면 수심은 정신적 윤리도덕인 誠에 기준한 마음자세이고, 정기는 한울님과 모든 사물에 대한 禮의 태도로서 敬에 비중을 둔 身的 태도라고 할 수 있는데,30) 이를 승화시킨 것이 양천주라고 볼 수 있다.

해월은 양천을 위해 以天食天이 필요하다고 설파하였다.

---

28) 이돈화, 『천도교창건사』(천도교중앙종리원, 1933), pp.98~99.
29) 황선희, 『한국근대사상과 민족운동』(혜안, 1996), p.77.
30) 황선희, 「동학사상의 인본주의 성격」(『동학연구』 3, 한국동학학회, 1998), p.136.

이천식천은 천지의 대법이라. 物物이 또한 나의 同胞며, 물물이 또한 한울의 表顯이니 物을 공경함은 한울을 공경함이며, 한울을 양하는 것이니 천지신명이 物로 더불어 推移하는지라, 제군은 物을 食함을 天을 식함으로 알며 人이 來함을 천이 내함으로 알라.31)

이는 汎天論的 발상으로 한울로써 한울을 먹는다는 매우 역설적인 표현으로 한울인 사람이 한울인 물질을 먹는 경지를 일컬음이다. 즉 그는 생명의 물질적 그물망을 이해하고 이를 합리화했던 것이다. 즉「待人接物」에서 올바른 접물 또는 물질적 관계 형성은 모심에 있다고 하고 모심에는 한울님을 모심만 연상하나 모심에 대상은 한울님뿐 아니라 사람과 사물도 포함한다는 사실을 상기할 필요가 있다는 것이다.32) 그래서 양천에는 무엇보다 우선 먹어야 함을 역설하였다.

> 한울은 사람에 의지하고 사람은 먹는 데 의지하나니, 만사를 안다는 것은 밥 한 그릇을 먹는 이치를 아는 데 있느니라.33)

이 말은 양천의 정곡을 찌른 말로 평가할 수 있겠다. 먹지 않고는 살 수 없기 때문이다. 따라서 '생명은 먹거리'라고 할 수 있다. 그리고 밥 한 그릇이 내놓일 때까지를 잠시만 생각해도 食告를 안할 수 없게 될 것이다. 그래서 동학에서는 식고를 생활화하였다.

---

31) 오지영. 앞의 책. p.68.
32) 이돈화. 앞의 책. p.17 : 오문환.「동학의 생명사상. 영생과 생명의 그물망」(『신인간』 586. 신인간사. 1999). p.22.
33) 『해월신사법설』.「양천주」: "天依人人依食萬事知食一碗."

뿐만 아니라 동학에선 三敬사상을 중시하고 있음이 도처에 나타나고 있다. 즉 삼경사상은 敬天·敬人·敬物 사상을 일컬음인데, 이 중 경천과 경인은 人乃天에서 보는 것처럼 신앙의 대상으로 당연히 중요시하지만 경물은 그렇게 생각 못하는 경우가 있다. 그러나 경물사상이 한울의 본체인 至氣라는 본질에서 나온 것을 인식한다면 이 또한 빼놓을 수 없는 중요한 사상임을 알 수 있겠다. 동학의 우주관은 지기에서 비롯되는데 이를 신앙화하면 한울중심의 시천주요, 철학화하면 인간중심적 天人合一이요, 윤리화하면 십무천 등으로 나타난다고 볼 수 있다. 따라서 경물은 물의 본질을 규명하는 기초가 되는 것이다.34) 이처럼 최시형은 자연계의 천지만물에 대해서 나무 하나, 풀 포기 하나도 모두 시천주라고 설교하고, 그것을 몸소 실천했다.35)

최시형은 이러한 경물사상의 실천강령으로 다음과 같은 十毋天을 당부하였다.

1. 한울님을 속이지 말라[毋欺天].
2. 한울님을 거만하게 대하지 말라[毋慢天].
3. 한울님을 상하게 하지 말라[毋傷天].
4. 한울님을 어지럽게 하지 말라[毋亂天].
5. 한울님을 일찍 죽게 하지 말라[毋夭天].
6. 한울님을 더럽히지 말라[毋汚天].
7. 한울님을 주리게 하지 말라[毋餒天].
8. 한울님을 허물어지게 하지 말라[毋壞天].
9. 한울님을 싫어하게 하지 말라[毋厭天].

---

34) 배영기, 앞의 글, pp.28~29.
35) 신일철, 앞의 책, p.112.

10. 한울님을 굴하게 하지 말라[毋屈天].36)

　　천·인·물경의 삼위일체 사상으로 볼 때 십무천은 한울인 자연에 대해 거짓말하지 말고 거만하지 말며, 상처내지 말고 어지럽히지 말며, 죽이지 말고 더럽히지 말며, 주리게 하지 말고 허물어지게도 하지 말며, 싫어하거나 굴복시키지 말 것 등을 標語式으로 제시한 것으로 오늘날 입장에서도 '자연외경 실천강령'으로 삼아도 손색이 없을 것이다.
　　또한 최시형은 "천지 즉 부모요, 부모 즉 천지"37)라고 했고, "부모의 포태가 천지의 포태이고 따라서 사람의 어렸을 때에 어머니의 젖을 빠는 것은 곧 천지의 젖을 빠는 것이요, 자라서 오곡을 먹는 것은 또한 천지의 젖을 먹는 것과 같다"38)고 하였다. 이와 같이 경·효·성의 대상은 사람만이 아니라 천지만물도 마찬가지로 부모와 같이 존재하면서 함께 먹고, 마시고, 숨쉬고, 입고하는 것으로 이해하였다. 이처럼 자연도 至氣로 운행하므로 어찌 敬하지 않을 수 있겠냐는 것이다.39)
　　최시형은 그의 자연외경사상을 다른 표현으로도 매우 이해하기 쉽고 설득력있게 설파했다. "만물이 시천주 아님이 없으니 능히 이 이치를 알면 살생은 금치 아니해도 자연히 금해지리라."40) 또는 "제비의 알을 깨치지 아니한 뒤에라야 봉황이 와서 거동하고, 초목의 싹을 꺾지 아니한 뒤에라야 산림이 무성하리라"41)라

---
36) 홍장화, 『천도교 교리와 사상』(천도교중앙총부, 1990), pp.234~235.
37) 『해월신사법설』, 「대인접물」.
38) 『해월신사법설』, 「대인접물」.
39) 배영기, 앞의 글, p.29.
40) 『해월신사법설』, 「대인접물」.

고 언급하기도 하였다. 그런가 하면 절묘한 비유법으로 "땅은 어머니의 젖가슴"42)이라고 말하기도 하였다. 그렇다면 어이 어머니의 젖가슴에 쓰레기를 버릴 수 있겠는가? 마찬가지로 땅에 함부로 쓰레기를 버릴 수는 없는 것이다. 이 모두를 至氣至命의 차원에서 본 것이다. 더욱이,

> 우리 사람이 태어난 것은 한울님의 영기를 모시고 태어난 것이요, 우리 사람이 사는 것도 또한 한울님의 영기를 모시고 사는 것이니, 어찌 반드시 사람만이 홀로 한울님을 모셨다 이르리오. 천지만물이 다 한울님을 모시지 않는 것이 없느니라. 저 새소리도 또한 시천주의 소리니라.43)

라고 새소리마저 시천주의 소리라고 말한 것은 환경 내지는 자연생태계의 중요성을 깨우치는 데 더 없는 요체라고 생각된다. 그는 「내수도문」에서도 다음과 같이,

> 1. 집에 숟물이나 아무 물이나 땅에 부을 때는 멀리 뿌리지 말며, 가래침을 뱉지 말며, 코를 멀리 풀지 말며, 침과 코가 땅에 떨어지거든 닦아 없애옵소서. 또한 침을 멀리 뱉고, 코를 멀리 풀고, 물을 멀리 뿌리면 곧 천지 부모님 얼굴에 뱉는 것이니 부디 그리 알고 조심하옵소서.
> 1. 먹던 밥에 새 밥을 섞지 말고, 먹던 국을 새 국에 섞지 말고, 먹던 김치를 새 김치에 섞지 말고, 먹던 반찬을 새 반찬에 섞지 말고, 먹던 밥과 국을 김치와 장과 반찬 등절은 따로 두었다가 시장하거든 먹되

---

41) 『해월신사법설』, 「대인접물」.
42) 『해월신사법설』, 「대인접물」.
43) 『해월신사법설』, 「영부 주문」.

고하지 말고, 그저 먹습니다 하옵소서.
1. 朝夕할 때에 새 물에다가 쌀 다섯 번 씻어 안치고, 밥 해서 풀 때에 국이나 장이나 김치나 한그릇 놓고 하옵소서.
1. 금 난 그릇에 먹지 말고, 이 빠진 그릇에 먹지 말고, 살생하지 말고, 삼시를 부모님 처사와 같이 받드옵소서.[44]

라고, 생태학적 세계관으로 파라다임의 전환을 예견하면서 위생관념, 환경오염, 음식물 찌꺼기 관리, 근대적 식생활, 환경생활 습관의 개선 등에 대한 책임을 강조한 것은 오늘날 우리들의 환경교육의 지침으로 삼아도 무난할 것으로 보인다. 이처럼 그는 이미 100여 년 전에 위생사상 내지는 자연외경 문명관을 적절히 표출하였다. 여기에다 「道訣」에서 언급한 것처럼 모든 자연물은 한울의 造化로 순리대로 움직일 때 비로소 靈物이니 유기체로서 살았다고 할 수 있다고 '영성생명론'을 주창한 것이나,[45] 그러므로 한 생물도 무고히 해치지 말라. 이는 한울님을 상하는 것이라고 자연애호심을 가르친 것은 경청할 만하다.[46] 뿐만 아니라 생명 생성의 근원인 물의 중요성도 깨우쳤다. 그래서 모든 儀式의 祭需로 淸水 한 그릇만으로 간소화시켰다.

이같이 후천개벽을 자연외경에서 찾으려는 최시형의 혜안은 새로운 인류문명사의 하나의 큰 획을 그은 役事였음이 자명하다. 드디어 근대적 자연 재발견이 비롯된 것이다.

한편 이돈화는 최제우의 至氣一元論과 베르그손의 생명철학

---

44) 『동학서』, 「내수도문」.
45) 오문환, 「동학의 생명사상, 영생과 생명의 그물망」(『신인간』 586, 신인간사, 1999), pp.25~26.
46) 신일철, 『동학사상의 이해』(사회비평사, 1995), p.112.

이 서로 인간관에서 맥을 같이 하고 있음을 확인하고 근대인의 열망에 인내천 사상이 일조할 수 있음을 표명하였다.47) 그러나 이원론적인 서구문명은 이를 무시하고 자연 정복에 혈안이 됐다가 지금과 같은 지구존망의 위기를 맞이한 것이다. 따라서 「동학학회 발기취지문」에서,

> 동학은 130여년 전 이미 서구 근대정신의 자기파멸의 필연성을 내다보았다. 자연에 대한 수탈, 그것에 매개된 인간중심적 가치관, 물질적 동기에 기반한 합리성 등에 의한 인간성의 황폐화와 극심한 사회적 균열과 해체현상은 서구 근대사상에 내재된 본질적 한계의 불가피한 표출이었다. 더욱이 생태계의 훼손에 따른 환경파괴로 인해 인류문명의 지속 가능성에 대한 심각한 회의와 함께 파국적 결말에 대한 두려움에서 벗어날 수 없게 한다. 동학은 이러한 인류 문명의 파국적 상황에 대한 대안적 문명의 원천이 될 수 있으며, 다른 한편으로는 분단민족의 화해와 해원상생(解寃相生)의 장전(章典)으로 되새김될 수 있다.48)

라고, 선언한 것은 실로 시의적절한 대안문명의 선언이라고 판단된다. 이제 세계는 한울촌 시대이다. 지구 한 곳이 오염이 되면 전세계가 이상기온을 일으켜 전세계를 덮친다.49) 최시형은 이를 예언했건만 세계는 외면하였다. 그 결과 지구의 기온은 최시형 생존시보다 약 0.7℃ 상승하였다. 0.7℃를 가볍게 볼 수 없는 것은 지구 전체의 평균온도가 지금보다 2℃만 상승해도 남·북극의

---

47) 이돈화, 『신인철학』(천도교중앙총부, 1982), p.72.
48) 김정의, 『한국문명사』(혜안, 1999), p.271: 「동학학회 발기 취지문」(1998년 10월 28일 선언).
49) 배영기, 앞의 글, p.32.

빙산이 녹으면서 지구의 ⅓이 수몰하기 때문이다. 반대로 2℃가 내려가면 지구는 새로운 빙하시대를 맞아 거의 모든 생물이 멸종의 위협을 받기 때문이다.50)

이제 환경문제는 서양의 기계적·과학적·분석적·도구적·이분법적 생명관으로는 해결이 어려운 지경에 이르렀다. 동학의 천지인합일·상생적 생명·경물사상·영성생명론에 이르지 않고는 병든 지구를 치유하기는 난해할 것이다. 이를 해결하기 위해서도 필히 동학의 자연외경문명관으로 시선을 돌려야 하리라고 생각된다.

4. 개명진보문명관

지난 한 세기 동안 상상을 초월한 한국의 변화가 근대화를 뜻하고, 근대화가 서양화를 의미하고, 서양이 근본적 타자, 즉 이질성을 상징한다면 이 이질성을 어떤 측면에서, 즉 우리가 가지고 있는 무엇에 비추어 설명할 수가 있는가? 우리의 근대화가 서양화를 뜻한다면, 서양은 당시 우리에게 새로운 과학지식과 기술·의복양식·교육내용·민주적 정치·자유와 평등사상 등을 뜻한다.51)

그 동안 이러한 일반적인 생각은 민족의 구성원으로서 자존의 상처를 입혀온 것이 사실이다. 근래 이러한 상처에 대한 대안으

---

50) 박정기, 『어느 할아버지의 평범한 문명 이야기』(삶과꿈, 1995), p.205.
51) 박이문, 『문명의 미래와 생태학적 세계관』(당대, 1997), p.91.

로서 우리가 갖고 있는 무엇에 비추어 설명하려는 작업이 나타나기 시작했다. 이에 선도적인 역할을 한 것이 동학의 재해석이다.

한국적인 것이 가장 세계적이라면 사상에서도 동학사상이 가장 세계적인 사상이 될 수 있다고 여긴 것이다. 때맞춰 일단의 학자들은 근대화의 기점을 북한이 주장하는 제너럴 셔먼호사건 (1866)에 두는 것이나, 남한학계가 주장하는 것처럼 강화도조약 (1876)에 두는 것은 모두 대상국가만 달랐지 외세 침략에 두고 있다는 사실에서 문제가 있다고 지적하고 민족적인 근대화의 출발을 동학의 창도(1860)에서 찾고자 하는 경향을 보였다.52) 이는 분명 진일보된 자세라고 볼 수 있다.

힌 시회·문회는 관념적, 즉 사상적일 수밖에 없는 세계관뿐만 아니라 기술적 측면을 반드시 내포한다. 그런데 기술적 측면은 동양이나 서양, 사회주의나 자본주의와 같이 이념을 달리하는 사회에서도 보편적으로 사용할 수 있다. 그러므로 서양의 과학기술은 서양의 세계관과 분리하여 수용하는 것이 가능한 것이 아닌가?53) 따라서 동학의 이념을 그대로 지키면서 한국에 필요하다고 생각되는 서양의 문명을 선별적으로 수용할 수 있는 방도를 모색하였다. 즉 東道西器적인 발상을 한 것이다. 이 때 동학은 창도시부터 이미 최제우에 의해서 造化·無爲而化·不然其然54)

---

52) 김정의, 「한국사의 문명사적 인식론」(『실학사상연구』 9, 무악실학회, 1997), p.23.
53) 앞의 책, pp.91~92.
54) 정혜정, 「동학에 나타난 일원론적 사유체계의 교육구조」(『문명연지』 1-1, 한국문명학회, 2000), p.223: "온갖 사물은 보이는 바대로의 그러한 측면 즉 기연이 있고 그렇지 않음을 살펴보면 헤아리기 어려운 측면인 불연이 있다. 기연은 보이는 현상을 말하는 것이고 불연은 보이지 않고 헤아리기 어려운 측면으로서 본체를 가리키는 것이다."

등 일원론적 진보관을 마련해 놓고 있었던 것이다. 이처럼 동학은 그들의 전통에서 진보관을 근원적으로 지니고 있었다.

동학은 이 같은 근원적인 진화론에 기저한 개명·진보의 필요성을 일찍부터 제시하고 있었다. 최시형은 '用時用活' 설법에서,

대개 도는 용시용활하는데 있나니 때와 짝하여 나가지 않으면 이는 죽은 물건과 다름이 없느니라. 하물며 우리 도는 만대의 미래에 표준함에 있어서 앞서 때를 짓고 때를 쓰지 않으면 안될 것은 선사의 가르치는 바다.55)

라고 용시용활의 변용 진보관을 토로하였다. 동학은 용시용활론을 원용하여 동학민중혁명운동 때는 보국안민책을 내놓았다. 이를 이어 제3세 교주 손병희는 1903년 '삼전론'을 제창하였다. 삼전론은 무력전쟁의 대결을 눈앞에 보면서 道戰·財戰·言戰, 즉 사상전·경제전·외교전의 세 가지 전쟁을 들어 새로 대두된 '無兵의 난'이라 하여 개화·자강의 국권개혁방안을 제시한 것이다.56) 그는 이 중 언전을 실천하기 위해 동학·천도교의 기관지로 『만세보』를 창간(1906)하고, 오세창·이인직 등의 필진들을 내세워 개명·진보의 필요성을 구체적으로 계몽하고 나섰다. 그래서 창간호 사설 첫 단락부터 이 사실을 분명히 밝히고 나섰다.

萬歲報라 명칭한 신문은 何를 위하여 作함이뇨, 我韓 인민의 지식 啓發키를 위하여 작함이라. 噫라, 사회를 조직하여 국가를 형성함이 시대의 변천을 隨하여 인민 지식을 계발하여 野昧한 見聞으로 文明에

---

55) 이돈화, 앞의 『천도교창건사』, p.25.
56) 신일철, 앞의 책, p.174.

進케 하며57)

라고 하여, 신문창간의 목표가 개명진보된 문명을 이루고자 하는데 두었다. 이어서 "전국 2천만 동포의 腦髓를 一朝에 劈開하고 문명한 新空氣를 醍醐와 여히 灌注하여도 기 부족함을 유감됨으로 생각할 시대이라"58)고 분발하고 있다. 계속해서

> 吾儕는 신문사업을 經紀하는 자이로되 蠅頭細利를 謀取함도 아니오 梁楚聲譽를 희망함도 아니오 但히 인민 뇌수의 문명 공기를 관주코자 하는 熱心的에 流出함이니 오제의 열심은 오제의 筆舌로 自唱키 불가하거니와.59)

라고 인민의 의식을 개명·진보의 문명사상으로 무징시키고자 하는『만세보』의 의도를 거듭하여 천명하였다.

한편『만세보』는 개화당이 문명적으로써 萬機를 일신케 한 나라는 반드시 부강에 이르렀음이 현실이니 그들 나라가 어떻게 문명을 이루었는지 그 원인을 알아내고 우리도 개명진보의 방도를 찾을 것을 주장하였다.60) 또한 진보주의가 자리잡을 수 있도록 사회환경을 조성61)할 것도 주장하는 등 나라의 문명개화에로의 진보에 매우 적극적이었다.『만세보』는 기회만 있으면 반상차별철폐·준비시대·국가학·위생개론 등 정치 내지는 사회계몽의 기사를 게재하여 언론보국에 적극적이었다. 실제로 범국민운

---

57)『만세보』1906.6.17..「사설」.
58) 앞의 신문.
59) 앞의 신문.
60)『만세보』1906.7.3..「논설」.
61)『만세보』1906.6.29..「논설」.

동인 국채보상운동에도 적극적으로 참여하였다. 이토록 『만세보』는 동학사상을 근간으로 개화사상을 접목하여 새로운 동학문명을 변용·창출하고자 진력하였다. 그것이 국가의 진운은 물론 동학의 생동력을 더욱 활성화시키는 데 일정한 기여를 한 것으로 보인다.

그것은 20세기 들어 李敦化(1884~1950)에 의해서 '사람성무궁주의'가 제창된 것으로도 입증이 된다. '사람성무궁주의'는 한울의 자존·자율적 창조작용과 無爲而化 원리를 진화론에 접목시킨 것으로서 본래부터 인간성의 능력이 무궁하다는 것이다. 우주는 인간과 일원성 존재로서 태초부터 자기창조 능력에 의하여 점차 현재의 형체와 정신으로 현상화 되었기 때문에 사람성 역시 우주의 무궁한 진화위력을 지니게 되었다는 것이다.62) 이러한 주장은 인간의 활동이 진보·향상을 지속하여야 한다는 뜻을 내포하고 있다고 볼 수 있겠다. 또한 이돈화는 인내천에 관한 人間格을,

> 현재 인간 전체 안에서 宇宙格은 볼 수 없고 우주격은 영원한 신비로 전혀 인간 또는 미래인간을 통하여 얼마든지 향상될 만한 격이다. 우리는 이런 의미의 인간격을 가리켜 인내천이라 하는 것이다.63)

라고 논증하였다. 이러한 인내천에 함의된 변용·진보관은 동학이 서구의 개명·진보관을 능동적으로 수용할 수 있는 이론 틀을 제공해 주었다고 생각된다. 간과할 수 없는 것은 인간이 완전한

---

62) 황선희, 앞의 논문, p.148.
63) 이돈화, 앞의 『신인철학』, p.53.

우주격을 향하여 당연히 진화작용은 계속해야 한다는 논리인 데 이는 인간의 진보·문명관을 근원에서 해명했다는 점에서 주목된다.64)

그렇기에 동학은 기본적인 노선에서는 외래적인 것을 배척하는 입장을 취하면서도 배타적인 국수주의에 빠지지 않고 서구문명에 대해서 개방적이었던 것이다. 이와 같은 이중성은 서구화에 대한 사상의 혼란 또는 갈등으로 올 수 도 있겠으나 오히려 동학의 건전성을 반증하는 것이라 봄이 옳겠다. 따라서 동학이 자기동일성과 연속성을 유지하기 위하여 서구적 근대화로 자기변혁을 수행하면서도 자기를 상실하지 않고 문명종합적 근대화를 수행하는 길만이 동학의 현대화를 완수하는 것이 되니 이것은 오늘의 천도교의 경우에도 타당한 논리가 되겠다.

5. 맺음말

이상에서 동학의 문명관을 조망해 보았다.

동학은 창도이래 무엇보다도 인간존중문명관을 발전시켰다. 서구적인 이원론적인 인권신장이 아니라 한울과 땅과 인간을 이은 천지인합일로서의 근원적인 인간존중인 것이다. 최제우가 득도한 무극대도는 시천주 신앙으로 나타났다. 시천주 신앙은 최시형 때에 이르러 양천주로 발전되고 이어서 사인여천으로 나타났

---

64) 김정의, 앞의 『한국문명사』, p.424.

다. 그리고 손병희 때에 이르러 인내천 사상으로 완성되었다. "사람이 곧 한울이다"라는 높은 경지로 인간을 끌어올린 것이다. 여기서 남녀노소·신분갈등이 사라지고 모든 인간을 한울과 같은 반열에 올림으로써 서로 성·경·신으로 경대하는 인간존중문명관이 확고하게 자리잡게 되었다. 그래서 동학은 신분차별 철폐에 앞장섰고, 또 소년운동, 여성운동을 지속적으로 전개하여 인간존중사회를 만드는 데에 신앙심을 갖고 신명을 바쳤다.

두번째, 동학은 자연외경 문명관을 발전시켰다. 인간의 생명은 말할 것도 없고, 모든 자연물도 경대하는 사회건설을 위하여 교리를 발전시켰다. 자연과의 연계고리로서의 인간을 설정함으로써 자연은 정복의 대상이 아니라 천지부모라고 하는 법설에서 보듯이 천지인을 일치시킴으로써 자연외경문명관을 확립하였다. 특히 최시형은 자연존중의 설법을 기회 있을 적마다 하였다. 하나의 예로 새의 소리마저 시천주의 소리라고 비유할 정도였다. 뿐만 아니라 땅을 어머니의 젖가슴으로 비유하기도 하여 자연외경문명관에 극치를 이루었다.

세번째, 동학은 개명진보 문명관에도 등한하지 않았다. 동학의 교리인 '무위이화'의 진보관이나 '불연기연'의 정신을 원용한 것이다. 서구적인 세계관이나 기술문명을 매도만 하지 않고 개방적인 차원에서 선별적으로 수용하는 데 의연하게 앞장섰다. 그래서 개화당과 접목하여 현상적으로도 문명개화에 이바지한 것은 동학은 동학대로 생동감을 유지·확장하고 그들의 조국도 근대적으로 문명화시키는 데 기여하였다.

따라서 인간존중문명관·자연외경문명관·개명진보문명관 등 동학의 문명관은 다같이 한국을 총체적인 신문명으로 변화시키는 데 실질적으로 중추적인 역할을 충실히 자임했다고 생각된다. 요컨대 동학의 문명관은 한국인의 자유의지에 의한 선택 여하에 따라서는 새 즈믄해의 미래문명 창출에도 원동력으로 작용할 것으로 전망된다.

동학의 신관
-주자학적 존재론의 극복을 중심으로-

박경환*

1. 머리말

　동학은 수운 최제우라는 한 위대한 영혼이 품어서 내놓은 내면적 사유의 산물이다. 그런데 사상사의 흐름에서 볼 때 그것은 고립적이거나 평지돌출의 사상이 아니다. 그것은 그가 접했던 다양한 제 사상들을 토대로 한 창조적 절충이고 '更正'의 산물이기 때문이다. 따라서 우리가 동학에 관해 논의할 때는, 그것이 어떠한 주제이든 간에 동학의 창도과정에서 그 절충과 변용의 소재가 된 사상들과의 연관성에 유의할 필요가 있다. 특히, 동학과 유학[주자학]과의 관계는 수운 스스로 "크게 보아서는 같지만 작은 차이가 있다[大同小異]"[1]고 밝힌만큼 주목할 만한 가치가 있다.
　동학의 창도는 주자학적 세계의 봉건적 모순이 초래한 고통을 온몸으로 받아야 했던 기층민중의 염원에 부응한 것이었다. 따라서 동학은 기본적으로 주자학적 세계관에 대한 극복의 산물이라 할 수 있다. 주자학과 동학 사이의 '小異'는 바로 여기에서 기인한

---
* 고려대 교수(철학)
1) 『東經大全』, 「修德文」.

다. 그러나 주자학은 비록 형해화의 내리막길을 걷고 있기는 했으되 여전히 형식에 있어서나 실제적인 영향력에 있어서 당시의 지배사상으로서의 지위를 유지하고 있었다. 무엇보다도 동학의 창도자인 수운은 청년기까지 주자학적인 사유형식에 깊이 훈습되어 있었다. 따라서 동학의 교의는 많은 부분에서 주자학적 사유에 뿌리를 둔 논리형식이나 개념과 명제를 매개로 삼아서 전달되었고, 이 과정에서 주자학으로부터 형식과 내용에 있어서 일정한 영향을 받게 된다. 이 점은 동학의 신관에서도 마찬가지이다. 따라서 이 글에서는 주자학과의 계승(大同)과 극복(小異)의 측면을 염두에 두고, 동학적 존재론에 바탕 한 신관이 선행의 주자학적 존재론을 어떤 방식으로 넘어서서 도출되었으며, 그것은 또 동학의 사유체계 내에서 어떠한 양상으로 전개되고 있는지를 살펴보고자 한다.

2. 氣一元論으로의 존재론적 전환

동학이 넘어서려고 했던 조선의 지도이념이었던 주자학에서 세계를 읽는 두 가지 틀은 理와 氣이다. 理는 만유의 존재원인이고 법칙이며, 기는 세계를 구성하는 물질적 질료이다.[2] 理와 氣의 관계 있어서, 존재론적 선후를 따질 경우 물질적 질료인 기는 그것에 先在하는 리에 의해 생겨났기에 "리가 먼저 있고 기가 있

---

2) 『朱文公文集』 권58, 「答黃道夫」: "理也者 形而上之道也 生物之本也 氣也者 形而下之器也 生物之具也."

게 된다[理先氣後]"고 할 수 있겠지만, 현상세계 차원에서 보면 理는 어디까지나 그것의 현전을 가능하게 하는 구체적 바탕인 氣와 동시에 존재하므로 선후를 말할 수 없다. 주자학에서는 이러한 理氣의 관계를 '不離不雜'이라는 논리로 설명한다. '不離'란 현상세계를 대상으로 해 파악해낸 理氣관계에 대한 정의이다. 즉 현상의 모든 사물들은 리와 기가 모여서 이루어진 리기의 통일체라는 점에서 리와 기는 서로를 떠나서 있지 않다[理氣不相離]는 의미이다.3) 이런 점에서 본다면 주자학은 현상세계에 대한 설명에 있어서는 理氣二元論의 틀을 적용하고 있다고 할 수 있다.

한편, 비록 현상세계에서 리와 기가 상호의존적이며 따라서 분리될 수 없지만, 그러한 현상세계 사물들의 존재원인을 소급해 가게 되면 문제는 달라진다. 여기서 제시되는 理와 氣의 관계에 대한 정의가 바로 '不雜'이다. 그것은 바로 理는 기를 포함한 모든 현상적 존재의 궁극적 원인이자 원리이며, 따라서 기와의 논리적 분리 가능성을 지니고 있음[理氣不相雜]을 말하는 것이다. 즉 기를 포함한 만물이 생겨나기 위해서는 만물은 물론이고 기가 있기 이전에 이미 그것들을 가능하게 하는 선행의 원리나 근원적 존재가 있어야 하는데 그것이 바로 리라는 의미이다.4) 이러한 점에서 본다면 주자학은 현상세계를 넘어서 현상세계의 원인이나 근원을 해명함에 있어서는 理一元論의 틀을 적용하고 있는 것이다.

앞에서 언급했듯 주자학에서는 현상적 존재인 사람을 포함한

---

3) 『朱子語類』 권1, 「理氣上·太極天地上」: "天下未有無理之氣 亦未有無氣之理."
4) 위의 책, 같은 곳, "有是理 然後生是氣"; "未有天地之先 畢竟先有此理 動而生陽 亦只是理 靜而生陰 亦只是理."

만물은 리와 기의 결합으로 이루어진다고 본다. 즉 만물이 지닌 원리인 본성[性]과 기질인 육체[形]는 각각 그러한 理와 氣에 의해 부여된 것이다.5) 여기서 주자학은 '理一分殊'의 명제에 의해 理가 원리로서 만물에 내재되어 있다는 理의 사물상의 遍在를 설명하고, '性卽理'의 명제에 의해 그 리와 사물의 본성을 동일시함으로써 맹자에게서 구체화되었던 유학의 성선설을 인간의 범위를 넘어선 만물에까지 확대 적용하고 있다.6) 즉, 리는 세계의 보편적인 원인이자 법칙으로 氣를 품부받아 생겨난 모든 사물에 빠짐없이 내재되어 각 사물의 본성[性]을 이루고 있다는 것이다.7) 이것은 바로 유학의 전통적인 '天人合一'의 천인관계를 理氣를 근본범주로 하는 존재론에 의해 다시 해명하는 것이다. 즉 하늘과 사람으로 대표되는 만물은 동일한 리를 공유하고 있다는 점에서 동질적이다.

그런데 주자학은 동일한 理를 공유하고 있다는 점에서 하늘과 사람은 동질적이기는 하지만, 그것은 어디까지나 원리적인 동질성일 뿐 현실적으로는 하늘과 사람은 차이가 있다고 본다. 그것은 사람은 하늘과 달리 氣를 품부받아 구성된 氣質[육체]을 지니고 있는 존재이며, 바로 그 기질이 본성으로 내재된 理의 온전한 실현을 제약하거나 방해하고 있기 때문이다. 결국 주자학은 理氣論을 토대로, 理에 의해 하늘과 사람의 본질적인 동질성을 제시

---

5) 『朱子大全』 권58, 「答黃道夫」: "人物之生 必稟此理 然後有性 必稟此氣 然後有形."
6) 『中庸章句』 1장: "人物之生 各得其所賦之理 以爲健順五常之德 所謂性也."; 『朱子語類』 권5, 「性理二·性情心意等名義」: "性則純是善底."; 『孟子集註』 권14, 「告子上」: "性卽天理 未有不善者也."
7) 『朱子語類』 권4, 「性理一·人物之性氣質之性」: "天下無無性之物 蓋有此物 則有此性."

하는 동시에 氣에 의해 현실적으로 하늘과 사람이 지닌 간극, 즉 현실적 비동질성을 제시하고 있는 것이다.8)

동학의 신관은 천인합일적 천인관계의 사유는 계승하되 주자학의 理一元論 혹은 理氣二元論的 存在論을 氣一元論的 存在論으로 전환시키는 데서 출발한다. 그것은 곧 리와 기에 관한 두 규정 중에서 양자의 분리를 가능하게 하는 논리인 '理氣不相雜'을 부정하는 것이다. 리와 기는 현상계의 사물의 차원에서 통일되어 있어 별개의 둘이 아닐 뿐 아니라, 그 사물들의 근원을 소급해 올라간 궁극적인 근원에서도 나누어 볼 수 있거나 선후를 말할 수 있는 것이 아닌 일체적인 것이다. 리는 어디까지나 기 자체가 지니고 있는 법칙일 뿐이기 때문이다. 이것은 理에 관한 이해를 '氣에 대한 理'에서 '氣의 理'로 전환한 것이고, 리가 지닌 사물의 궁극적인 존재원리로서의 독립적 지위를 부정하는 것이다. 그런 점에서 理氣二元論으로부터 기일원론으로 전환의 내재적 계기는 주자학의 내재논리에서 주어진다. 다시 말하면 주자학적 이기이원론에서 리를 독자적 원리나 법칙이 될 수 있게 하는 논리적 근거인 '理氣不相雜'이 부정되면 [즉 리의 독립적 존재 가능성이 부정되면] 리는 어디까지나 '기의 리', 즉 '기가 지닌 법칙'으로 지위가 떨어지게 된다. 그것이 곧 기일원론이다.9) 동학은 이러한 기

---

8) 이러한 본질적 동질성과 현실적 비동질성이라는 불일치의 틈새에서 주자학적 수양론의 입지가 생기게 된다. 기질의 제약과 방해를 넘어서는 도덕실천의 노력[수양]을 통해 현실적 비동질성을 극복하고 본연의 동질성을 회복해야 함을 말하고 그 방법에 대해 논의하는 것이 바로 주자학의 수양론이기 때문이다.
9) 이 점은 宋明理學史의 理氣관계에 대한 사유의 전개과정에서 잘 드러난다. 송명리학사에서 理氣에 대한 이해는 북송 초 李覯·張載 등의 氣一元論에서 程朱의 理氣二元論으로 분화되고 다시 명말청초에 기일원론으로 되돌아가는 방식으로 전개된다. 여기서 정주가 북송의 기일원론을 이기이원론에서 전환시키면서 내세

일원론적 존재론에 근거해 하늘을 설명하고 하늘과 인간의 관계를 설명하게 된다.

먼저 수운은 一氣의 遍在를 다음과 같이 설명하고 있다.

氣는 허령창창하여 일에 간섭하지 않음이 없고 일에 명령하지 않음이 없으며 모양이 있는 듯하나 모양을 말하기 어렵고 들리는 듯하나 보기 어려우니, 이는 또한 혼원한 一氣이다.10)

기는 이처럼 모든 곳에 존재하면서 모든 현상적 변화를 일으키는 원인일 뿐 아니라 그러한 현상적 변화의 당체인 만물의 존재 근원이기도 하다. 사람을 비롯한 온갖 사물들은 바로 그러한 기의 작용에 의해 생겨난 것이기 때문이다. "음양이 서로 고르게 펴짐에 수백 수천 가지 만물이 그 가운데에서 화내 나온다"거나 "하늘은 五行의 벼리〔綱〕이고 땅은 오행의 바탕〔質〕이며 사람은 오행의 氣이니 天地人 三才의 數를 여기에서 볼 수 있다"11)는 말은 바로 그것을 이야기하는 것이다. 결국 수운에게서 기는 어디에도 없는 곳이 없고 어떤 변화나 사태에도 간여하지 않음이 없다는 점에서 현상계 변화의 원인일 뿐 아니라, 그러한 현상계를 구성하고 있는 모든 존재〔天地人 三才〕의 궁극적인 원인이기도 하다. 이러한 기론적 사유는 해월에 오면 한층 더 명확하게 제시되는 것을 볼 수 있다. 해월은 "우주 사이를 가득 채우고 있는 것

운 논리적 전제가 理氣不相雜이었고, 명말청초에 王夫之나 王廷相 등의 기철학자들이 程朱의 이기이원론을 다시 기일원론으로 되돌리는 출발점 역시 理氣不相雜의 부정이었다.

10) 『東經大全』, 「論學文」.
11) 『東經大全』, 「論學文」.

은 모두 혼원한 一氣"임을 밝히고12) "기란 것은 天地·鬼神·造化·玄妙를 총칭한 이름으로 모두 하나의 기[一氣]"임을 강조한다.13)

수운이나 해월에서도 리에 관한 언급은 보이지만, 그것은 주자학에서 말하는 바와 같은 기와 분리 가능한 궁극적 원인이나 근거라는 의미를 지니지는 않는다. 예컨대, 수운에게서 리는 대체로 독자적인 개념으로 쓰이기보다는 '天理'·'地理'·'三才之理'·'自然之理' 등의 용례에서 볼 수 있듯이 존재론의 독립적인 한 범주가 아니라 단지 어떤 사물이나 현상이 지닌 이치나 도리를 가리키는 일반적인 의미의 개념이다. 수운과 달리 해월은 리와 기를 자주 '理氣'식의 한 쌍의 범주로 사용하고 있다. 그러나 해월은 "氣가 곧 理이니 어찌 반드시 나누어서 둘이라고 하겠는가?"14)라고 말하는 데서 알 수 있듯, '理氣不相雜'을 인정하지 않고 있다. 특히 "우주는 一氣의 所使이며 一神의 所爲이다"15)는 그의 언급중 '一氣의 所使'라는 표현은 기를 '부림'의 주체로 이해하고 있다는 점에서 주목할 만하다. 전통적인 주자학의 理氣論에서는 기에 현상계 만물과 변화 배후의 궁극적인 원인이나 능동적인 주체로서의 자격을 부여하지 않는다. 기에 선행하고 기보다 우월하며 기를 지배하는 원리인 리가 있기 때문이다. 기는 어디까지나 그런 리에 의해 생겨난 것이고 원리로서의 리가 만물을 구성하고 현상의 변화가 일어나도록 하는 데 쓰여지는 물질적 바

---

12) 『天道教經典』, 「海月神師法說·誠敬信」.
13) 『天道教經典』, 「海月神師法說·天地理氣」.
14) 『天道教經典』, 「海月神師法說·天地理氣」.
15) 『天道教經典』, 「海月神師法說·其他」.

탕이거나 '부림을 당하는' 도구일 뿐이다. 따라서 주자학에서는 우주는 어디까지나 理의 '所使', 즉 理의 主宰의 결과물인 것으로 이해한다. 그렇게 본다면 이러한 표현은 리의 독립성을 부정하는, 즉 리란 기를 떠나서 존재할 수 있는 별도의 원리가 아니라 어디까지나 기가 지닌 원리나 법칙일 뿐이라고 보는 사유체계에서나 가능한 것이다. 그러한 입장이 곧 기일원론적 존재론이다.

이기이원론에서 기일원론으로의 존재론적 전환이 지니는 의미는 무엇인가? 그것은 세 가지로 요약할 수 있다. 첫째, 그것은 본체계〔形而上〕와 현상계〔形而下〕의 구분을 전제한 이원적 세계를 현상계 중심의 일원적 세계로 수렴시키는 것이고, 현상계를 초월한 별도의 원리나 법칙의 존재가능성을 부정하고 현상 속의 원리나 법칙만을 인정하는 것이다. 주자학에서는 세계를 形而上과 形而下 혹은 道와 器의 세계로 구분한다. 그 기준은 형체의 유무이며, 혹은 그에 따른 감각가능성의 유무이다. 즉 형이하의 세계는 만물이 형체를 지니며 따라서 보고 듣고 만지는 것과 같은 감각경험이 가능한 구체적이고 물질적인 현상세계이다. 이 세계에 속한 사물들의 특징인 감각가능성은 주로 氣가 지닌 질료적 특성에 의해 주어진다. 그런데 이러한 현상계의 사물들은 질료적 특성을 지니게 하는 氣 이외에 그 자신의 본성 혹은 원리로서 理를 지니고 있는데, 그 리는 아직 사물들이 氣에 의해 형체를 이루기 이전에 이미 그것들의 원리로서 존재하고 있었다. 이와 같이 현상계의 사물들이 아직 형체를 이루기 이전의 리만으로 존재하는 세계 그것이 바로 형이상의 세계이다. 따라서 이기이원론에서 氣는 형이하를 理는 형이상의 세계를 대표하는 범주라고 할 수 있다. 그리고 앞서 살펴본 주자학의 '理氣不相雜'의 명제는 바로 형이하의 세계와 별도로 기가 없이 리만이 존재하는 형이상의 세계를 긍정하기 위한 논리이다. 그러나 기일원론에서는 리를 기의 법칙으로 끌어내려 리와 기의 분리가능성이 부정됨으로써 형이상과 형이하의 구분 역시 부정된다. 오직 일상적으로 경험하는 구체적인 물질세계인 형이하의 세계만이 있을 뿐이고, 우리들의 관심의 대상이 될 뿐이다.

둘째, 그것은 시간과 공간의 제약에서 벗어난 절대적이고 정태적인 세계중심의 본체론적 사유에서 일정한 공간의 속에서 시간의 흐름을 따라 끊임없이 변화하는 상대적이고 동태적인 세계중심의 현상론적 사유로의 전환이다. 주자학에서 리는 시간과 공간의 제약을 넘어선 절대적 원리이자 본체이므로 운동성을 지니지 않는다. 따라서 형이상의 세계는 이른바 '소리도 냄새도 없는 沖莫無朕'의 세계이며 이러한 절대 고요와 불변의 세계가 바로 동적이고 가변적인 현상계의 근원이다. 그러나 기일원론은 리를 기의 법칙으로 끌어내림으로써 그러한 세계를 부정하는 대신 기에 의해 부단히 운동하고 변화하는 가변적인 세계 즉 현상계를 이야기한다. 동학의 존재론에서 특히 강조하는 '氣化'라는 개념은 바로 그러한 변화와 작용을 중심으로 기를 파악함으로써 성립되는 개념이다.

셋째, 그것은 수직적인 존재론적 위계질서(Ontological Hierarchy)를 부정하고 모든 존재의 일체적 평등의 세계를 제시하는 것이다. 理氣論에서 理와 氣로 대표되는 형이상·형이하 / 본체·현상 / 靜·動 / 절대성·상대성 / 불변성·가변성이란 등의 표현들은 결코 단순한 사실이나 상태를 기술하는 것이 아니다. '운동과 변화 속에 있는 상대적인 형이하의 현상세계'에 비해 '정적인 불변

속에 있는 절대적인 형이상의 본체세계'가 더욱 근본적이고 선행하며 가치적으로 우월한 세계이기 때문이다. 이 점은 주자학적 존재론에서 理氣 관계가 '理先氣後'·'氣生於理'·'理主氣從'·'理主氣奴' 등으로 표현되는 데에서 단적으로 확인할 수 있다. 이러한 존재론적 위계가 문제가 되는 것은 그것이 곧바로 사회적 관계의 위계질서를 정당화하는 이론적 근거로 기능한다는 점이다. 즉, 전통사회가 드러내는 지배계층과 피지배계층, 군주와 신하, 남편과 아내, 어른과 아이와 같은 관계 속의 불평등성과 현실적인 억압은 바로 이러한 理氣論的 존재론에 의해 정당한 것으로 지지된다는 것이다. 따라서 기일원론으로의 전환은 리의 권능과 우월성을 무화(無化)시켜 버림으로써 사회적 불평등과 억압의 구조를 부정하고 나아가 동질적인 기의 공유라는 사실에 의거해 인간은 물론이고 만물간의 평등을 말할 수 있게 되는 존재론적 근거의 제시라는 의미를 지닌다.

3. 기일원론적 汎在神觀과 그 내재적 전개

수운의 '侍天主'사상은 사람은 신, 즉 하늘[天]을 안에 모시고 있는 존재라는 점에서 하늘과 하나임을 천명하는 것이다. 그런데 수운이 말하는 하늘이란 땅과 대비되는 물리적인 공간으로서의 하늘을 의미하는 것이 아니다. 비록 수운은 하늘이 무엇인지를 명시적으로 제시하고 있지는 않지만, 그의 언급을 통해서 유추해 본다면 수운이 제시하고자 했던 하늘은 바로 至氣의 氣化 자체를 가리키는 것으로 볼 수 있다. 수운은 기화를 다양하게 설명하고 있다.16) 이들 언급에서 제시되는 天道와 鬼神·造化 등은 모두 이러한 기화인 하늘에 관한 다양한 이름들이다. 즉 기화과정에 있는 기가 지닌 일정한 법칙성을 가리켜 天道라고 하고, 그것이 음양교체로 변화무쌍함을 일러 鬼神이라 하고, 기화를 통해 만물을 화생하는 자연스러운[無爲而化] 작용을 가리켜 造化라고 한다. 이것은 해월의 "귀신은 그 기가 형체를 알기 어렵고 움직임을 헤아리기 어려운 것을 말한 것이고, 기운은 그 기가 강건하고 쉼없이 작용하는 것을 말한 것이고, 조화는 현묘하여 억지로 함이 없음을 말한 것으로 그 근본을 궁구하면 일기일 뿐이다"17)는 말에서 정리되어 제시되고 있다.

기화로서의 하늘과 기화의 결과인 사람을 비롯한 현상적 존재들은 일기를 매개로 본질적인 동일성을 획득하게 된다. 즉, 현상적 존재들은 기가 응취하여 형체를 이룬 것이고, 하늘은 기화의 과정에 있는 혼원한 기로서 형체를 볼 수 없다는 점에서 다를 뿐18) 본질적으로 동일하다. 그런 점에서 동학의 이러한 신관은 전통적인 천인합일 사상의 동학적 표현이라고 할 수 있다. 특히 주자학에서는 天인 理가 만물 속에서 본성으로서 존재한다는 '性

---

16) 예를 들면 「修德文」의 "원형이정은 天道의 항상적인 법도이다"나, 「布德文」의 "봄가을이 번갈아 나타나고 사시의 성쇠가 있어서 옮기지도 바뀌지도 않으니 이것이 곧 천주造化의 자취가 천하에 뚜렷이 드러나는 것이다"나, 「論學文」의 "한 번 가고는 되돌아오지 않는 이치가 없다"이나, 『용담유사』「도덕가」의 "천지역시 鬼神이오, 귀신역시 음양인줄 이같이 몰랐으니" 등이 그것이다.
17) 『天道敎經典』,「海月神師法說·天地理氣」.
18) 吳知永, 『東學史』, pp.5~6: "문: 사람이 한울이라 함은 무엇이뇨? 답: 有形曰 사람이요, 無形曰 한울이니, 有形과 無形은 이름은 비록 다르나 理致는 곧 하나니라."

卽理'의 논리에 근거해 천의 내재화와 천인합일을 말하고 있다.

　그러나 侍天主의 천인합일 사상은 주자학의 그것과 다음과 같은 점에서 다르다. 우선 주자학에서 사람이 본성으로 품수 받은 것은 기가 아니라 리이며, 기는 단지 리가 안착할 수 있는 바탕〔安頓處〕인 형질을 이루는 질료적 요소일 뿐이다. 반면에 동학에서 "양의사상 품기해서 신체발부 받아내"19) 생긴 형체는 물론이고, 그 속에 담긴 신령까지도 모두 기의 조화의 결과이다. 또한 주자학에서 리는 현상 속의 사물에 내재되어 본성을 이루고서도 여전히 현상을 초월한 본체의 세계에서 초월적 원리로 남아 있다. 반면에 동학에서 기는 氣化로서 현상세계 속에서 작용하면서 '백천 가지 만물을 그 속에서 化生해 내고', '四時의 성쇠'를 이루며, '雨露의 은택'을 베풀며, 인간사의 '一動一靜과 一盛一敗'를 主宰한다. 또한 주자학에서의 리는 無造作·無計度의 비활성적이고 정태적인 원리일 뿐인20) 반면에 동학에서의 기는 그것이 기화의 과정에 있건 만물 속에 신령으로 구현되어 있건 한순간도 그침이 없는 靈活한 작용성을 본질로 한다.

　주자학적 천인합일과 달리 시천주의 천인합일은 一氣의 내재성에 근거해 사람과 하늘의 일체성을 강조하는 동시에, 일기인 하늘이 내 밖에도 여전히 기화로 작용하면서 개체와 접하고 있음을 말하고 있기 때문이다. 수운이 말한 神靈과 氣化는 바로 일기의 작용성에 근거한 하늘의 내재성과 외재성을 동시에 제시하고 있는 개념들이다. 또 해월이 사람의 일거수 일투족과 마음씀이

---

19) 『東經大全』, 「용담유사·도덕가」.
20) 『朱子語類』 권1, 「理氣上·太極天地上」: "理却無情意, 無計度, 無造作": 이러한 理의 성격에 대해 牟宗三은 『心體與性體』에서 '실재하기는 하되 활동하지 않는 것〔存有而不活動〕'으로 규정하고 있다.

모두 기화의 작용에 의거해 이루어지는 존재라고 설명하거나[21] "우리 사람의 화생은 하늘의 신령스런 기를 모시고 화생한 것이고, 우리 사람이 살아가는 것도 역시 하늘의 신령스런 기를 모시고 살아가는 것이다"[22]고 한 것도 그러한 맥락에서이다. 따라서 "시천주 개념은 바로 지금까지 생각해 온 신이 우리의 밖에 초월적으로 존재하는 것이 아니라 만물과 더불어 안으로는 신령으로 존재하면서, 밖으로는 기화작용으로 끊임없이 간섭·명령·통일하고 있는 존재임을 밝힌 것이다."[23]

그런 점에서 정신의학자 Cgarlse Hartshone의 설에 입각해 동학의 신관을 전통적인 유신론과 범신론이 창조적으로 종합·지양된 '범재신론(Panentheism)'의 한 유형으로 규정하고 있는 김경재의 이해는 탁견이다. 그는 동학은 유신론의 외재적[초월적] 신과 범신론의 내재적 신이라는 단일극성적인 이해를 반대일치의 변증법적인 논리로써 동시에 포용하고 있음을 밝히고 있다.[24] 수운의 언급 중에서 이러한 내재적 하늘과 외재적 하늘을 포섭하고 있는 모습은 쉽게 찾아볼 수 있다. 예를 들면 「교훈가」의 "나는 도시 믿지 말고 한울님을 믿어라. 네 몸에 모셨으니 숨 近取遠하단 말가"라는 것이 내재적 하늘의 사유를 보여주는 것이라면, 을묘천서의 체험이나 상제와 관련된 언급들은 외재적 하늘에 대한 사유를 보여주는 것이다.

---

21) 『東經大全』, 「용담유사·도덕가」.
22) 『天道教經典』, 「海月神師法說·靈符呪文」.
23) 김춘성, 「해월사상의 현대적 의의」(『해월 최시형과 동학사상』, 예문서원, 1999), p.54.
24) 김경재, 「최수운의 신개념」(『동학사상과 동학혁명』, 청아출판사, 1987), pp.127~128.

기일원론적 범재신관으로 정의될 수 있는 동학의 신관은 주자학적 이기이원론을 기일원론적 존재론으로 전환하고 기에 인격성과 의지성이라는 새로운 속성을 부여함으로써 성립된다. 그럼에도 불구하고 그것은 여전히 주자학적 이기론의 형식을 빌어서 제시되고 있을 뿐 아니라 기본적인 사유구조에 있어서도 유학의 전통적인 천인합일 사유를 계승하고 있다는 점에서, 어쩌면 수운이 말한 대로 주자학과 '大同小異'의 것일 수도 있다. 그러나 그것은 '小異'이되 단순히 '小異'에 머물지 않는다. 동학이 당시 이 땅의 암울한 중세를 비추는 근대의 빛이었을 뿐 아니라, 현재에 있어서도 서구 근대의 빛이 만든 그림자를 넘어서는 대안으로 거론되게 하는 동학의 중요한 사상적 요소들, 예컨대 불평등을 넘어선 평등, 억압을 넘어선 해방, 죽음을 넘어선 살림, 인간중심적 이기주의를 넘어선 만물과의 연대 등등은 다름 아닌 그러한 존재론상의 '소이'로부터 도출되어 나오는 것이기 때문이다. 그리고 그러한 도출을 매개하는 사상적 고리가 다름 아닌 기일원론적 범재신론의 내재적 전개로서의 동학적 인간관이다. 그 주된 내용은 다음과 같은 몇 가지로 요약될 수 있다.

첫째, 천인합일적인 주체로서의 인간이다. 수운의 '侍天主' 사상에서 표명되는 인간에 대한 이해가 바로 그것이다. 이에 관한 구체적인 내용은 앞서의 범재신론에 관한 논의에서 이미 제시되었으므로 여기서 중언할 필요는 없을 것이다.

둘째, 평등한 주체로서의 인간이다. 주자학은 천인합일과 性善사상이 지닌 평등적 인간관의 가능성에도 불구하고, 오히려 理氣論에 근거한 존재론적 위계를 현실의 사회적 관계에 그대로 적용함으로써, 불평등한 인간관계를 오히려 정당화하는 데에 이르고 만다. 이는 주자학이 지배자 중심의 이념인 반면25), 동학은 당시의 사회적 위계에서 가장 낮은 곳에 있던 피지배자의 사상이라는 점 외에도, 존재론에서 있어서 이기이원론과 기일원론성의 차이를 반영한 것이기도 하다. 인간평등 사상의 초기 명제인 수운의 '侍天主'이든 해월과 의암으로 이어져 한층 적극적으로 천명된 '人乃天'이든, 모두 기일원론적 존재론을 이론적 전제로 삼고 있다. 예를 들어 해월의 다음과 같은 주장을 보자.

> 나의 한 기운[一氣]은 천지우주의 원기와 서로 통했으며, 나의 한 마음은 조화귀신의 所使와 한 집의 활용이니, 그러므로 한울이 곧 나며 내가 곧 한울이다.26)

이는 一氣의 동일성을 근거로 나와 하늘이 하나임을 말한 후, 그것이 나에게만 해당되는 것이 아니라 나와 다를 바 없이 一氣의 '所使'인 다른 모든 사람들에게서도 마찬가지임을 강조한다. 이러한 철저한 기일원론적 존재론에서는 이기이원론에서와 같은 존재론적 위계론의 틈입을 원천적으로 허용하지 않는다. 구체적으로, 해월이 조선시대의 대표적 불평등인 반상과 적서의 차별을 집안을 망치고 나라를 망치는 근본 원인으로 보고, 그러한 사회적 차별을 거부하고 사람들 사이에 恭敬에 기초한 평등한 관계를 세울 것을 말하고 있는 것27)은 그러한 존재론이 인간관으로 전

---

25) 유학이 자체에 내재된 평등적 인간관의 가능성에도 불구하고 존재론적 위계에 근거해 사회적 차별의 근거를 모색하고 그 정당성을 선전해 온 것은 "불평등을 정당화하는 이념들을 만들어내고 유포하는 것이 권력과 특권을 유지하는 중요한 수단 가운데 하나[박호승, 『평등론』, p.24]"이기 때문이다.
26) 『天道敎經典』, 「海月神師法說·其他」.
27) 『天道敎經典』, 「海月神師法說·布德」.

개되고 다시 사회 윤리의 제시로 이어지는 단적인 사례이다.

셋째, 만물일체적 연대의 주체로서의 인간이다. 만물일체적 연대는 앞서 살펴본 기일원론의 자연스런 귀결이자, 사람 사이의 평등적 관계를 사물에게까지 미루어 확장한 결과이다. 동학에서 기는 세계의 모든 존재를 이루는 원인일 뿐 아니라, 그것들이 이루어진 이후에도 부단한 기화의 작용을 통해 간섭하고 간여하는 것이다. 따라서 이러한 동학적 기일원론에서는 그것이 인간이든 사물이든 타자와 고립되고 격절되어 존재하는 개체는 없다. 다 같이 일기의 소산이며 기화의 작용에 의해 상호 연계되어 있기 때문이다. 그것이 기일원론적 만물일체 혹은 만물평등의 사상이다.[28]

그런데 동학은 이처럼 만물일체적 평등을 제시하는 한편 그러한 만물들 중에서 인간이 지닌 독특한 역할을 강조한다. 예컨대, "사람은 五行의 빼어난 氣이다"[29]이라거나 "사람의 몸에 있는 이치와 기운[理氣]이 바르면 천지에 있는 이치와 기운도 바르고, 사람의 몸에 있는 이치와 기운이 바르지 못하면 천지에 있는 이치와 기운도 바르지 못하다"[30]는 것이 그것이다. 나아가서 해월은 "만물 중 가장 신령한 것은 사람이므로 사람은 만물의 주인이다"고까지 주장하고 있다.[31] 이처럼 만물 중에서 사람의 특수한 지위를 인정하는 데서 더 나아가 만물의 주인이라고까지 언급하는 데 이르면, 앞서의 만물평등의 주장과 일견 모순되는 듯하다. 그

---

28) 「靈符呪文」의 "우주의 만물이 모두 하나의 기와 하나의 마음으로 관철되어 있다"거나, "어찌 반드시 사람만이 홀로 한울님을 모셨다고 하겠는가, 천지만물이 한울님을 모시지 않음이 없다"는 해월의 언급이 그 대표적이 예이다.
29) 『天道敎經典』, 「海月神師說法·天地父母」.
30) 『天道敎經典』, 「海月神師法說·虛와 實」.
31) 『天道敎經典』, 「海月神師說法·其他」.

러나 이 '주인'을 문자 그대로 主奴관계에서의 '주인'의 의미로 보아서는 안된다. 이 말의 진의는 바로 그 구절을 이어서 살아가기 위해서 오곡백과의 자양에 의존하며 하늘로서 하늘을 먹는 원리에 따라 사는 사람은 心告를 통해 천지만물이 서로 융화하고 소통에 이르도록 노력해야 함을 말하는 데서 드러난다. 그것은 평등한 일체적 관계의 사물들 중에서 심을 지닌 자각적 주체인 사람에게 만물일체의 연대적 연대의 실현이라는 역할을 부여하는 것이다. 그러한 역할은 "어느 한 사물도 한울님을 모시고 있지 않음이 없음"을 인정하고 사물과의 관계에 나아가는 '敬物'의 태도에 의해 수행되어야 한다.32) 따라서 그러한 역할은 인간에게 주어진 특권이라기보다는 의무라고 할 수 있을 것이다.33)

넷째, 영성적 주체로서의 인간이다. 天人合一과 理氣二元論의 존재론에 의해 지지되는 '천 혹은 천리를 내면의 본성으로 지니고 있는 인간'이라는 식의 주자학적 인간관에서, 인간의 본성은 주로 도덕 혹은 윤리를 본질적 내용으로 하는 것이다. 다시 말해 그것은 도덕학적 관심 속에서의 인간규정이라는 것이다. 그러나 동학에서의 기는 인간의 일거수 일투족의 모든 행위에 간여할 뿐 아니라 인간의 간절한 염원에 부응하여 강림하는 신령적 주체이다. 따라서 그러한 기를 부여받은 인간의 본성 역시 "모신다[侍]는 것은 안으로 신령스러움을 지닌다는 의미이다"34)는 말로서

---

32) 『天道敎經典』, 「海月神師說法·待人接物」.
33) 사람과 사물의 관계규정과 관련된 이러한 동학의 만물일체적 연대의 주체로서의 인간관과 유학적 인문주의에서의 인간중심주의는 정확히 '敬物'과 '愛物' 사이에 존재하는 차이만큼의 차이를 지닌다. '敬物'이 평등한 대상과의 관계방식이라면, '愛物'은 양자의 불평등성을 전제한 시혜적 관계방식이기 때문이다.
34) 『東經大全』, 「論學文」.

표현되는 것처럼 영성적 요소를 본질로 한다. 이러한 차이는 유학 내부의 전형적인 기일원론인 장재나 왕부지 혹은 조선의 서경덕의 그것과 동학의 기일원론을 비교하면 쉽게 드러난다. 양자는 비록 리기의 분리가능을 인정하지 않는다는 점〔理氣不相離〕에서는 공통적이지만, 기 자체의 속성에 대한 이해에 있어서는 차별적이다. 즉, 동학은 기에 대해 유학적 기일원론과 달리 생명적이고 인격적인 속성을 부여하고 있기 때문이다.

그밖에 수운이 주자학에서 하늘이 초월적 이법이나 절대적 도덕규범으로 떨어짐으로써 유학이 실천윤리로서의 생명력을 상실했음을 지적하고[35] 생명적이고 인격적인 하늘에 대한 외경〔敬天〕을 그 대안으로 제시하고 있는 것이나, "인의예지는 옛 성인의 가르친 바요 수심정기는 오직 내가 다시 정한 것이다"[36]는 말에서의 仁義禮智와 守心正氣의 대비 역시 도덕중심의 인간관에 근거한 수양방법과 성령의 주체로서의 인간관에 근거한 수양방법의 차이를 대비하는 언급으로 이해할 수 있을 것이다.[37]

4. 맺음말

지금까지 동학의 창도과정에서 계승과 극복의 대상이 됨으로

---

[35] 『東經大全』, 「용담유사·권학가」: "부자유친 군신유의 부부유별 장유유서 붕우유신 있지마는 인심풍속 괴이하다."
[36] 『東經大全』, 「修德文」.
[37] 해월 역시 『天道敎經典』의 「海月神師法說·守心正氣」에서 "몸은 심령의 집이요 심령은 몸의 주인"이라는 말을 한 것에서 알 수 있듯 심령을 본질로 하는 인간을 제시하고 있다.

써 사상적 절충의 계기를 제공한 주자학과의 비교를 중심으로, 동학이 어떠한 존재론적 바탕 위에서 특유의 신관을 전개하고 있는지, 그리고 그러한 신관은 동학의 사상체계에서 어떠한 내재적인 전개를 보여주는지를 살펴보았다.

그 결과 우리는 동학이 주자학의 천인합일적 사유는 계승하되 이기이원론을 극복하고 기일원론으로 존재론적 전환을 시도했음을 확인했다. 그리고 이를 통해 이 존재론적 전환이 지닌 사상사적 의미를 세 가지로 분석해 보았다.

첫째, 그것은 본체계(形而上)와 현상계(形而下)의 분리에 근거한 이원적 세계를 현상계 중심의 일원적 세계로 수렴시키는 것이고, 현상계를 초월한 별도의 원리나 법칙의 존재가능성을 부정하고 현상 속의 원리나 법칙만을 인정하는 것이다. 둘째, 그것은 시간과 공간의 제약에서 벗어난 절대적이고 정태적인 세계를 중시하는 본체론적 사유에서 일정한 공간의 속에서 시간의 흐름을 따라 끊임없이 변화하는 상대적이고 동태적인 세계중시의 현상론적 사유로의 전환이다. 셋째, 그것은 존재론적 위계질서를 부정하고 모든 존재의 일체적 평등의 세계를 제시하는 것이다.

이어서 이러한 세 가지 의미를 지닌 기일원론적 존재론에 근거해 동학 특유의 기일원론적 범재신관의 구성이 가능했음을 확인했다. 그리고 최종적으로는 바로 이러한 주자학적 존재론 극복의 산물인 기일원론적 범재신관이 인간관으로의 내재적 전개를 통해서 한국의 근대 개벽기이던 당시는 물론이고 현재도 여전히 동학에서 대안적 사상의 가능성을 모색할 가치의 근거가 됨을 밝혔다. 그것이 바로, 천인합일적인 주체로서의 인간, 평등한 주체로서의 인간, 만물일체적 연대의 주체로서의 인간, 영성적 주체로서의 인간이라는 동학고유의 인간관이다.

마지막으로 논자가 보기에 동학적 신관과 관련한 중요한 하나의 문제를 제기하는 것으로 논의를 마무리 하고자 한다. 그것은 다름 아니라 신앙으로서의 동학에 접근할 때 제기될 수 있는 타력신앙의 문제이다. 이미 본론에서 확인한 바대로 동학의 신관이 범재신론으로 유신론과 범신론적 요소를 동시에 포용하고 있다면, 신앙의 실천에 있어서도 그에 상응하는 자력적 신앙과 타력적 신앙의 요소를 동시에 포용하고 있을 것이다. 자력적 신앙은 인간의 완성과 구원의 가능성이 인간 자신에게 내재해 있으므로 다른 어떤 수단에도 의존하지 않고 스스로의 실천노력을 통해 그것을 온전히 실현해 냄으로써 자아의 완성이나 구원이 가능하다고 본다. 그러나 이러한 자력적 신앙의 믿음은 시대적 상황, 특히 인간이 처한 현실적 조건에 대한 인식에 따라 타력적 신앙으로 전환될 수 있는 여지가 있다. 우리는 그러한 예를 자력적 신앙의 전형으로 이해되는 불교 내부의 타력적 신앙의 대두에서 살펴볼 수 있다.[38]

동학이 지닌 수심정기나 성경신의 실천은 기본적으로 하늘의 내재성, 즉 하늘인 자아에 대한 믿음과 실천에 기초한 자력적 신

---

[38] 불교의 경우, 일찍이 인도의 대승의 등장과 더불어 출가할 사회경제적 능력이나 불법을 이해할 수 있는 지적인 능력이 없고 따라서 자력적 구원〔해탈〕의 가능성이 닫혀 있었던 재가의 민중들의 구원을 위한 하나의 방법으로 보살의 원력에 의한 구원이라는 타력적 신앙을 제시되게 된다. 이러한 타력적 신앙은 중국에 와서는 정토종에서 보는 것처럼 유일한 구원의 방법으로 제시하게 된다. 정토종이 타력적 구원을 필수적이고 유일한 방법으로 설명하는 데는 末法의 시대라는 당시 사회에 대한 이해를 바탕으로 한다. 말법의 시대에는 구원〔해탈〕이 인간의 자력적 능력으로는 불가능하고 절대적 존재의 힘에 의존하고 귀의할 때만이 가능하다는 것이다.

앙의 길을 말하고 있다. 그러나 이것만으로는 동학이 당대에 지녔던 대중을 상대로 한 흡인력을 설명할 길이 없다. 따라서 우리는 동학의 교리가 세련화 되고 체계화되면서 합리적인 자력신앙의 측면이 강조되기 이전에,39) 초기 동학에서 보이는 타력적 신앙의 흔적들에 주목할 필요가 있다. 예를 들면 13자 주문의 염송의 중요성을 말하는 수운의 언급이나 부적을 통한 치병에 관한 언급들이 그것이다. 그것은 아무런 근거없는 것이 아니라 동학이 열어놓고 있는 기화로서 외재하는 인격적 신인 하늘을 전제로 한 귀의와 염원을 반영하고 있기 때문이다. 정토종이 불교의 말법관에 기초해 무지하고 고통에 받는 민중의 염원에 반응해 아미타불의 염송에 의한 구원의 가능성을 열어주었듯, 초기의 동학이 강조한 주문의 염송이나 부적의 사용 역시 당시의 외우내환의 상황에서 고통받고 배우지 못한 계층이었던 민중을 향해 타력적 구원의 방법으로 제시된 것이며, 그것은 외재적 하늘에 대한 사유를 근거로 한 것으로 볼 수 있다.

---

39) 물론 수운에게서 이미 초기의 득도체험에서 드러나는 하늘의 외재적 성격이 吾心卽汝心의 내재적인 방향으로 중심이 바뀌어 가는 단서를 보이고 있다. 따라서 의암에게서 人乃天의 명제로 귀결되는 분명한 내재적 하늘에 대한 규정은 수운에게 비롯된 것이다.

동학의 인간관
-'侍天主'의 사회사상사적 의의를 중심으로-

이명남*

1. 머리말

주지하는 바와 같이 봉건제 하에서의 개인은 신의 攝理나 보편적 理法과의 관계 속에서 계급적으로 사회적 관련이 맺어져 있었고, 그것으로부터 독립된 인격은 인정되지 않았다. 따라서 사상사적인 측면에서의 근대성의 본질은 이러한 중세의 보편적 가치체계로부터 독립된 인간의 개성에 대한 자각과 자아에 대한 주장, 그리고 자연을 객관적으로 바라보고 표현하는 정신 그 자체를 의미한다고 할 수 있다.[1] 물론 이러한 근대정신의 구체적인 발현형태와 시기는 유럽과 우리나라가 상당한 차이를 보이고 있는 것이 사실이다. 특히 유럽의 근대적 인간관은 신의 섭리로부터 독립된 인간본성에 대한 새로운 인식이라는 형태로 나타나지만, 우리의 경우는 성리학에 기초한 '理氣'라고 하는 보편적인 자연법칙 내지는 理法으로부터 독립된 인간본성에 대한 새로운 인식이라는 형태로 나타난다.

---

* 부산매일 논설위원(정치사상)
1) 會田雄次, 「近代の胎動」(『京大西洋史』Ⅳ, 創元社, 昭和52年), p.30 참조.

우리나라에 있어서의 중세적 가치체계, 즉 조선성리학의 범주를 벗어난 새로운 학문적 연구는 17세기 후반의 실학에서부터 비롯된다고 할 수 있다. 그러나 조선주자학의 이기론의 틀을 벗어난 인간본성에 대한 새로운 문제제기가 본격적으로 나타난 것은 朝鮮西敎에서 비롯되었다고 할 수 있다. 이처럼 기존의 이기론의 범주를 넘어 전개된 新西派의 천당-지옥설을 매개로 한 공리적 윤리관은 攻西派의 격렬한 비판을 거쳐 다산 정약용의 '事天의 學'에서 독특한 인성론으로 새롭게 종합·체계화되었다.2) 그러나 다산에 있어서의 인성론은 어디까지나 사대부 지배계급 내부의 문제였다. 따라서 피지배민중 계층의 새로운 사회적 자각과 결합된 것은 水雲 崔濟愚에 의해 唱導된 東學이라 할 수 있다.

2. 侍天主思想의 인간관

1) '侍天主'사상에서의 '天主'개념

우선 수운의 인간관을 이해하기 의해서는 수운의 천주개념을 먼저 살펴볼 필요가 있다. 수운에 있어서의 천주란 유교적 격물치지의 대상으로서 자연 속에 내재하는 理法에 그치는 것도 아니고 그렇다고 해서 西敎에서와 같이 천당과 지옥을 설하여 놓고

---

2) 정약용의 認識論的 견해에서 새로운 것은 性에 도덕규범이 선천적으로 구비되었다는 朱子性理學的 견해를 반대하면서, 성을 '心之所嗜好' 즉, 善을 좋아하고 惡을 싫어하는 것이라고 생각했다는 점이다. 즉 그는 인간에 있어서의 '性'을 欲·樂과 본질적으로 같은 嗜好로 파악하여 인간의 욕망본성을 긍정한 바탕 위에 새로운 사회실천 윤리를 모색한 것이다.

인간에게 상벌을 가하는 존재도 아니다. 그것은 古經에 있어서의
상제개념과 귀신신앙과의 융합형태라고 보아야 한다. 수운보다
앞서 上古人의 상제개념과 귀신설을 융합하여 독특한 '사천의 학'
을 구축한 사람이 바로 다산이다. 그러나 다산에 있어서의 상제
천은 인간의 외부에서 개개인의 행동을 낱낱이 살피고 있는 외제
적 존재인 반면 수운에 있어서의 천주는 시천주의 형태로 인간의
주체적 자의식과 결합하는 내재적 존재이다. 다시 말해 다산의
상제천은 인간의 선한 행동을 외부에서 강제하는 존재라고 할 때
이러한 상제천에 대한 인간의 존재형태는 여전히 농노적 자율성
의 범주에 머무를 수밖에 없다. 그러나 수운은 초월적인 신의 존
재를 인간의 내면세계와 합일시킴으로써 인간의 절대적 긍정이
라는 근대적 인간상에 보다 가깝게 나가고 있다.

특히 다산의 '侍天의 學'과 구별되는 시천주 신앙의 민중적 성
격은 수운이 그것의 현실적 모델을 일반민중의 귀신신앙에서 구
하고 있다는 사실에서 명확하게 나타난다. 수운이 '侍天主'에서의
'侍'자를 안으로는 신령한 것이 있고 밖으로는 氣化가 있어 세상
사람이 각기 알아서 옮기지 못하는 것이라고 설명하고 있다.[3]
다시 말해서 시천주란 인간과 어떤 신령한 기운이 내면적 일체를
이룬 상태를 의미하는 것이다. 또한 『東經大全』의 「論學文」에서
는 覺道의 순간에 몸이 몹시 떨리면서 밖으로 接靈하는 기운이
있고 안으로 강설의 가르침이 있었다는 것을 밝히고 있다.[4] 이
러한 수운의 覺道순간에 있어서의 신비체험은 무격신앙이었다는

---

3) 『東京大全』, 「論學文」: "侍者 內有神靈 外有氣化 一世之人 各知不移者."
4) 『東京大典』, 「論學文」: "學此一不已 故 吾赤悚然 只有恨生晚之際 身多戰寒 外
有接靈之氣 內有降話之敎."

것을 의미한다.

그러나 시천주신앙의 원형이 전통적인 민간신앙이었다고 하더라도, 그것과 동일한 것이라고는 할 수 없다. 무엇보다 그의 覺道과정이 인간을 자신의 개별적 자유의지와 무관하게 어떤 초월적 신에게 종속시키고 귀의케 하는 과정이 아니라, 그의 오랜 인간적·학문적 고뇌와 방황, 그리고 그것의 결산이 바로 천주강령의 신비체험이었다는 사실이다.5) 다시 말해 수운의 得道체험은 샤머니즘 그 자체가 아니라, 자아(ego)를 잃지 않은 채 超越者와 교감하는 황홀경(trance)의 체험이라 할 수 있다.6)

뿐만 아니라 시천주의 과정은 민간신앙에서 나타나는 잡다한 귀신들에 대한 합일화로서 나타나고 있다. 당시의 민간신앙은 크게 귀신신앙과 무격신앙으로 대별할 수 있지만 이 양자는 서로 밀접하게 관련되어 현실 속에서 나타난다. 즉 인간생활을 지배하고 있는 불가사의한 영력을 가진 귀신의 존재를 믿는 것이 귀신신앙이고, 이 귀신과 교통하여 능히 신을 내리게 하고 신의를 받아서 그것을 말하고 신명에 의해서 신부를 만들어 재앙을 방지하고 질병을 치료하는 등 기타의 시도를 유효하게 하는 것이 무격이라고 할 수 있다.

이러한 귀신신앙과 무격신앙을 중심으로 한 민간신앙은 조선사회의 저변에 강고한 형태로 남아 있었던 것이지만 민간신앙하에서의 개인은 결국 그들의 외부에 존재하는 日·月·山·川·動植物 및 鑛物과 衣·食·住 등 정령을 가졌다고 믿어지는 모든 것으로부터 전 생활이 지배를 받고 있을 뿐 아니라, 자신의 운명

---

5) 李敦化 編述,『天道敎創建社』第一編, pp.3~4 참조.
6) 「朝鮮後期」(『韓國史論』 4, 國史編纂委員會, 1986), pp.224~225.

을 좌우하고 지배하는 귀신과의 접촉은 모개자를 통하지 않고는 불가능한 존재였다.

그러나 시천주 신앙에 있어서는 민간신앙에 있어서의 이러한 잡다한 귀신들이 천주라는 개념 속으로 합일화 된다. 즉 수운은 일종의 불가사의한 靈力을 가지고 인간의 현실생활을 끊임없이 간섭하면서 활동하고 있는 것으로 믿어졌던 諸鬼神을 百千萬物의 化生之理인 음양으로 규정했고,7) 음양은 또한 一氣, 즉 至氣의 소산이니, 결국 '鬼神→陰陽→至氣[=上帝=天主]라는 논리체계가 성립된다. 이리하여 단순한 기복신앙의 대상으로서의 諸鬼神은 천지만물 모든 존재의 근원인 至氣[=上帝=天主]라고 하는 유일한 초월신으로 합일화된다. 그리고 이와 같이 民間信仰에 있어서의 雜多한 諸鬼神이 合一化된 存在로서의 天主는 侍天主의 형태로 자연과 인간 속에 다시 還歸하여 그 속에 內在하는 즉, 內在的 超越神으로 존재한다. 그리고 이러한 天主의 現象界에 대한 內在化 過程에서 東學은 중세적 도덕원리를 普遍化・一般化・民衆化시키게 된다. 그러나 다른 한편 그 과정에서 불가피하게 일정정도의 呪術性 또한 띠게 된다.

3. 侍天主사상에서의 인간관

이상에서와 같이 시천주 신앙에서의 개인은 당시까지 강고한

---

7) 『天地理氣』, 「海月神師法說」; "天地 陰陽 日月於千萬物 化生之理 莫非一理氣造化也 分而言之면 氣者는 天地 鬼神 造化 玄妙之總名이니 都是一氣야니라."

형태로 남아 있던 민간신앙의 노예적 내지는 농노적 自意識의 울타리를 넘어 보다 합리적인 사고의 주체로서 보다 보편적 존재를 향해 자신을 끊임없이 발전시켜 나갈 수 있는 존재로 상정된다. 민간신앙에 있어서의 개인은 全生活이 잡다한 귀신에 의해 지배를 받고 있는 존재일 뿐 아니라 자신의 운명을 좌우하는 귀신과는 중간적 매개자, 즉 巫覡을 통하지 않고서는 접촉할 수 없는 존재였다. 그러나 시천주 신앙에 있어서의 개인은 祈福信仰的인 저급한 자아의식에서 벗어나 모든 우주적 존재의 근원[천주]으로까지 자아를 성숙시켜 나가는 주체로 인식되고 있다. 뿐만 아니라 수운은 천주와 개인 사이에 교주로서의 자신마저 개입시키는 것을 완강하게 거부하고 있다.

　이러한 시천주 신앙은 그 동안은 지배계급이 자신의 의도대로 수탈하고 지배할 수 있는 존재로밖에 여기지 않았던 조선조 후기 피지배 농민계층의 사회적 自意識의 성장과도 부합하는 측면이 있다. 엄밀한 의미에서 동학의 시천주사상은 唱導過程에서부터 민중적 성격을 내재한 것이었지만 실제로 동학이 피지배민중 계층을 중심으로 급속히 교세를 확장하게 된 원인도 여기에서 찾아야 할 것이다. 다시 말해 사대부 양반 지배계급이 그들의 천민지배적 굴레 속에 가두어 방치해 두었던 피지배민중이 이제는 자신들의 사회적 삶을 합리적으로 재구성하려는 주체적 자의식의 역사적 전재과정과 시천주 신앙이 서로 共鳴을 일으켜 상호 결합하게 되었다고 보아야 할 것이다. 결국 신천주 신앙은 조선조 후기에 이르러 국가의 보편적이고 공적인 지배 이외에 자의적이고 사적인 지배를 배제하려는 농민운동과 의식적인 측면에서 서로 깊은 공명을 일으켜 밑으로부터의 근대화를 위한 거대한 에너지로

轉化되었던 것이다.

　조선조 후기 특히 18세기 이후 농민의 사회적 존재형태는 그 이전에 비해 뚜렷한 차이를 보이고 있다. 이러한 차이는 무엇보다 조선조 후기에 접어들면서 농민들이 봉건적 지배계층에 의한 잡다한 형태의 지배중에서 公的이고 보편적인 것 이외의 私的이고 恣意的인 지배를 배제하려는 움직임을 본격화하고 있었다는 데서 잘 나타난다.

　18세기 이전의 조선왕조 국가의 지배형태를 전체적으로 볼 경우, 일반농민에게 직접 군림하고 있었던 것은 국가 그 자체라기보다는 宮房과 地方官衙 및 在地土族이었고, 중앙권력으로서의 국가가 개별적 농민에게까지 그 지배를 一元的으로 관철시킨 것은 아니었다. 그러나 18세기 이후에는 당시까지의 개별적 또는 사적인 예속관계로부터 벗어나려고 하는 피지배농민 내지는 공·사노비의 저항에 의해, 이들에 대한 봉건적 지배를 유지하기 위한 위로부터의 여러가지 개혁조치 즉 均役法과 大同法의 실시, 그리고 洞契의 변화 등이 불가피하게 되었다. 그리고 이러한 개혁조치의 지향하는 궁극적 목표는 지배의 정당성을 국가로 一元化시키는 것임은 물론이다.[8] 물론 이러한 개혁초지로 피지배농민에 대한 사적이고 자의적인 수탈 자체가 근절되었다고는 할 수 없겠지만, 이러한 법적·제도적 장치를 통해 적어도 피지배농민의 공적인 사회적 지위가 전기에 비해 현저히 증대된 것을 두 말 할 나위가 없다.

---

8) 이에 관해서는 西田信治, 「李朝後期の朝鮮社會と國家」(朝鮮史研究會論文集, 1988.3), No.25를 참조할 것. 西田信治는 이 논문에서 조선조 후기사회의 지배형태를 중앙의 국가와 지방관아의 지배형태의 변화 그리고 在地土族과 향촌농민의 관계변화를 통해 규명하고 있다.

이러한 현상은 조선후기에 이르러 피지배농민 계층이 국가의 보편적이고 공적인 지배 이외의 사적이고 개별적인 지배형태 즉 기존의 노예적·농노적 지배형태를 배제하고, 나아가서는 국가라고 하더라도 정당한 지배 이외의 것에 대해서는 적극적으로 거부의사를 표명할 만큼 사회적 자의식이 고양되었다는 것을 의미한다.

이것은 18세기를 전후한 시기의 일반민중의 사상적 경향 속에서도 잘 나타나고 있다. 특히 이 시기에 민중계층의 鑑訣思想이나 미륵신앙에 대한 傾倒現象이 두드러지게 나타나고 있다. 피지배민중 계층이 이러한 감결사상이나 미륵신앙에 귀를 기울이고 거기에서 자신들의 미래를 찾으려 했다는 사실 자체가 성리학적 가치체계의 붕괴를 의미한다. 우선 감결사상은 사회변동기에 나타나는 피지배민중의 사회적 불안 내지는 위기의식의 표현이고, 또한 현실도피적·은둔적 경향을 내포하고 있다. 그러나 감결사상의 '鄭將軍說話'를 통해서 살펴볼 수 있는 바와 같이 이 사상은 현존하는 이씨왕조체계에 대한 거부의 이념으로 작용하고 있었으며, 민중저항운동의 사상적 지주가 되기도 하였던 것이다.9) 한편 민중불교로서의 미륵신앙은 旣成宗敎化한 制度佛敎 자체에 대한 도전일 뿐 아니라, 성리학적 가치관에 대한 저항의 성격도 띠고 있었다.10) 이렇게 볼 때 감결사상이나 미륵신앙에 일반민중이 경도되었다는 것은 결국 기존의 지배질서로부터 벗어나려는 일반민중의 강렬한 의지를 나타낸 것이었다. 그러나 한편 『鄭鑑錄』에 있어서의 현실변혁의 내용은 어디까지나 이씨에

---

9) 趙珖, 『朝鮮後期 天主敎史 硏究』(高麗大學校 民族文化硏究所, 1988), p.2.
10) 앞의 책, p.3.

서 정씨라고 하는 왕조체제의 내부 즉 중세적인 지배질서 내에서의 변화에 머무르는 것이었다. 미륵신앙도 그 기저에 놓여 있는 것은 인간의 외부에 존재하는 초월적 존재에 의한 救濟라고 하는 일종의 메시야니즘(Messianism)적 성격이 깔려 있다.

그러나 19세기 동학의 시천주사상은 중세적 지배질서를 넘어 새로운 지배질서를 지향하는 논리체계를 갖추고 있다는 점에서는 감결사상과 명확한 차이점을 가지고 있다. 시천주사상의 '천주'개념은 민간신앙에서의 잡다한 귀신들에 대한 합일화로서 나타나고 있고, 또한 시천주 신앙 자체가 천주와 인간 사이에 교조로서의 수운 자신을 포함한 어떠한 중간적 매개자도 인정하지 않고 있다. 이것은 조선조 후기 피지배농민 계층이 그들 위에 군림하고 있던 지배형태 중에서 지방관아와 궁방, 그리고 재지토족 등의 사적이고 자의적인 지배를 배제하고 지배의 정당성을 국가로 일원화하려는 움직임과 그 맥을 같이하고 있다. 또한 수운이 시천주사상을 통해 자신에 대한 구제의 주체는 바로 자기 자신임을 밝힌 것은 동학이 미륵신앙에서와 같은 메시야니즘적 성격을 현저히 극복하고 있다는 의미이다. 동학의 이러한 성격은 기존의 지배계급에 의존해서가 아니라 오히려 그들과 대립해서 자신의 사회적 삶을 주체적으로 확대 재생산하려는 피지배농민층의 자의식의 역사적 자기 전개과정과 부합하는 것이었다. 시천주사상의 이러한 성격이야말로 19세기 농민층이 동학에 폭발적으로 참여하게 되는 본질적 계기를 이루는 것이었고, 이것이 19세기 말 분출하는 농민운동의 질적 전환을 가져오는 원동력이었다.

4. 맺음말

  우리의 근대사와 유럽의 근대사를 직선적으로 비교할 수는 없다. 근대적 인간관의 태동 및 역사적 전개과정의 구체적 형태와 시기는 유럽의 그것과 명백한 차이를 보이고 있기 때문이다. 그러나 보편적 자연법칙으로부터 분리된 것으로서의 인간본성에 대한 인식이 朝鮮西敎에서 싹이 터서 다산 정약용을 거쳐 수운 최제우의 동학에 이르러 피지배농민층과 결합되는 과정은 유럽의 근대사와 본질적으로 동일한 軌跡을 보이고 있다. 따라서 근대의 여명기라는 동일한 시대적 배경 속에 등장했던 토마스 뮌처(Thomas Müntzer)와 수운의 사상을 비교해 보는 것은 동학의 세계사적 의의를 확인할 수 있는 하나의 방법이 될 것이다.
  먼저 수운의 시천주사상을 뮌처의 이단사상과 비교하여 姜在彦은 '동학(천도교)의 사상적 성격'에서 수운에서도 뮌처에 있어서도 인간을 초월적 신에게 종속시키고 귀의케 하는 중세적 인간상을 부정하고 초월적 존재를 인간의 내면세계에서 해소하여 주체적 자아를 확립하려는 근대적 인간상의 태동이 보인다고 지적하였다.11) 이것은 수운과 뮌처의 사상에 대한 매우 일반적이고 선언적 의미의 규정이지만, 보다 구체적으로 수운과 뮌처의 사상은 몇 가지 유사성을 가지고 있다.
  우선 이들은 다같이 신비적 종교체험을 중시했다. 수운은 유

---

11) 姜在彦, 「동학(천도교)의 사상적 성격」, pp.124~125 참조.

교적 古典, 또는 경전연구에 의한 즉 난해한 格物致知에 의한 道成立德의 방법을 거부하고 守心正氣라는 지극히 주관적이고 비합리적인 수양방법에 의해 천주의 직접적인 降靈을 체험함으로써 至於至聖에 이를 수 있다고 주장했다. 뮌처 역시 신의 말씀, 신의 계시는 역사적으로 1회에 한정되어 그것이 『성서』에 기록됨으로써 종결된 것이 아니라 현재에도 계속되고 있다고 하는 즉 形體化된 聖書主義보다는 신의 직접적인 계시를 통한 주관적이고 신비적인 종교체험을 중시하였다.12)

다음으로 수운과 뮌처는 신과 인간 사이에 있는 일체의 인위적인 매개를 배제시키고 있다. 뮌처는 인간이 일체의 인위적인 매개없이 신 앞에서 설 때 비로소 순수한 신앙의 형태가 나타나게 된다13)고 하여 신과 인간 사이에 존재하는 일체의 인위적인 권위는 철저히 부정하고 있다. 수운 역시 형체화 된 유교경전의 인위적인 권위를 부정하고 또한 敎祖로서의 자신마저도 신과 인간과의 직접적인 관계로부터 배제시켰다. 따라서 시천주 신앙에서는 모든 인간이 吉凶禍福이라는 자신의 운명을 외부에서가 아니라 바로 자기 자신의 내면세계에서 발견할 수 있게 된다. 이것은 결국 초월적인 신의 존재를 인간의 내면세계와 합일시킴으로써 인간의 주체적 자아를 확립하려는 근대적 인간상의 역사적 전재를 엿볼 수 있게 하는 것이다.14) 이렇게 볼 때 수운의 시천주 사상이나 뮌처의 신비주의는 다같이 인간성의 절대적 긍정이라는 근대정신의 根底에 접근하는 것이라 할 수 있다.

---

12) 『世界歷史』 14(巖波書店), pp.339~342.
13) 앞의 책, pp.339~342.
14) 姜在彦, 앞의 책, p.125 참조.

동학의 도덕적 평등주의

오문환*

1. 머리말

'광제창생'·'보국안민'·'포덕천하'의 구호는 수운 최제우가 19세기 말이라고 하는 당대의 정치·경제·사회·국제정세에 대한 현실인식을 바탕으로 내놓은 동학의 정치-사회적 지향성을 잘 보여준다. 정치-사회적 지향성의 바탕에는 '도성덕립'이 기초하고 있다. 이 점에서 동학의 정치-사회적 지향성은 새로운 이상국가나 사회에 대한 동양의 전통과 맥락을 같이한다고 볼 수 있다. 수운이 자신의 깨달음과 대동소이하다고 한 유학은 '내성외왕(內聖外王)'을 궁극 이상으로 제시한다. 안으로는 인격을 완성하고 밖으로는 도덕정치를 실현하는 왕이 되는 것을 최고의 이상으로 제시한다.

도덕과 정치는 상호모순적 원리로 이해되고 있으나 수운은 경신년 하느님 체험을 인격완성을 위한 '천도'라 하여 도학 또는 심학임을 밝히고, 다른 한편으로는 사회와 인류를 구원하는 '천덕'이라 하여 '후천개벽' 혹은 '다시개벽'을 실현하기 위한 것임을 밝

---

* 연세대 강사(정치학)

히고 있다. 안으로는 깨달음을 통한 인격완성을 지향하고, 밖으로는 사회변혁과 혁명을 추구하는 정치-사회적 지향성이 분명히 드러나고 있다. 수운을 이은 해월 최시형과 의암 손병희의 경우에도 수행을 통한 인격완성과 함께 1894년 동학혁명과 3·1운동이라는 구체적 사회정치 운동으로 그 정치-사회적 성격을 보여주었다.

동학의 정치-사회적 지향성의 정치철학적 바탕이 무엇인가를 모색해 보는 것이 이 글의 목적이다. 이 글은 도덕적 평등주의야말로 동학의 정치철학의 핵심이라는 점을 제시해 볼 것이다. 주자학이 가지는 철학적 이원론과 사회-정치적 신분제 질서는 동학의 도덕적 평등주의를 통하여 극복되고 일련의 사회-정치적 운동을 통하여 극복되는 모습을 보인다. 여기에서는 도덕적 평등주의의 성격을 명확히 함으로써 동학의 자주적 근대성의 성격을 명확히 그려보고자 한다.

2. 불평등 비판과 평등주의

조선은 주희의 성리학을 정치이념으로 받아들여 세워진 국가이다. 주희의 철학은 이(理)와 기(氣)를 철저하게 구분짓고 이의 우위를 주장하는 이원론이다.[1] 인성론으로 보자면 이에서 나온 사단을 구현한 군자와 기에서 나온 칠정에 끌려다니는 소인이 철

---

1) 牟宗三, 『心體與性體』(正中書局), 民79 참조.

저하게 구분된다. 인성론의 차이는 사대부 계급과 피지배 계급으로 고착화되어 질서화·체계화된다. 국가 내부는 군신의 관계로 엄격하게 계서화되고, 사회는 반상으로 질서화되고, 가정은 부부로 계층화된다. 다시 세부적으로 보자면 반상의 질서는 지방에서는 향약의 형태로 세분화되고, 자식들은 적서로 구분된다. 주희의 이원론은 왕을 중심으로 체계화할 수 있는 정치철학적 뒷받침을 잘해내었다. 주자학은 차별의 질서화였기 때문에 이와 같은 차별적 질서에 대한 비판은 곧 조선의 정치이념에 대한 비판과 마찬가지였다. 유학자의 집안에 태어난 수운은 누구보다도 주자학을 잘 알고 있었다고 하겠다.

  수운은 먼저 도덕과 신분의 밀착고리를 끊어버리는 데 초점을 맞추었다. 조선은 주희의 이원론을 사회화·권력화하였다. 수운은 먼저 도덕을 신분과 지식으로부터 과감하게 떼어낸다. 수운은 "몹쓸사람 부귀하고 어진사람 궁박하고 하는말이 이뿐이오, 약간 어찌 수신하면 지벌보고 가세보아 추세해서 하는말이 아무는 지벌도 좋거니와 문필이 유여하니 도덕군자 분명타고 모몰염치 추존하니 우습다 저사람은 지벌이 무엇이게 군자를 비유하며 문필이 무엇이게 도덕을 의논하노"(「道德歌」)라는 수운의 비판은 조선의 신분제에 대한 결정적 비판이다. 왜냐하면 지벌·가세·문필이 높을 사람들이 도덕을 점유하고 있다는 조선사회 구성원리를 근본부터 부정하는 것이기 때문이다. 다시 말하자면 지벌이 높다고, 가세가 좋다고, 문필이 유려하다고 해서 곧 도덕을 이루었다고 말하지 못한다는 것이다. 조선시대 신분이 높고, 재산이 많고, 지식있는 계층은 사대부였으며 수운의 비판은 이들이 더 이상 도덕군자가 아니라는 것이다.

사대부 계층이 도덕군자가 아니면 누가 도덕군자인가? 물론 수운에게는 '천주를 모셔서 경천순천(敬天順天)하는' 사람이 군자일 것이다. 도덕군자란 '천주를 모시는' 사람이지 양반계층・지주계급・지식인이 아니라는 비판이다. "문필도 귀하지마는 문필이란 것은 그 실 사람의 적은 재조에 불과한 것이오 도덕은 사람의 타고난 본성을 찾는 것이니 사람이 만일 자기전체를 잃어버리고 문필뿐 얻는다 하면 이는 미친 사람이 아니고는 들을 수 없을 것이다"2)라는 수운의 말에서 지식인에 대한 혹독한 비판을 볼 수 있다. 글읽고 시쓰는 글재주에 도덕이 있는 것이 아니라 자신의 본성인 천주를 찾는 것이 도덕군자라는 지적이다. 수단과 목적의 전도에 대한 혹평을 볼 수 있다.

수운의 사대부 계층에 대한 비판은 사실상 조선의 정치주체에 대한 비판이기 때문에 곧 권력비판이라 할 수 있다. 수운의 불철저한 혁명성을 논하는 글들이 있으나 이미 수운은 조선의 정치이념의 핵을 비판하고 있다는 점에서 조선의 권력구조를 부정하는 혁명성을 내포하고 있다. 수운은 권력구조를 어떻게 할 것인가에 대한 구체적 논의를 할 단계도 아니고 할 필요도 없었지만 정치-철학적 상상력을 동원하여 본다면 수운은 '천주를 모시는' 사람들이 도덕군자로서 권력중심에 서야 한다는 암시는 충분히 읽을 수 있다.

해월도 "동학을 깨달은 자는 호미를 들고 지게를 지고 다니는 사람 속에서 많이 나오리라"3)고 하고 "부한 사람과 귀한 사람과 글 잘하는 사람은 도를 통하기가 어렵다"4)고 하였다. 도는 재산

---

2) 李敦化, 『天道教創建史』 第一編(天道教中央宗理院藏版, 昭和8年), pp.36~37.
3) 『韓國學報』 12(1976), 250면. 愼鏞廈 교수의 해설에서 재인용.

의 유무, 권력의 유무, 그리고 지식의 유무 등과 같은 인위적 차별과는 아무런 관계가 없다고 하겠다. "부귀한 자만 도를 닦겠는가, 권력있는 자만 도를 닦겠는가, 유식한 자만 도를 닦겠는가, 비록 아무리 빈천한 사람이라도 정성만 있으면 도를 닦을 수 있느니라."5) 도 앞에서는 모든 사람이 평등하며 오직 정성만이 중요할 뿐이다. 조선의 사대부 계급은 도덕과 아무런 관계가 없는 것이다. 조선의 불평등 구조를 혁신하고 정성이 중심에 선 도덕질서에 대한 희구가 잘 나타나고 있다. 성(誠)은 하늘의 도이기 때문에 정성을 드리는 사람은 누구나 도덕을 완성할 수 있다.

도를 멀리하고 차별을 제도화한 조선의 불평등은 해월에 의하여 강하게 비판된다. "우리나라 안에 두 가지 큰 폐풍이 있으니 하나는 嫡庶의 구별이요, 다음은 班常의 구별이라. 적서의 구별은 집안을 망치는 근본이요, 반상의 구별은 나라를 망치는 근본이니, 이것이 우리나라의 고질이니라."6) 동양에서 국가와 가정은 권력의 기본구조이다. 권력의 기본구조가 불평등에 의하여 무너지게 되었다는 것이 해월의 지적이다. 불평등 질서로 말미암아 국가붕괴와 인간붕괴에 대한 우려를 볼 수 있다.

동학에 이르러 신분제적 불평등, 반상의 불평등, 적서의 불평등, 남녀간 불평등, 어른과 어린이 불평등을 포함한 일체의 불평등이 극복되고 있다. 수운은 자신이 데리고 있던 하녀 한 명을

---

4) 『韓國學報』 12(1976), 250면. 愼鏞廈 교수의 해설에서 재인용.
5) 天道敎中央總部, 『天道敎經典』(天道敎中央總部出版部, 1993), p.311.
6) 『天道敎經典』, 389면: "我國之內에 有兩大弊風하니 一則 嫡庶之別이요 次卽 班常之別이라 嫡庶之別은 亡家之本이요 班常之別은 亡國之本이니 此是吾國內 痼疾也니라": 「天道敎書」: "神師曰, 自今으로 吾道人은 嫡庶의 別을 有치 勿하고 人間平等의 義를 實遵하라."

며느리로 삼았고 다른 한 명은 양녀로 삼았다.7) 그 자신 서얼출신으로8) 불평등의 문제를 스스로 극복하고 있다. 해월은 "내 비록 부인 소아의 말이라도 배울 것은 배우노라. 이제 제군을 보매 거만하고 자존하는 자 많으니 '위가 미덥지 못하면 아래가 의심하며 위가 공경치 못하면 아래가 거만하니라' 함은 이 선사의 경계하신 바니라. 위에 있는 자 어찌 반드시 위에만 있으며 아래 있는 자 어찌 반드시 아래에만 있으리오. 두목의 밑에 반드시 백승의 대두목이 많이 있나니 제군은 삼가라."9) 이와 같은 해월의 말과 실천은 조선사회의 가부장적 가정질서와 관료제적 사회질서를 혁신하는 것이었다. 해월의 한글로 된 「내수도문」과 「내칙」은 평상시와 임신하였을 때 여성의 수도에 관한 내용으로 여성에 대한 존중을 잘 볼 수 있다. 동학에서 남녀평등은 억압적 남성으로부터 여성의 해방됨으로써 성취될 수 있다기보다는 여성도 자신 안의 본성을 실현함으로서 성취된다. 내적으로 천주를 모시고 밖으로는 모든 존재를 천주로 섬김으로써 여성은 자아완성을 이루어 남녀평등을 이루는 것이다. 해월은 조선시대 남녀불평등의 상징인 "며느리도 천주를 모시고 있다"라고 하여 여성들도 천주로 섬기라고 하였다.

"두목 밑에 대두목이 많이 있다"라는 해월의 말은 관료제적 불평등 비판으로 볼 수 있다. 효율과 생산성을 위해서는 관료제가 필요하나 관료제적 조직이 곧 도덕의 높고 낮음을 의미하는 것이

---

7) 『天道教創建史』 第1篇, p.44.
8) 李敦化, 『天道教創建史』(天道教中央宗理院藏版, 昭和8年), p.2; 愼鏞廈, 『東學과 甲午農民戰爭硏究』(一潮閣, 1994), p.6.
9) 『天道教百年略史』, p.152.

아님을 알 수 있다. 비록 낮은 자리에 있더라도 정성을 다하면 도덕을 완성할 수 있음을 보여준다. 실제로 해월은 천민출신을 매우 높게 쓴 일이 있다. 해월은 1891년 호남을 돌아보면서 호남우도와 호남좌도의 두령 사이의 불화를 질책할 때 다음과 같이 수운의 신분제에 대한 태도를 상기시킨다. "대신사께서 일찍 말씀하시되 '우리 도는 후천개벽이요 更定胞胎之運이라' 하셨으니 선천의 썩은 문벌의 고하와 귀천의 등분이 무슨 관계가 있느냐. 그러므로 대선생께서 일찍 여비 두 사람을 해방하여 한 사람은 양녀를 삼고 한 사람을 자부로 삼았으니 선사의 문벌이 제군만 못한가. 제군은 먼저 이 마음을 깨치고 자격을 따라 지휘에 쫓으라."10) 남계천이 천민출신이라는 이유로 김낙삼이라는 사람이 호남의 16포에 속해 있는 백여 명을 거느리고 와서 해월에게 항의하면서 조직 안에 불화가 빚어졌을 때 해월이 이들에게 한 말이다. 해월은 동학조직은 신분제보다 도덕과 능력을 중시한다는 사실을 잘 말해 주고 있다. '후천개벽'과 '갱정포태지운'이라는 개념에서 알 수 있는 것은 동학이 도덕적 평등주의에 기초한 새로운 세상과 새로운 질서를 지향하고 있음을 알 수 있다.

3. 평등의 근거: 천주를 모심

수운은 어떤 근거로 불평등한 사회체제를 비판하고 평등주의

---

10) 『天道教百年略史』, pp.159~160.

의 대안을 제시하는가? 수운에게 있어서 불평등은 인위적인 것이고 평등주의는 자연스러운 것으로 받아들여지고 있다. 동학의 평등주의는 수운의 경신년 4월 초5일에 있었던 천주체험에서부터 시작된다.

일반적으로 천주는 유한한 인간과 별개로 무한하고, 완전하고, 초월적인 존재로 그려져 왔다. 수운은 그러한 초월적 존재인 천주가 자신의 마음과 똑같다[吾心卽汝心]는 천주의 소리를 들음으로서 대도를 깨달았다11)고 말한다. 절대존재인 신과 상대존재인 인간이 본마음에서는 평등하다는 사실을 깨달았던 것이다. 본심으로 보자면 인간은 신과 하등의 차이가 없는 것이다. 보편존재인 신과 상대존재인 인간이 하나로 이해되고 있다. 이 경지에서는 무한과 유한, 절대와 상대, 보편과 특수는 하나로 관통되어 평등하게 된다. 그러므로 수운은 천주로부터 귀신이 따로 존재하는 것이 아니라 "귀신이라는 것도 또한 나[鬼神者吾也]"12)라는 말을 듣게 되고 "천지역시 귀신이오 귀신또한 음양"13)이라고 한다. 형이상의 천지, 형이하의 음양, 사람의 마음이 하나임을 말하여 절대평등의 경지를 밝혔다. 이 경지에서 보면 모든 존재는 절대적으로 평등하다. 수운의 깨달음은 절대평등의 경지에 대한 체득이라고 말할 수 있다. '시천주'라는 것은 이와 같은 평등성에서 나온 표현이다. 사람도 자연사물도 그 중심에는 천주를 모시고 있다는 것이다. 수운의 평등성은 모든 존재의 가장 깊은 내면에는

---

11) 「論學文」; 水雲 崔濟愚의 『東經大全』과 『龍潭遺詞』의 인용은 慶州 癸未版本으로 하며 편명만 기록한다.
12) 「論學文」.
13) 「도덕가」.

천주가 있다는 사실을 체득함으로써 나온 것이다. 모든 존재의 가장 깊은 내면의 존재는 하나로서 수운은 그 존재를 '천주'·'중(中)'·'천도(天道)'·'무극대도(無極大道)'·'성(性)'·'성(誠)' 등으로 불렀다. 평등의 근거가 도덕에 기인하기 때문에 우리는 동학의 평등주의를 도덕적 평등주의라 부를 수 있다. 수운의 제자 해월은 이를 더욱 분명하게 해준다.

해월은 수운이 대구감영에서 효수당한 뒤 1865년 수운탄신 기념식을 고향인 검곡에서 거행한 뒤에 평등주의를 선언하였다. "사람은 한울이라 평등이요 차별이 없나니 사람이 인위로써 귀천을 분별함은 곧 천의에 어기는 것이니 제군은 일체 귀천의 차별을 철폐하여 선사의 뜻을 이어 가기로 맹서하라."14) 이는 해월이 동학도들에게 한 최초의 법설로 전해지고 있다. 동학의 평등주의는 사람이 하늘이기 때문이라는 점이 명확하게 밝혀지고 있다.

'사람이 하늘이라'는 명제는 자기가 누구인가라는 정체성에 대한 동학의 대답이다. '나'가 누구인가라는 문제는 많은 종교와 철학의 탐구대상이다. 수많은 철학과 종교는 인간이 무엇인가라는 문제에 대하여 나름대로의 대답을 한다. 기독교에서 인간은 신의 피조물이고, 유가에서 인간은 인(仁)으로 이해되고, 불교에서 인간은 불성으로 이해된다. 철학에서 인간은 '노동하는 존재', '생각하는 존재', '정치적 존재', '경제적 존재', '자유로운 존재' 등으로 이해되곤 한다. 천주와 인간본성 사이에는 털끝만큼의 차이도 없다는 것이 동학의 인간이해이다. 여기에서 인간존엄성의 궁극적

---

14) 李敦化, 「天道教書」 第二篇(昭和 8年), p.7: "人은 乃天이라. 故로 人은 平等하여 差別이 없나니 人이 人爲로서 貴賤을 分함은 是 天에 違함이니 吾道人은 一切 貴賤의 差別을 撤廢하여 선사의 志를 副함으로써 爲主하기를 望하노라."

인 경지를 보게 된다. 인간을 물질차원·사회차원·의식차원으로 규정하는 것이 아니라 영성적 차원에서 정의하고 있다. 수운이 자신의 도를 '무극대도'라고 하는 이유는 인간에 대한 어떤 정의도 인간성을 완전히 표현해줄 수 없기 때문이라 할 수 있다. 정의될 수 없는 그 끝을 '무극'이라 한 것이다. 하늘을 정의할 수 없는 것과 마찬가지이다. 천주는 어떤 정의도 넘어서는 것과 마찬가지로 인간도 어떤 정의도 넘어서 있다. '사람이 하늘이다'라는 정의는 사람의 본성이 무한하고, 정의할 수 없고, 초월적이라는 뜻을 나타내기 위함이라 하겠다.

동학의 평등주의의 근거는 하늘의 평등성·초월성·무한성에 있기 때문에 비단 사람들 사이의 평등을 주장할 뿐만 아니라 사람과 자연 사이의 평등까지도 주장하게 된다. 자연사물도 그 중심 핵에는 하늘의 기운이 관통하기 때문에 그 점에서는 인간과 평등하게 된다. 이는 매우 흥미로운 점이다. 서구의 평등주의가 주로 경제적·정치적·사회적·성적·이성적 차원에서의 평등주의인데 반하여 동학의 평등주의는 모든 차원[형이상·자연·인간]에서의 평등주의이다. 그러므로 동학의 평등주의는 서구의 합리적·이성적 평등주의와 달리 도덕적 평등주의 또는 영적 평등주의라고 부를 수 있겠다. 서구의 평등주의가 신과 자연에 대한 인간의 우위에 기초하고 있다면 도덕적 평등주의는 도와 덕의 차원에서는 신이나 인간 그리고 자연이 평등하다고 본다. 그러므로 서구의 근대적인 평등주의와는 분명한 차이점을 보인다.

도덕적 평등주의는 사람들에게 뿐만 아니라 모든 생명·무생명의 존재들에게도 똑같이 적용되는 평등주의라 할 수 있다. 우주만물의 평등이라고 할 수 있다. 해월은 생나무도 꺾지 말고, 미물의 생명도 귀히 여기고, 새소리도 하느님 소리고, 땅에도 침을 뱉지 말고 어머니 살처럼 여기라고 가르치고 있다.15) 우주적 차원에 펼쳐진 장엄한 평등주의적 비전이 그려볼 수 있다. 해월은 자연사물에까지 미친 평등심의 경지를 '경물'이라고 개념화하였다. 티끌도 하느님의 표현체로 지극히 공경하라는 가르침이다. 자연사물은 자의식이 없으나 인간은 자신도 천주이며 자연사물도 천주의 표현이라는 의식을 갖고 있다. 그렇기 때문에 '인간이 가장 신령(最靈)하다'고 할 수 있다. 칸트식으로 표현하자면 모든 존재 안에 내재한 도와 덕을 완전히 발현시키는 것이 인간의 정언명령이 된다. 생명 자체의 절멸을 예고하는 환경파괴의 질주가 가속되고 있는 현대사회에서 동학의 도덕적 평등주의는 새로운 문명의 지향성을 제시할 수 있을 것이다. 우주만물의 가장 깊은 심연에 흐르고 있는 하나의 기운에 귀기울이지 않는 한 인류문명과 생명은 희망이 없게 될 수도 있다. 그러나 수운은 도덕적 평등주의의 미래는 매우 밝다고 한다.

4. 평등의 구현

도덕적 평등주의는 순환론적 역사관에 의거하여 역사철학화된다. 도덕의 완성은 단순히 개인적 차원에서만 이루어지는 것이 아니라 사회역사적 차원으로 확대된다. 수운은 천주체험을 통하

---

15) 오문환, 『사람이 하늘이다-해월의 뜻과 사상』(솔, 1996.) pp.164~167.

여 하늘 마음과 사람 마음이 똑같다는 사실을 깨달았으나 이를 단순히 개인적 차원에 국한시킨 것이 아니라 모든 인민에게 확장시킨다. 수운은 이를 '덕을 편다〔布德〕'라고 하였다. 내적으로는 하늘마음과 같아지는 것이고 외적으로는 모든 존재들이 평등한 존재가 되는 정치·사회 질서를 구현하는 적극적 실천으로 발전한 것이다.

순환론적 역사관은 제자들이 "천령이 강림하였다고 하오신데 어찌된 일입니까"라는 질문에 대하여 "가고 돌아오지 아니함이 없는 이치를 받은 것이니라"16)라는 수운의 대답에 잘 나타난다. '무왕불복'이란 온 것은 반드시 가고, 간 것은 반드시 온다는 우주의 어김없는 순환법칙을 뜻한다고 할 수 있다. 수운은 「포덕문」을 우주순환론으로 시작하고 있다. "저 옛적부터 봄과 가을이 갈아들고 사시가 성하고 쇠함이 옮기지도 아니하고 바꿔지도 아니하니 이 또한 한울님 조화의 자취가 천하에 뚜렷한 것이로되"17)라는 데서 동학의 순환론이 명확하게 나타난다. 순환의 법칙에서 예외는 없다.

순환론에 의하면 무릇 온 것은 반드시 가고야 말 것이므로 '상해지수'를 당하고 있는 불평등한 조선사회도 반드시 멸망할 것이라는 예측이 가능하게 된다. 실제로 수운은 순환론에 의거하여 "부하고 귀한사람 이전시절 빈천이오 빈하고 천한사람 오는시절 부귀로세 천운이 순환하사 무왕불복 하시나니"18)라고 하였다. 해

---

16)「論學文」: "今天靈降臨先生 何爲其然也 曰受其無往不復之理."
17)「布德文」: "盖自上古以來 春秋迭代四時盛衰 不遷不易 是亦天主造化之迹 昭然于天下也."
18)「교훈가」.

월은 이러한 순환론을 보다 분명히 하여 기존하는 불평등적 유교 질서의 종말과 평등적 질서의 도래를 확신시킨다. "성한 것이 오래면 쇠하고 쇠한 것이 오래면 성하고, 밝은 것이 오래면 어둡고 어두운 것이 오래면 밝나니 성쇠명암은 천도의 운이요, 흥한 뒤에는 망하고 망한 뒤에는 흥하고, 길한 뒤에는 흉하고 흉한 뒤에는 길하나니 흥망길흉은 인도의 운이니라."19) 도덕적 평등주의는 순환론에 의하여 다가올 정치사회의 이상으로 제시되게 된다. 순환론과 결합한 도덕적 평등주의는 정치-사회적 변혁이념으로 작용하게 된다. 변혁이념으로서의 도덕적 평등주의는 구체적인 정치-경제적인 평등사상으로 발전되지는 않았지만 19세기 말 농민들의 불평등에 대한 저항을 결집시키는 변혁이념으로 작용했다. 영적·도덕적 평등에서 출발한 평등개념은 순환론과 결합하여 정치-사회적 평등주의로 발전하였다.

동학의 '무왕불복'의 순환론은 입체적으로 이해되어야 할 것이다. 즉, 흥망성쇠가 단순히 반복되는 것이 아니라 순환하는 가운데 양적으로 확장되고 질적으로 심화되는 거꾸로 선 원추형적 역사발전으로 이해해야 할 것이다. 계절순환의 경우도 올해의 봄은 작년 봄과 같이 봄이지만 내용에서는 전혀 다른 봄이다. 1년간의 체험이 축적된 다른 차원의 봄인 것이다. 여기에서 동학의 진보관을 볼 수 있다.

진보란 도의 중심에 나날이 다가가는 길이며, 덕을 나날이 너르게 펴는 일이다. 도의 중심으로 나아간다는 것은 자기의 본성

---

19) 『天道敎經典』, p.324; "盛而久則衰요 衰而久則盛이요 明而久則暗이요 暗而久則明이니 盛衰明暗은 是天道之運也요 興而後에 亡이요 亡而後에 興이요 吉而後에 凶이요 凶而後에 吉이니 興亡吉凶은 是人道之運也니라."

을 실현하는 길이며 덕을 널리 편다는 것은 천주와 사람의 평등에서 사람과 사람, 사람과 자연 사이의 평등으로 확장된다는 것을 뜻한다. 동학에서 진보는 그러므로 자아완성과 공동체 완성을 뜻한다고 할 수 있다. 도덕적 평등주의는 인생과 역사의 진보의 길로 이해되고 있다. 도덕적 평등주의를 이 땅에 구현하는 것을 '개벽'이라 할 수 있으며 수운의 정치·사회 철학의 핵심은 여기에 있다고 할 수 있다. 개인적 차원에서 도덕적 평등주의를 실현하게 된다면 사람은 군자·성인·지상신선이 되는 것이고 정치-사회적 차원에서 이를 구현하게 된다면 사회는 지상천국이 되는 것이다. 여기에서 동학의 '포덕천하'라는 우주적 공동체에 대한 비전을 볼 수 있다.

5. 평등이 실현된 이상사회

평등이 구현된 이상사회를 수운은 '동귀일체(同歸一體)'·'만법귀일(萬法歸一)'이라고 하였으며 해월은 '물오동포(物吾同胞)'·'인오동포(人吾同胞)'라 하였다. 자연과 인간 그리고 하늘이 하나로 통일된 상태를 동학에서는 이렇게 표현되었던 것이다. 우주만유가 하나의 형제자매라는 뜻이다.

'동귀일체'란 우주만물이 한몸으로 돌아간다는 통일성을 의미한다. 다른 말로 풀이하면 우주는 본래 하나로 관통되어 있다는 의미이다. '혼원한 하나의 기운[混元一氣]'이 우주만물을 하나로 관통하고 있다는 뜻이다. 이 하나의 기운에 통하고 보면 우주만물을 아니 통하지 못하는 곳이 없으며 아니 통하지 못하는 시간이 없는 것이다. 해월이 말하는 "하늘이 하늘을 먹는다〔以天食天〕"는 말의 의미도 이러한 맥락에서 이해될 수 있다. 우주만물을 하나로 통하고 보면 모든 존재는 하나의 천주를 모신 존엄한 존재로 평등하다. 해월이 "사람을 하늘과 똑같이 모시라〔事人如天〕", "사물을 공경하라〔敬物〕"고 하는 것도 바로 그러한 마음의 경지에 이르러 사람들과 자연사물을 바라보았기 때문이라 하겠다. 어떤 이원성도 존재하지 않는 절대자유·절대평등의 경지인 '무극대도'에 근거한 평등주의라 할 수 있다. 그렇기 때문에 수운의 평등주의는 일반적 의미의 평등주의와 구분하여 도덕적 평등주의라 할 수 있다. '무극대도'는 우주간의 모든 존재의 심연을 관통하기 때문에 '무극대도' 앞에서 모든 존재는 본래적으로 평등하다고 할 수 있다.

도덕은 신분·권력·지식의 유무에 관계없이 우주만물을 하나로 관통하여 '한몸'으로 회귀하여 일체 우주만물을 사사롭거나 사특한 마음없이 평등하고 담담하게 바라본다. 사사로움이 없고 사특함이 없는 이 도덕의 경지에서 나온 것이 동학의 평등주의이다. "하나의 몸으로 돌아가고 보면" 모든 인위적인 차별과 분열은 그 의미를 상실하게 된다. 형이상학적으로만 그러한 것이 아니라 실제 생활에서도 그러한 것이다. 해월이 동포론을 이야기할 수 있었던 것도 이와 같은 마음의 경지에 이르렀기 때문에 가능했으리라. 동학의 이상사회에서는 인간과 인간이 평등하고, 인간과 신이 평등하고, 인간과 자연이 평등하다. 물질만 존재한다는 유물론과 신만이 존재한다는 유신론 그리고 인간의 마음이 모든 것이라는 유심론이 하나로 통하게 되어 일체의 미신이 사라지는 세상이라고 할 수 있다. 현대인이 미망에서 헤어나지 못하는 것은 이 셋을 각각 따로 보기 때문일 것이다. 셋을 통하는 하나에 이르고 보면 인간은 물질의 노예도 아니며, 신의 노예도 아니며, 자기 마음의 노예도 아닌 본래의 나를 깨달아 일체존재들이 하나의 존재의 다양한 모습임을 알게 될 것이다.

6. 맺음말

동학의 평등주의는 아직까지 구체적인 정치제도로 구체화되지는 않았다. 그러나 수운 이후 동학의 역사는 수운이 깨달은 도덕적 평등주의를 구현하기 위한 역사였다고 할 수 있다. 동학의 도덕적 평등주의는 방향을 상실하고 표류하던 조선말기에 한민족에게 역사의 방향성을 제시해 주었으며, 1890년대에 본격화되어 1894년으로 마무리되는 동학혁명운동[20]을 통하여 한민족사의 본령을 이루었다. 백범 김구 같은 정치지도자의 술회에서도[21] 볼

---

[20] 金敬宰, 「崔水雲의 侍天主와 歷史理解」(『韓國思想』 15, 1977), p.223: "東學革命의 위대성은 거의가 문맹이었던 당시의 民衆을 수운의 創道 以後 不過 三十年이라는 짧은 시간동안 民衆을 侍天主의 높은 신앙이념으로 계몽시켜 人間의 平等性과 존엄성을 자각시킬 수 있었다는 點과 한발 더 나아가서 그들로 하여금 歷史갱신의 主體者로서의 역사 감각을 가지고 革命에 동참하게 했다는 점이다."
[21] 金九, 『金九自敍傳 白凡逸志』(白凡金九先生紀念事業協會, 제8판, 1969), pp.27~28: "내가 공손히 절을 한즉 그도 공손히 맞절을 하기로 나는 황공하여 내 성명과 문벌을 말하고 내가 비록 成冠을 하였더라도 兩班댁 서방님인 주인의 맞절을 받을 수 없거늘, 하물며 편발 아이에게 이런 대우가 과도한 것을 말하였다. 그랬더니 선비는 감동한 빛을 보이면서, 그는 東學道人이라 선생의 훈계를 지켜 貧富貴賤에 差別이 없고 누구나 平等으로 대접하는 것이니 미안해 할 것 없다고 말하고 내가 찾아온 뜻을 물었다…하느님을 모시고 하늘 도를 행하는 것이 가장 요긴한

수 있듯이 동학의 도덕적 평등주의는 임시정부의 이념 형성에도 이바지하였음을 알 수 있다. 일제치하에서도 동학을 이은 의암 손병희의 천도교는 평등한 마음으로 다른 종교들과 합심하여 민족간의 평등을 온몸으로 주장하고 불평등 국제질서에 투쟁한 3·1운동을 주도하였다. 어린이도 하늘처럼 받들자고 하여 어린이날을 만든 소파 방정환, 분단을 반대하고 자주적인 통일을 주장하였던 청우당 등은 모두 동학의 도덕적 평등주의를 실현하려 했던 역사의 발자취이다.

사람과 사람간의 여러가지 불평등의 골이 깊어지고, 사람과 하늘간의 거리가 멀어지고, 사람과 자연간의 지배와 정복관계가 지속되는 한 동학의 도덕적 평등주의는 날로 의미를 더할 것이다. 현대사회의 맥락에서 보자면 도덕적 평등주의는 참된 인간성을 실현하고 선한 공동체를 구현하는 이념적 좌표가 되어야 할 것이다. 도덕적 평등주의는 단순히 이념에 그치는 것이 아니라 구체적 생활양식으로 되어야 할 것이다. 나아가 도덕적 평등주의는 앞으로 정치-사회적 평등주의로 구체화 제도화시켜나가야 할 것이다. 도덕적 평등주의가 실현된 사회를 수운은 '후천개벽' 혹은 '다시개벽'이라는 다소 추상적인 말로 표현했으나 보다 분명하게 구체화하여 나가야 할 것이다. 평등주의는 인간의 도덕성을 완성하기 위함이지 단순히 경제적·정치적 평등을 구현하는 것은 아니라 하겠다. 경제적·정치적 평등은 궁극적으로 인간의 도덕완성이라는 목적을 위한 것이다.

남녀간·인종간·계급간·지역간·국가간에 현존하는 불평

일일 뿐더러 常놈된 한이 골수에 사무친 나로서는 東學의 平等主義가 더할 수 없이 고마웠고…."

등 구조를 끊임없이 개선하여 궁극적으로 완전한 평등에 이르러야 할 것이다. 지식의 유무도 차별의 근거가 되어서는 안될 것이며 종교를 이유로 사람을 차별해서도 안될 것이다. 일체의 이원론을 극복하고 하느님이 일상생활에서 숨쉬고, 밥먹고, 일하는 가운데 있다는 사실을 자각하여 지금, 여기의 생활 한가운데에서 약동하는 천주를 모셔 평등하여 걸리지 않는 마음을 구현하여야 할 것이다. 그렇게 함으로서 일체의 우상으로부터 자유로워지고 종교적 도그마로부터 해방될 것이다. 그러므로 도덕적 평등주의에서는 신을 인간세상을 떠난 절대자로 숭배하거나 맹종하지 않으며 내 생명의 중심으로 모시며, 자연을 더 이상 정복과 지배의 대상으로만 여기지 않고 나와 뭇 생명들의 어머니로 섬긴다.

    동학의 도덕적 평등주의는 어렵고 멀고 힘든 것이 아니라 일상생활 속에서 누구나 쉽게 행할 수 있는 것이다. "지극한 도는 어렵지 않은〔至道無難〕"〔『信心銘』〕 것이다. 도덕적 평등주의는 이념이라기보다는 생활 속의 구체적인 실천에서 시작되기 때문이다.

동학의 사회관

노태구*

1. 머리말

　문화의 정신축은 가치관이다. 가치관은 인간의 세계관·인생관·윤리·도덕의 질서이자, 사회가 올바로 되어나가야 할 길[道]이다. 이런 가치관은 그 문화가 가진 神의 성격에 의해 결정되고 설명된다. 따라서 정치-사회적 지도이념도 그런 가치관을 바탕으로 성립되는 것이다. 이렇듯 신은 문화의 정신이고 생명이다.
　동양세계의 정신을 낳은 신은 汎神이다. 서양신이 세계를 창조하고 인간의 운명을 지배하는 人格神인데 반해 동양의 범신은 자연자체인 동시에 비인격체이다. 그러므로 역사나 인간의 운명은 자연의 법칙에 지배되는 것이다. 인간의 행위[業]도 곧 자연의 일부에 지나지 않는 것으로 가령 윤회의 법칙도 곧 자연의 법칙일 뿐이지 어떤 인격신의 의지에 따라 섭리되는 심판의 결과가 아니다.1)
　동학을 창조한 水雲은 이는 인류가 참된 신을 잃어버린 데서 오는 神性의 소외로 진단한다. 지금까지는 불완전한 문화와 가치

---
* 경기대 교수(정치학)
1) 김진혁 편저, 「새로운 문명과 동학사상」(지선당, 1998), pp.5~10.

관의 결과로 인간성이 소외되고 사회의 병리현상이 일어났으므로 참한울님을 찾아 그의 天道를 人道로하여 병든 인간과 사회를 치유하여 君子와 聖人의 사회를 이룰 수 있어야 한다고 했다. 그래서 수운이 찾은 한울님의 道를 無極大道라 하는데 일면 仙藥이라고도 한다. 그의 도는 인간의 병을 고쳐 모든 사람을 '신선이 되게 하는 약'이라는 말이다.

수운의 동학사상은 일반종교가 그렇듯 신비주의적 종교사상이 아니라 東·西 철학을 꿰뚫는 엄밀한 논리와 방대한 체계로 되어 동서양의 종교와 철학사상의 한계를 극복하고 21세기 後天 5만년 지도이념이 되게 하였다. 先天의 불완전한 문명을 해체하고 후천의 새로운 문명을 일으킬 가치관이요 지도이념인 것이다. 이러한 사실은 본문을 통해서 이해될 수 있을 것이다.

동학사상은 본래 古朝鮮의 神仙道에 뿌리하고 있으며 수운의 한울님도 우리 조상들이 고대로부터 믿고 섬겨오던 한민족의 하느님이다. 그러므로 동학정신은 곧 우리 민족의 본래의 정신이다. 이 문화와 정신은 불교·유교·도교와 같은 외래문화가 들어와 혼합된 정신이 아니고 고조선의 순수한 '민족주체정신'이라는 것이다.

그러므로 우리가 이데올로기의 갈등으로 분단된 민족을 통일하기 위해서도 순수한 민족정신이었던 동학정신만이 냉전의 대립과 갈등을 극복하고 민족의 동질성을 회복할 수 있을 것으로 믿는 것이다. 오늘날 국내적으로는 중진국 단계에서 IMF위기를 극복하면서 선진국화를 모색하고 있다. 21세기를 향한 우리의 역사적 과제는 세계화에 대응하면서 제3의 개국을 하면서 선진자본주의를 확립하는 역사적 조정기에 처해 있다. 이 과정에서 세계의 논리와 한국의 논리의 조화, 의식과 행동의 세계화를 위한 가치관・세계관의 정립이 필요하다. 세계적으로는 산업사회가 후기산업사회로, 즉 정보사회・지식사회로 바뀌는 과정에서 정보화의 경제자유화로 세계화혁명이 일어나고 있다.2)

근대 이후 20세기까지는 인간 스스로 인간의 '이성적 능력'을 실험해 온 역사였다. 인간이성의 역사를 수운은 '선천시대'라고 부르고 그 이후의 세기를 '후천시대'라고 하였다.

수운은 인간이 그의 능력으로 물질문명은 창조할 수 있어도 '참인간'을 창조할 수 없다고 보고, 잃어버린 한울님과 天道를 다시 찾아 弘益人間理化世界를 건설하기 위해 후천개벽의 시운을 받은 사명자로 이 땅에 온 上帝였던 것이다. 이처럼 역사는 '原始反本의 순환시운'에 의해 섭리되는 것이다. 따라서 새천년은 다시 한울님과 인간이 합하여 이루어내야 할 '天人合一의 문명'시대이다. 眞人의 실현은 天道에 의하지 않으면 안된다.

天道를 人道로 하여야만 弘益人間의 참사람[眞人]을 창조해낼 수 있고, 부정과 부패가 없는 地上天國의 '理化世界'를 이룰 수 있는 것이다. 그러므로 동학은 지나간 역사 속의 유물이 아니라 도래하는 새천년의 새 문명을 창조해내야 할 천도이며, 우리 민족이 세계의 주역이 되어 이루어내야 할 지상천국 건설의 이념이며 세계관이다.

1) 弓乙의 문화

수운은 후천의 感性文明을 개벽하기 위하여 동학을 창도했다.

---

2) 김윤환, 「21세기 한국사회를 위한 개혁과제」(『21C 한강포럼』 창간호, 1999. 10.1), pp.4~5.

감성인간을 창조하는 진리로서 한울님의 靈符를 가지고 왔으니 이는 일명 仙藥이다. 이성으로 인하여 기계화되고 탈인간화된 소외대중을 眞人의 홍익인간으로 새롭게 태어나게 하는 선약은 참사람을 창조하게 하는 '신인간학'이라고 할 수 있다.

수운의 仙藥은 弓乙이요 太極이며, 太極은 또 無極이다. 그래서 수운은 동학의 道를 無極大道라고 한다. 「天符經」은 태극의 원리를 설한 경이며,『東經大全』은 무극의 원리를 통해 한울님의 마음을 설한 경이다. 「三一神誥」는 태극의 원리를 인간의 性에 구체적으로 어떻게 처방하고 치료해야 하는가하는 방법을 설하고, 「參戒」는 그것을 생활 속에서 실천적으로 닦아내는 조목을 나타낸 말씀이다.

그런데 이 홍익인간 철학이 후일에 이르러 儒道와 佛道와 道教로 분리되었던 것인데, 본래는 그것을 仙道라고도 하고 風月道라고도 한다. 그 후 2,500여 년이 지나 현금에 이르러서는 三道가 모두 그 본래의 뜻은 잃고 지엽말단론에 빠져 原道를 상실하게 되었던 것이다. 이와 같이 된 것을 先天上帝가 수운에게 잃어버린 原道, 즉 太極道를 다시 전수한 것이 弓乙이요, 仙藥이요, 無極大道인 東學이다.

오늘의 태평양시대가 저절로 우연스럽게 오는 것이 아니다. 韓國은 艮方이요, 木局이다. 그러므로 개벽의 아침이 한국에서부터 시작되고, 진인의 생명의 역사가 시작되는 곳으로 봄의 소생을 의미하는 木局의 象이기 때문이다. 그러므로 '새 시대, 새 생명의 역사'는 한반도에서 시작되는 것이다.

弓乙은 天心이 약동하는 象이다. 天心이란 한울님의 마음과 정신이다. 이 한울님은 타문화·종교의 한울님이 아닌 한민족의

한울님을 의미한다. 한울님이란 이름은 한국인의 신을 부르는 고유명사이다.3)

하느님[한울님]의 마음과 정신을 나의 인격적 주체정신으로 의식화[내면화]하는 것이 곧 동학의 요체인 侍天主이다. 그 방대하고 심오한 동학의 道와 신인간의 學이 바로 侍天主라고 하는 한 마디로 요약된다.

선천시대 5만 년은 인류가 동물성을 벗고 깨어나는 여명의 시기였던 것이다. 이제 후천개벽으로 열리는 새 아침은 달과 별의 시대였던 이성의 시대를 넘어 태양처럼 밝게 빛나는 참사람의 빛인 '감성문명'이 열리는 시기이다.4)

수운에게 있어서 西學은 선천문명의 시들어 가는 빛의 잔광이었던 것이다. 그래서 수운은 먼 훗날의 태양이기보다는 차라리 달빛이기를 원했다. 『동경대전』의 많은 시구에서 자신을 '달'로 비유했던 것이다. 海月도 마찬가지였다. 그들은 그렇게 달빛이 되어 어두운 밤을 밝히고 갔던 것이다. 후천개벽의 태양이 활짝 뜨는 人星의 시대에, 찬란한 빛으로 솟아날 그날을 기약하면서 天星과 地星은 그렇게 그들의 빛을 접었다.5)

이제야말로 물질이 아니라 문화가 지배하는 새로운 시대가 열려가고 있다. 새로운 정신문화가 일어나 이성을 본래의 순수사고 기능으로 돌려보내고, 무의식의 본능의 제욕구 가운데 동물성[獸

---

3) 기독교의 神의 이름은 '여호와'이다. 그것은 고유명사이다. 그들의 신의 고유명사인 '여호와'는 십계명에서 내린 여호와의 명령이다. 그럼에도 불구하고 기독교는 한국사람을 전도하기 위해 한국인이 신을 지칭하여 부르는 '한울님'이란 이름을 차용해 왔다.
4) 21C 탈근대주의(post-modernism)는 감성문화로부터 이성문명을 극복하자는 미래학의 이념과 운동의 의미를 내포하고 있다.
5) 김진혁, 앞의 책, pp.37~38.

性)을 벗겨버리고 '한울님의 마음'을 '사람의 마음'으로 인각하여 참사람을 창조해내는 '弓乙의 문화'를 펼 때가 도래한 것이다.

이제 동학의 빛으로 새 날을 열고 그리하여 우리는 원시동학으로 되돌아가야 한다. 동학복원을 위하여 우리 모두 일어서야 하는 것이다.

2. 東學의 宇宙觀

1) 우주관에 대해

세계에는 여러 문화가 있고 그 문화에 따른 여러가지 독특한 우주관이 들어 있다. 우주의 구조·진화·기원을 연구하는 것으로 옛날부터 여러가지의 우주관이 자연과학의 발달에 따라 변천을 겪어왔다. 질서있는 통일체로서의 세계를 고대·중세에는 형이상학으로, 현대에는 관측과 수리학적으로 연구하고 있다[cosmology]. 그러나 여기서는 우주의 발생·발전에 대하여 神學을 중심으로 조직적으로 우주개벽론을 설명하려고 한다[cosmogony]. 추상적인 우주관을 신관을 통해서도 역사적으로 구체화하여 설명할 수 있기 때문이다. 또 이는 새로운 이념적 세계관을 추구하려는 본고의 취지에도 부합하기 때문이기도 하다.

知性史에 있어서 신관의 내용은 발전하여 왔다. 신관의 특징은 두 가지로 대별된다. 그 하나는 '초월적 창조신관'이고, 다른 하나는 '자연적 생성신관'이다. 샤머니즘이나 애니미즘 및 다신관은6) 汎神觀이나 唯一神에 흡수되거나 소멸되어 왔다. 그러므로 현대 고등문화에는 세계 고등종교들이 갖고 있는 여러 형태의 신관 중에서 그 대표적인 것은 유일신으로서 자연적 범신[범신관: pantheism]이거나 초월적 창조신[유일신:theism]이 남아 있다고 볼 수 있다. 그리고 汎在神觀(panenthism)을 포함시킬 수 있다. 인도문화권이나 동북아시아문화권에서는 전통적으로 범신관을 가지고 있는데 반해, 서양은 기독교 창조신인 여호와를 믿어왔다. 여호와는 유태민족의 신이었으나 세계를 기독교화함으로써 세계적 신으로 확대되었다. 여화와는 천지만물과 인간을 창조한 창조신이며 유일신인 초월자이다.

초월자라는 뜻은 인간의 인식능력으로는 인식이 불가능한 존재이며 인식가능한 현상계 밖에 있으면서 자연계를 창조하고 섭리하는 전지전능한 절대자라는 뜻이다. 이와는 반대로 자연자체를 신으로 보는 범신은 우주만물을 그의 자의에 따라 창조한 초월신이 아니라, 우주만물 그 자체가 자연[범신] 자신의 생명의지에 의해 화생되어 나타나는 자연자체의 신관이다. 그러므로 이는 창조가 아니라 생성이다.

우리 몸 속에 세포들이 성장・소멸되는 것은 자기생성일 뿐, 자연은 누구의 뜻이나 힘에 의해 창조되거나 존재하는 것이 아니다. 그리고 汎神은 스스로 생・멸 현상을 일으켜 조화를 통해 존재하는 신으로 인격신은 아니다. 이에 반해 기독교의 창조신은 분명한 인격신이고 세계와 인간을 주재하는 초월자이다. 회교나 기독교는 같은 창조신을 믿고 있다. 힌두교・불교・유교・도교

---

6) 다신관은 신을 다종다양하게 보는 견해이다. 神道에서 팔백만 신이란 말이 있듯이 천지만유를 각개의 신으로 보는 견해이다. 水神・木神・石神・山神 등 명색마다 귀신으로 보고 인간을 신에 종속시키는 역사상 가장 오래된 원시적 유사이전의 신관이다.

는 범신을 믿고 있지만 아무도 그들이 믿는 범신을 인격신으로 믿지 않는다.7)

그리고 汎在神觀은 자연이 신이라 하더라도 우리가 자연을 다 안다고 생각하면 그것은 자연에 대한 불경이고 오만이라는 것이다. 이 '대우주자연'은 보이는 세계가 그 실체가 아니라 보이지 않는 그 내면의 세계가 실체이고, 또 그것은 인간의 지식으로는 앞으로도 영원히 벗길 수가 없는 신비와 불가사의의 세계라는 것이다.

범재신관은 범신론과 일신론을 극복한 초월신관이라고 하고 있다.

2) 汎在神觀

범재신론은 인류의 고등종교가 최고로 발달한 상태에서 나타나는 신관의 형태라고 한다. 이는 전통적 唯神論과 범신론이 창조적으로 지양·종합된 신관의 형태라고 할 수 있다.

서구 종교철학사에서 슈라엘 맛하(1768~1834)와 쉘링(1775~1854)에 이르러 신의식은 대체로 '범재신론'적 경향을 띠게 되었다. 수운(1824~1864)의 활동시기와 비슷하다.

미국의 정신의학자 칼레스 하트숀은 신성의 5가지 요소를 설정하고 유신론과 범신론 및 범재신론의 함수관계를 분석했다.

첫째로 신은 자의식적이다.[C]

---
7) 김진혁, 앞의 책, p.42.

둘째로 신은 세계를 안다.[K]
셋째로 신은 세계 속에 내재한다.[W]
넷째로 신은 영원하다.[E]
다섯째로 신은 시간적이다.[T]

일신관은 위의 C·K·E 요소를 종합한 속성을 갖고 있는 것으로 생각하며 신을 세계와 구별된 영원한 존재, 인격적이고도 자유로운 창조주로서 이해한다. 이의 상징은 수직선적이며 인간의 신에 대한 관계는 상향적인 예배와 찬양이 된다.

범신관은 C·K·W·E 요소를 포함한다. 존재가 곧 신이요, 세계 자체가 신의 몸이고 세계정신이 곧 신의 정신이다. 신은 무시간적이며 언제나 전체적이며 하나이다. 인간과 신과의 관계는 예배와 찬미라기보다는 명상과의 합일이며, 시간으로부터의 해탈이며 구원이다.

범재신관은 C·K·W·E·T 다섯 가지 요소를 모두 내포한 생존 자체이다. 즉 신은 자의식적인[C] 생존으로서 세계를 알고[K], 그러면서도 세계 속에 내재하며[W] 영원무궁한[E] 존재 자체이면서도 신적 상대성을 갖고 있는 시간적[T] 생존이다. 이는 정점을 지향하는 원추형의 입체이며 인간과 신과의 관계는 順理와 順命에 서서 신과 共後的이며 同役的인 창조행위로 참여하는 관계를 띤다. 크게 보아서 범재신론은 전통적인 유신론과 범신론이 창조적으로 종합 지양된 형태이다.

이렇게 볼 때 동학의 신개념은 범재신론과 같은 것으로 보인다. 그러나 천도교의 신관은 인위적 종합이 아니라 원천적으로 통일을 이룬 유기적으로 조화를 이루는 反對一致의 合一이라고 할 수 있다. 이를 범재신관과 구별해서 여기서는 생성신관으로 부르고자 한다. 이 범재적 성격을 보면서 우리는 이 범재신관은 마치 창조신과 범신을 서양인들의 상상력을 통해 다시 합성하여 만들어 놓은 것이 합성신관임을 알 수 있다.8)

과학문명의 근대 이성의 시대로 접어들면서 창조신과 범신은 가고 이성적 지식으로 짜맞춘 수많은 이념과 이데올로기들이 역사의 무대에 등장했다. 그러나 합리적 이성도 종언을 고하고 오직 물질만이 남아 인간 자신을 절망으로 빠트리고 있다. 여기에 인간은 신에 대한 감성적인 감정으로 창조신의 망령과 범신의 망령을 동시에 불러와 범재신관이라는 새로운 이름의 신관을 만들게 된다. 이를테면 창조신관에서 유래하는 물신의 오만방자함을 극복하기 위해 인간의 이성을 통해 상상의 신으로 나온 것이 범재신관인 것이다.

3) 창조신관

창조신의 세계질서는 피라미드 형태이다. 다층구조로 짜여져 있는 계층사회인 것이다. 창조신은 신과 인간 사이에 직접적 교통이 있을 수 없으므로 둘 사이를 매개하는 중보자가 필요하다. 이러한 중보자가 성인이거나 현자들과 같은 선지자들이다. 이 양자 사이는 본질적으로 영원히 만날 수 없는 평행선과 같다. 이러한 사실에서 창조신관은 그 신의 성격에 의해 오직 신만을 위해

---

8) 김경재, 「최수운의 신개념」(『동학사상논총』 제1집), p.209 : 하트숀은 화이트헤드의 영향을 받은 미국의 정신의학자이다. 그리고 신관에 대해서는 본 저서의 「천도교의 평화교육의 방법」의 장을 참고하길 바란다.

존재하는 세계관·인간관 및 사회적 윤리·도덕이 결정되는 것을 알 수 있다.

창조신도 그가 만든 만물 하나하나에 그의 신성이 내재되어 있다는 범재신관적 '내재설'을 주장한다. 그런데 진정한 내재는 창조가 아니라 '낳음'이라고 하는 '생성적 관계'에서만 가능한 일이 아닐 수 없다. 왜냐하면 생성만이 낳은 자와 낳음을 받은 자가 본질적으로 동일한 존재이기 때문이다. 만든 자와 만들어진 것은 절대로 그 본질이 동일할 수 없는 데서 참된 '내재'는 불가능해질 수밖에 없다.

인류역사는 東·西를 막론하고 창조적 신본주의와 범신적 신본주의가 일찍부터 수직적이고 계층적인 지배원리로 하여 봉건·전제·귀족 사회의 질서로 정착되어 왔다. 인간의 운명(카르마)을 결정하는 것은 신이라는 믿음 때문이다.

범신관은 無爲自然으로 우연적인 것을 자연적인 것으로 믿어 주재적 측면을 갖는다. 그러므로 인간의 존엄성이나 자유와 평등이라는 권리가 계층을 넘어 주어진 것이다.

그러나 범신론에서도 왕권은 신으로부터 받았다고 하는 소위 王權神授說에 근거해 있으며 백성은 절대충성과 복종만이 강요된다. 왕국의 질서는 신이 정해 준 질서이고, 왕은 신의 대리자이므로 王命은 곧 天命이 된다.

14~17·8세기에 걸쳐 인간은 근대정신인 계몽철학에 의해 주인의식을 가지게 된다. 세계와 운명의 주인이 신에서 인간으로 바뀌고 신이 주인의 자격을 상실하여 창조신의 세계가 종말을 고하게 된 것이다. 이 때부터는 인간이 그들의 이성의 명령에 따라 세계의 질서를 세우기만 하면 天國은 저 앞에 있는 것만 같았다.

그런데 인간성 중에서 '본능적 욕구'를 간과한 나머지 '이성의 신뢰'만으로 만사가 잘 될 것으로 보고 본능적 욕구충족이 적자생존의 경쟁적 힘으로는 우세하다는 것을 간과하였다. 결국 자본주의 사회의 부패 등 사회부조리, 무산자와 유산자계급간의 노동착취 등 계급갈등과 같은 무질서가 신본주의적 사회와 같이 위태로워 보인 데서 공산주의 이데올로기가 싹트게 된 것이다. 그리고 이들 세계의 힘의 경쟁은 결국 세계 제1·2차대전을 야기시키기도 한 것이다.

신을 창조하던 이성도, 인간과 세계를 창조하던 신도 이제는 모래성을 쌓아올리고 있는 것이다. 물질문명·과학기술이라는 이름으로 인간은 허무주의로 빠져들고 있다. 그러면 이러한 物神을 심판하여 참인간으로 변화시킬 수 있고 새롭고 영원한 세계질서를 세울 수 있는 진리의 신관을 위해서 참된 신은 없는 것인가?

4) 생성신관

생성신관은 동학의 신관이다. 생성이란 말은 자연이 만물을 스스로 낳아서 이룬다는 뜻이다. 자연이 자기 스스로를 이룬다는 뜻이다. 창조신과는 달리 자연의 하느님은 해와 달의 운행과 그 빛과 열로서 그의 체온을 느낄 수 있으며 4계절의 5행운동을 통해 생명이 약동하는 모습을 느낄 수 있는 존재이다.

수운은 한울님의 존재의 확실성을 두고 다음과 같이 말하고 있다.9)

---

9)「포덕문」: "春秋迭代四時盛衰不遷不易是天主造化之迹昭然于天下也":「포덕문」: "一動一靜一盛一敗 付知於天命是敎天命易 順天理者也":「논학문」: "天爲五行之

한울님의 존재가 바로 자연자체로서 사계순환운동을 통해 살아 숨쉬고 운동하고 있음을 볼 때 이보다 확실한 신의 존재가 어디 있겠느냐는 말이다.

천지만물의 생명운동 하나하나가 모두 한울님인 자연의 이치, 天理에 순응하여 이루어지는 필연에 의한 것이니 우연히 그렇게 되는 것이 아니라는 것이다. 하늘과 만물, 사람이 모두 하나의 氣인 天道에 의해 생성되었음을 자연현상을 통해 볼 수 있다는 것이다.

동학의 天道나 天은 단순히 '하늘의 길'이나 '하늘'이 아니라 '살아있는 인격적 하느님'이다. 하느님의 존재를 가능케 하는 힘은 그의 생명의 힘인 음양일기가 끝없이 생성운동을 하는 데 있다. 생성운동이란 생멸순환운동이며 이는 오행운동이라고도 한다. '5행'이란 사계의 변화로 나타나는 음양일기의 힘인데, 그 힘을 변화시키는 힘의 축은 생명욕 자체이다. 이를 수운은 造化라고 말한다.

만물은 하나하나가 自性에 의해 존재하는 것이 아니라 우주전체의 총체적인 마음과 정신에 의해 존재하는 것이다. 이러한 마음과 정신이 곧 인격적인 하느님인 것이다. 이를 '우주의 마음' 또는 '우주의 정신'이라고 부른다.

그리고 수운은 다음과 같이 말하고 있다.10)

無爲而化란 "자연이 스스로 자기를 化現해내는 조화"를 일컫는 말이다. 그러므로 조화의 본체란 곧 하느님의 생명력을 의미한다. 이러한 한울님의 도를 배워 깨달아 자기 자신의 인격적 정신으로 내면화하여 道通하려면 자연 자체의 性稟을 나의 성품으로 화하게 해야 하는 것이니, 먼저 자연 자체인 하느님을 깨달아야 하고, 그 깨달아 얻은 지혜와 덕을 나의 정신과 인격으로 화하게 하기 위해 그 마음가짐과

綱 地爲五行之氣 天地人三才之敎於斯可見矣."
10) 「수덕문」: "元亨利貞天道之常 惟一執中人事之察" : 「논학문」: "五道無爲而化矣~守其心正其氣率其性受其敎化出於自然之中也."

정신의 기운을 바르게 하여 한시도 흐트러짐이 없이 지켜나가야 한다는 것이다. 한울님의 성품만이 참이니 中道는 곧 하느님의 성품을 따라 행하는 것을 의미한다.

수운 자신도 하느님을 깨닫고 한울님의 성품을 자신의 성품으로 닦아가면서 깊이 헤아려 본 결과 천도는 곧 자연의 법칙이 아님이 없더라는 것이다.11)

공자의 天은 그가 천명을 따라야 한다고 하였음을 볼 때 그의 天은 인간격·인격천으로 인격적 존재였다고 할 수 있다.12) 그러나 宋代에 이르러 程伊天과 朱子에 의해 공자 이전의 人格天이 理氣天으로 격하되어 비인격적 존재로 되고 말았다. 그러므로 수운은 이를 애석하게 여기고 탄식하여 다음과 같이 말하고 있다.

옛글을 살피고 또 살펴 읽어본즉 夏·殷·周 三代에는 선유들이 하느님의 도를 따르고 공경하던 이치를 이제야 비로소 알겠다. 그러나 그 후대에 와서 후학들이 인격적 하느님을 잊고 비인격적이 됨으로써 하느님의 뜻이 무엇인 줄을 모르고 섬겨 공경함이 없으니 나는 이를 보고 탄식하노라. 내가 천도를 닦아 수련해 보니 자연이 곧 인격적 하느님을 부정할 수 없더라.13)

夏·殷·周 나라들은 공자 이전의 나라들로서 古朝鮮의 제후국들이었으며 이를 番韓 또는 番朝鮮이라 불렀는데, 番이란 국경 변방을 지켜 외침을 막는 제후국을 이르는 말이다.14)

---

11) 「논학문」: "吾亦~修而度之則亦不無自然之理."
12) 김춘성, 「동학의 자연관」(東學과 新文明論 춘계세미나, 동학학회, 1999.5.28)
13) 「수덕문」: "審誦三代敬天之理於是乎惟知 先儒之從命自難後學之忘却 修而煉之 莫非自然."

그러므로 "夏·禹가 舜임금의 사공으로 있을 때 二世檀君인 부루에게 治水法을 배워갔으며 洪範九疇를 하사받아 治國의 大法을 삼았다. 殷나라도 그와 같았다. 그러나 周나라의 文王과 武王은 殷나라의 番國제후였으므로 天帝의 나라인 조선의 천제로부터 직접 天範〔홍범구주〕을 하사받지 못하고 殷箕者에게서 배울 수밖에 없었으므로 『史記』에 이르기를 上帝〔조선의 天帝〕가 무왕에게는 천범을 주지 않았다"고 기록하고 있다.15)

당시 세 나라의 위치는 고조선을 중심으로 볼 때 서방의 변방에 위치한 번국에 지나지 않았던 것이다. 반면에 고조선은 그들 제후국의 上國이요, 天帝國이었다.

고조선에서는 桓因시대를 거쳐 桓雄시대와 檀君조선시대로 이어져 오면서 하늘을 인격천〔하느님〕으로 공경하고 섬겨 하느님의 뜻인 天命에 순종하고 天理에 따라 일년에 몇 번씩 하느님께 제사를 올렸다. 이러한 祭天습속이 중국으로 전해져서 天子가 正祭를 드리고 公卿·白·侯는 소제나 편제를 드릴 수가 있었다고 한다.

이처럼 이러한 祭天의식은 하느님을 인격신으로 공경하고 섬겼다는 뜻이다. 수운이 말한 "三代敬天之理 先儒之從命"이란 그런 뜻이다. 이러한 인격천인 하느님을 宋代의 후학들인 伊天과 朱子에 의해 우연적 天 또는 비인격적인 天인 理氣天으로16) 격하되어 이조시대에 들어와 程朱學에 의해 한민족도 인격적 하느

---

14) 김진혁, 앞의 책, p.66.
15) 앞의 책.
16) 理氣天은 물리적인 天으로 汎神論的인 天을 의미한다. 天을 하나의 신으로 보기는 하지만 기독교의 창조신관과 같은 유일신적 인격성을 인정하지는 않는 것이 범신관이다.

님을 믿던 민족 전체의 신앙을 잊어버리고 우연天인 理氣天으로 인식하게 되어 하느님을 잃어버린 백성이 되었음을 수운은 탄식하고 있는 것이다.

수운의 생각으로는 "한울님을 모르는 민족과 나라"는 역사의 중심에서 밀려나 쇠망의 길로 접어들게 된다는 것이다. 따라서 수운의 공로는 다른 것이 아니라 잃어버렸던 민족의 한울님을 다시 찾았다는 데 있으며, 그래서 그 인격적 하느님을 부모와 같이 섬겨야 한다는 그의 侍天主사상의 성립을 가능하게 한 데 있다.

동학의 하느님을 일러 '一神觀的 汎神觀' 또는 '汎神觀的 一神觀'이라고 한다. 이를 여기서는 이들 汎神觀과 一神 혹은 唯神觀을 극복한 조화의 신관을 두고 生成神觀이라고 부르고자 한다.

또 동학의 天은 중국식 神稱인 玉皇上帝를, 기독교에서는 天主라고 번역한 것과 다르다. 중국의 옥황상제도, 고조선의 上帝를 그렇게 부르는 것이기는 하지만 天과 上帝는 다르고, 성경상의 天主는 창조신인 여호와를 의미하는 것이기에 전혀 의미가 다르다고 할 수 있다.

수운은 한글체로 쓴 『龍潭遺辭』에서는 天을 하날님이라고 부르고 있다. 이는 당시의 고어체로 '하늘'을 '하날'로 썼던 것으로 '하날'에 '님'자를 붙여 인격을 나타내는 뜻에서 '하날님'으로 썼던 것이다. 그것이 현대에 와서 '하날'이 '하늘'로 바뀌면서 '하늘'에 '님'자를 붙일 때는 'ㄹ'이 탈락되므로 '하느님'이 되었다.

오늘날 경전번역가들이 '하날님'을 '한울님'으로 번역하기도 한다. 여기서도 혼용해 사용하고 있지만 혹자는 다음과 같이 구분하기도 한다. '한울'은 우주를 하나의 "크고 밝은 울타리"라는 뜻에서 발생된 이름이라고 한다. 그런데 이 '우주'는 그 크기를 한정하는 울타리 같은 것은 없으며 시공적으로 무한한 것이 하늘이라는 것이다. 그러므로 우주〔天〕를 한정짓는 울타리를 쳐서는 안된다는 것이다. 그 반면 '하늘'은 한정이 없는 확 트인 무한의 이미지라는 것이다.

아무튼 순수 우리말인 '하늘'·'하날'·'한울'은 거기에 '님'을 더해 한국문화가 고대로부터 전래되어 온 우리만의 고유한 神稱이라고 할 것이다.

수운은 마지막으로 西道를 경계하였던 것이다. "서양의 學은 허무에 가깝고 가르침은 우리 한울님에 대한 가르침이 아니니 어찌 다름이 없다 하겠는가."17) 여기서 수운은 西道가 가르치는 하느님〔神〕은 우리 한울님인 자연자체인 인격신이 아님을 확인한 것이다. 그리고 서구는 신 자체가 허무한 존재이므로, 그 가르침 또한 허무에 가깝다고 말하고 있다.

3. 東學의 認識論

1) 先驗的 認識原理

한 정치사회의 세계관은 동일문화권 내의 사람들의 사고방식을 규정한다. 기독교의 이원론적 세계관은 이를 신봉하는 사람들에게 세계는 천사의 하나님과 마귀의 사탄으로 나누어져 있음을 확신시킨다. 그리고 창조신관으로 하여 모든 사물이 상대적 대립

---

17) 「논학문」: "道近虛無 學非天主 豈可謂無異者乎."

관계로 존재한다는 믿음을 기독교의 이분법적 사고방식으로 보증하게 한다.

이러한 사고방식은 인식원리이기도 하다. 세계는 상대적 대립관계로 성립되었다고 하는 생각이 믿음으로 의식화·내면화된 사람에게는 모든 사물을 인식함에 있어 무사고적 흑백논리로 사고하게 된다.

그러면 참된 실체는 무엇일까? 그것은 인간의 정신적, 내면에서 은은히 스며나오는 개성의 아름다움일 것이다. 개성이란 개인만의 성품이고 내적 아름다움인 인품이다. 육체적 가치는 실체가 없는 것들이다. 부처는 一切唯心造라 하여 인간의 내적 가치를 제외한 일체의 세속적 가치를 인간의 관념이 만들어낸 허상일 뿐이라고 하였다.

인간의 참생명은 주체적 정신이며 영혼이다. 따라서 세계의 중심가치요, 최고의 가치인 眞人을 깨닫는 지혜와 노력이 필요하다. 물질에서 기인하는 중생의 고통은 바로 현안을 대상적 세계로만 피상적으로 파악한 감각적 인식의 오류에서 기인하게 된다. 예를 들어 사물의 색깔은 빛의 작용의 결과로 우리 눈에 들어오는 것일 뿐이다. 그러므로 빛이 없는 어두운 밤은 사물의 형태와 색상을 볼 수 없는 것과 같다. 이렇게 감각적 인식은 보이는 사물에 대한 지각일 뿐이다. 그러나 이 감각적 직관 역시 선행적 사고없이 인식에 도달한다는 점에서는 선험적이다. 이성적 인식은 보이지 않는 사회현상을 종합적이고도 체계적인 인식에 의해 도달하는 것이다. 수학적 사고, 논리적 사고, 추론적 사고와 같은 관념적 인식이 그것이다. 하나의 사상, 철학적 체계와 이론과 개념이 모두 그러하다.

이성은 사고하는 기능이다. 이성은 오감을 통해 받아들인 정보를 받아들여 개념화하고 논리적이고 체계적인 인식능력으로 전환한다. 그런데 이성은 그 인식원리가 오관의 인식의 한계로부터 세계와 사물의 실체를 올바로 인식할 수 없다. 이렇게 해서 얻어진 왜곡되고 굴절된 관념들이 편견·선입관·고정관념이 되어 주관적인 인식척도가 된다. 따라서 인간이 세계를 올바로 파악하기 위해서는 기존의 억견이나 독단을 닦아내고 순수의식의 상태로 되돌아가지 않으면 안된다.

이러한 문제에 대하여 실존철학자인 훗셀은 그의 현상학에서 다음과 같이 말했다. 먼저 모든 것에 대해 일단 '판단중지'를 해야 한다는 것이다. 이성 속에 저장되어 있는 정보 및 관념일반을 끌어내어 순수의식으로 환원하여야 한다는 것이다.[18) 문제의 해결을 위해서는 왜곡된 기성관념을 두고 올바른 정보로 교체방법을 찾아야 한다. 영혼이란 정신이다. 정신은 본연의 자기를 깨닫고 새롭게 태어난 것으로 주체적이기도 하다. 주체적 정신은 현재의 자아를 부정함으로써 자기긍정에 도달한 참자아이다. 수운의 말에 의하면 이는 한울님의 정신〔天道〕과 인격〔天德〕을 기본으로 하여 자기 속에 내면화한 것으로 인격적 정신〔道心〕이다. 이는 육체를 벗은 후에도 영혼은 살아 있기 때문에 그것은 참존재로 된다. 眞人의 생명이란 주체정신인 靈魂의 생명이 살아 있는 삶이고, 육체의 삶은 외관의 피상적 삶이기 때문에 죽은 삶인 것이다. 육체는 靈의 집과 같다. 그 육체 속에 '자기'가 살지 않고 '타인'이 그 집에 들어와 주인행세를 하고 있는 현실이 '자기소외'이다.

---

18) Richard J. Bernstein, *The Restructuring of Social and Political Theory* (New York: Harcourt Brace Jovanovich, 1976), pp.115~169.

영혼이란 주체적 정신으로 된 의식 그 자체로 영생하는 존재이다. 그것은 신선이다. 고조선의 三神〔환인·환웅·단군〕이 신선이 되어 昇天했다고 하는 것은 의식세계의 삶을 두고 하는 말이다.19) 동물의 단계에서 볼 수 있는 현존세계의 비극의 뿌리인 분별知와 차별知의 감각知의 자기모순과 한계를 극복한 삶이다. 지금까지 분별지의 왜곡에 의해서 기인되는 이성의 모순과 간계를 현상학적 선험적 인식원리를 통해 고찰해 보았다.

2) 呪文〔仙藥〕에 대해

동학의 인식론은 인간의 근본문제인 정신병리의 치유의 방법에서 찾을 수 있다. 수운은 인간과 사회의 자기모순의 현실을 깨닫고 그 질병을 고치기 위해 처방을 하였는데, 그것이 바로 선약이다. 이는 역시 지식사회학의 문제라고 할 수 있다.20) 선약은 소외의 병과 같은 정신병과 사회병리를 근본부터 치유함으로써 인간과 사회를 근본적으로 개혁〔개벽〕하여 새 사회·새 인간을 창조하는 것이다. 이렇게 선약은 사회병리를 치유함으로써 모순에 빠진 인식원리를 새롭게 바꾼 진리의 인식원리인 것이다.

상제 하느님이 수운에게 준 선약은 그 모양이 太極이고 또 弓乙의 형태를 띄고 있다. 또 그것은 靈符나 天符로 불린다. 그것은 不死藥이다. 그것을 외우고 익히면 영생하게 되는 것인데 그것이 곧 3·7字 呪文이다. 수운이 상제로부터 주문을 받아 중생들

---

19) 林中山,「남북통일의 길은 있다」(민족화합범국민협의회, 개벽사, 1988) 참고.
20) Michael Curtis(Professor of Political Science, Ruters University), The Great Political Theories : From Burke, Rousseau and Kant to Modern Times. Volume 2(New York: Avon Books, 1981), p.423.

에게 가르치니 한울님의 도와 덕이 천하에 베풀어져 신선세상인 지상천국이 이루어지는 것이다.

다시 말하면 선약은 태극이고 궁을이고 영부이며 주문이라는 것이다. 따라서 선약은 주문 3·7자 속에 들어 있는 것이다. 그리고 장차 이 영부로 선천의 동물성을 극복하고 후천의 개벽세상인 지상천국을 이루게 된다는 것이다.21)

유한한 동물성을 벗고 換骨以神하는 영생하는 신선이 되는 약이기 때문에 이를 불사약이라는 것이다. 결국 선약=태극=주문이라는 등식이 성립된다. 그러면 주문 3·7자의 뜻을 풀어보도록 하자.

爲天主顧我情 永世不忘萬事宜.[초학주문]
至其今至願爲大降.[降靈呪]
侍天主造化定 永世不忘萬事知.[本呪文]

이들 세 가지 주문의 요체는 天主라고 하는 생성과 조화의 한울님과 합일을 원하는 내용이다. 다시 말하면 자연자체의 한울님을 나의 心柱[一心]에 모시기로 마음을 정하였으니 한울님의 정신과 지혜인 天道와 天德을 깨닫도록 기원하는 마음의 주문이다. 한울님을 내 마음의 주체정신으로 삼는다는 것은 한울님의 정신과 인격을 나의 성품과 인격으로 화하게 하는 것이고 그리하여 하느님을 내 마음에 모시는 일이 된다. 그렇게 하는 이유는 내 자신이 한울님을 닮은 신성의 인격주체로 다시 태어나기 위함이다.

---

21)「수덕문」: "胸藏不死之藥 弓乙其形 口誦長生之呪三七其字."

'至氣'란 하느님의 정신의 기운인 靈氣이다.
'知'란 하느님의 지혜인 무극대도를 의미한다.
'宜'란 모든 일에 마땅한 도리, 즉 中의 心法을 말한다.
'情'이란 새로 정한 나의 의지이다.
'侍'란 하느님을 내 마음가운데 모신다는 뜻이다. 내가 진리의 주체로 태어나는 것이기 때문이다.
요약하여 한울님의 정신을 내 마음의 주체로 섬긴다고 하는 것은 나의 자유의지[주체의지]의 결정에 의해 선택한 것이기 때문에 어디까지나 '나'일 수밖에 없으므로 소외가 일어나지 않는다는 내용이다.

이제 呪文에 대한 수운 자신의 해석을 살펴보기로 하자.

'至'라는 뜻은 하느님을 내 마음의 주체로 모시는 정신이 지극한데 이른다는 것이다.[至者 極焉之爲至]
'氣'는 우주에 차있는 한울님의 정신의 신령한 기운이 만물의 생성에 관계하지 않음이 없고 또 생명현상이 아님이 없다. 그것은 형상이 있는 것 같으면서 형상화하여 말하기 어렵고, 소리가 있는 것 같으면서 보기 어려운 것이니 이것은 역시 한울님의 정신의 기운인 것이니라.[氣者 虛靈蒼蒼 無事不涉 無事不命 然而如形而難狀如聞而 難見是亦渾元之一氣也]
'今至'는 처음 동학에 입도하여 한울님의 정신의 기운에 접하게 되어 깨달음에 이르러야 함을 알았다는 것이다.[今至者 於斯入道知其氣接者也]
'願爲'는 하느님께 비는 마음이다.[願爲者 請祝文意也]
'大降'은 내가 한울님의 정신의 기운에 접하여 깨닫게 되기 위해 한울님의 영이 내게 강림하시기를 기원하는 것이다.[大降者 氣化之願也]
'侍'는 섬기는 자의 심령안에 한울님의 신령이 강림하여 도의 깨달음이 있게 하는 가르침이 있고, 그 결과 밖으로는 인격변화의 행실로 나타나 세상사람들이 그 모습을 보고 한울님을 모신 사람임을 아는

것이다.[侍者 內有神靈 外有氣化 一世之人 各知不移者也]22)

'[天]主'는 主자는 한울님을 존칭하여 부르는 '님'자의 끗으로 우리를 낳아준 부모를 섬기듯 한울님을 부모로서 동일하게 섬겨야 한다는 뜻이다.[主者 稱其尊而與父母同事者也]

'造化'는 인위적이 아닌 자연 스스로 변화하여 생성·소멸의 순환이 이루어짐을 말한다.[造化者 無爲而化也]

'定'은 마음을 정하는 것으로 한울님의 정신과 덕에 합일된 정신과 인격적 주체로 태어나기 위하여 그 마음을 신념으로 정한다는 것이다.[定者 合其德 定其心也]

'永世'는 그 사람의 평생동안을 이르는 말이요.[永世者 人之平生也]

'不忘'은 한울님을 나의 주체정신, 心柱로 모시겠다고 결심한 뜻을 항상 지녀 잊지 않는다는 뜻이다.[不忘者 存想之意也]

'萬事'는 생활 속의 수많은 일들을 말하는 것이다.[萬事者 數之多也]

'知'는 천도를 알기 위해서는 한울님으로부터 깨달음에 이르는 지혜를 받아야 한다는 것이다.

이리하여 한울님의 道와 德을 그 마음에 밝히고 깨달으면 인격화되어 사회에 그 天德을 밝히게 되니 생활 속의 생각 하나하나에까지 그 정신을 잃지 않게 되므로 결국 그의 정신과 인격이 한울님의 것과 하나가 되어 성인의 경지에 이르게 된다는 것이다. 天心이 곧 人心으로 된다. 이제 한울님의 마음이 인간의 마음과 정신으로 되어 선과 악의 구별이 없어진다.

이렇게 수운은 3·7자 주문에 그의 무극대도의 이상이 다 함축되어 있다고 하였다. 따라서 우리는 주문의 요지인 氣를 내 마음 가운데 侍하여 내 마음을 氣化하여 사회와 사물의 뜻을 깨달

---

22) 不移者: 신념의 인간으로 주체정신의 소유자를 말한다.

고 그 깨달음을 인격화 해가는 것이 동학의 새로운 인식의 틀임을 알게 된다.

3) 無極의 認識原理

天符의 이름은 선약이고 그 형상은 태극이요, 또다른 형상은 弓乙이라고 하였다. 태극은 선천의 하느님을 나타내는 형상이다. 태극은 또 그 모습이 궁을이라고 하였는데, 이 궁을이야말로 한울님의 형상이다. 궁을은 태극인 동시에 사람의 마음자리이기 때문이다.

해월은 "궁을은 우리 道의 符圖이니 궁을을 부도로 그려내어 心靈의 躍動不息하는 形容을 表象하여 侍天主의 뜻을 가르쳤다" 고 했다.23) 심령의 약동불식은 定心의 念念不忘의 뜻이다. 천덕과 천도를 실천궁행함으로써 작은 생각과 행동에 이르기까지 海印三昧에 들어 지극한 정성을 다하는 마음을 나타내는 말이다. 이는 기운을 바르게 하여 한울님을 내 마음 가운데 섬기는 中庸心이다.

선천의 태극시대를 거쳐 후천의 무극대도에 이르게 하려는 것이 한울님의 섭리이다. 선천은 무지의 시대로 混元一氣의 이치는 아직도 깊은 심연에 잠겨 있다. 혼원일기의 이치가 천도이다. 천도는 한울님의 정신인 동시에 만물생성의 조화의 기운인 혼원일기의 心像이다.

태극은 두 큰 대립의 극으로 하여 선천의 인식원리를 의미한

---

23) 「靈符呪文」: "弓乙其形卽心字也."

다. 선천의 인식원리란 2분법적 흑백논리이고 상대적이고 대립적 사고방식이다. 그리하여 그것은 대상적이며, 피상적 인식원리라고도 한다.

이러한 인식은 분별지·차별지라고 하는 감각지이며, 그 인식기관은 오감과 이성이다. 이러한 인식수준을 동물적 인식단계라고 말할 수 있다.24) 감각지의 인식결과로 세계관이 굴절되고 분열되므로 대립과 투쟁이 발생하게 된다. 사회는 불행과 고통에서 인간을 죄악의 비인간으로 몰아간다. 사회질병은 이렇게 전적으로 인식론상의 오류에 근거하고 있다. 이것이 태극시대인 선천시대의 병든 세계의 실상이다.

그러므로 이를 치유하기 위해서는 인식원리를 교체해야 한다. 새로운 인식원리는 인식의 잘못으로 인하여 모순·갈등·투쟁을 일으키지 않고 소외를 일으키지 않는 온전한 인식원리여야 한다. 현존인류의 동물성[物性]을 극복하고 眞人의 단계로 들어가는 인식원리는 바로 후천의 선험적인 인식원리인 무극의 인식원리여야 한다. 무극이란 양단의 두 대립하는 극이 없는 不擇善惡의 인식원리이다.

헤겔의 변증법은 양단의 두 대립을 매개하는 인자가 있어서 대결하는 양극단을 止揚하여 하나의 종합에 이르게 하는 방법이다. 이 변증법은 대립·투쟁이 전제되지 않으면 성립이 불가능해지는 것이다. 그러나 무극은 두 극단의 대립자체를 부정한다. 무극은 사차원의 원이다. 원은 끝없이 회전하는 하나의 통일체이다. 회전하고 있는 원 속에는 두 극이 대립하고 있는 평면상의

---

24) 김진혁, 앞의 책, p.331.

직선이 존재할 수 없다. 무극의 인식원리는 상대적 관계를 대립으로 보지 않고 사회현상의 실제를 心眼으로 觀照하는 통일적 인식원리이다. 우주만물은 커다란 하나의 '氣의 바다'이다.25) 이 기의 바다를 混元一氣라고 한다. 이 혼원일기는 한울님의 정신의 기운 즉 한울님의 생명의지의 氣이다. 음기와 양기가 서로 고르게 밀고 당기는 운동을 함으로써 스스로 조화를 일으켜 그 속에서 천지만물이 되어 나타나는 것이다. 한울님은 오행의 근본이고, 땅은 오행의 바탕이고, 사람은 오행의 기운이다.26) 이리하여 우리는 이제 세계와 만물의 작용은 混元一氣로서 이루어지고 이의 실체가 한울님의 정신인 것을 알게 된다.

중국철학에서 無極而太極을 두고 태극은 음양의 二氣가 회전하는 '운동태'를 말하고, 무극은 운동이 정지된 상태를 이르는 이름이라고 하였다. 그러나 이는 잘못된 것이라고 말할 수밖에 없다. 왜냐하면 혼원지일기는 처음도 끝도 없는 것으로 영원히 운동하고 있는 것일 뿐이다. 그러므로 사실상 무극이니 태극이니 하는 식의 動과 靜의 구별은 있을 수 없는 것이다.27) 태극이나 무극의 실체는 없는 것이고 인식을 위해서 형상화한 기호에 불과하다.

세계의 본질은 오직 '하나의 氣'이고 그것의 실체는 한울님의

---

25) 우주자연은 동식·광물로 이루어져 있다. 이들은 모두 원자들의 집적체이다. 원자알맹이는 전자·양자·중성자라고 하는 소립자들로 구성되어 있고, 그 소립자들은 '에너지의 파동상태'이다. 그것은 음파처럼 운동하고 있는 氣의 운동상태일 뿐 물질이라고는 할 수 없다. 우주내의 모든 것의 본질은 氣이고 그리고 氣는 끊임없이 스스로 운동하고, 그 운동의 결과로 나타나는 모습이 만물의 형상이다.
26) 「논학문」: "陰陽相均 雖百千萬物 化出於其中~天爲五行之綱 地爲五行之氣 人爲五行之氣."
27) 林中山, 앞의 책.

마음〔정신〕일 뿐이다. 이처럼 실체의 세계는 대립·차별이 없는 세계이고 너와 내가 없는 있는 그대로의 세계이다. 지식사회학으로 볼 때 세계만물은 본질상 개체이면서도 전체로 하나로 통일되어 있는 세계이다. 다시 말하면 多即一·一即多의 인식원리인 무극의 인식원리고 보는 세계이다. 이러한 인식론을 中觀의 인식원리라고도 한다.

동물단계의 인식원리인 감각적 인식원리를 극복하고 무극의 인식원리로 교체했을 때, 우리의 이성은 본연의 사고로 돌아가고 모든 가치판단은 주체정신의 인식으로 대신하게 된다. 莊子는 이러한 통일적 인식의 세계의 본질 인식을 두고 萬物齊同이라고 했다. 만물의 특수성·고유성·다양성은 전체 속에 함몰되어 있다는 것이다.

따라서 사회가 하늘의 도덕을 이루면 제각기 소우주요 소한울님이 되는 것이며 그러한 개인의 실체는 구체적 정신으로서의 개성체가 된다. 그 개성은 天上天下唯我獨尊이라고 하는 절대적 가치의 존재로 된다. 이리하여 개인은 이제 유일무이한 개성으로 되어 생명이라고 하는 보편성의 우주자연과 일체가 된다. 個天一體의 현묘한 통일의 세계가 비로소 건설되게 된다.

4. 東學의 世界觀

1) 세계관에 대하여

어떠한 정치사상이 시대정신으로 역할하려면 그 사상체계가 일관성이 있어야 하고 그 용어들이 개념화되어 철학적으로 입증될 수 있어야 한다. 일관성있고 전문용어와 개념으로 철학적 체계를 갖춘 것을 세계관이라고 지칭할 수 있다는 말이다.

세계관이 형성되는 근원에 따라 인간과 정치·사회의 이념과 질서가 지배되는 것인만큼 세계관의 의미에 대해 이해가 있어야 할 것이다. 세계관을 형이상학적 관점에서 세계에 관한 통일적 파악이라고 한다. 지적 측면뿐만 아니라 실천적·정서적 측면까지를 포함한 포괄적인 세계파악을 목적으로 하는 것을 두고 말한다.28)

세계관은 역사적 현실 속에서 이루어지나 또한 끊임없이 역사를 바꾸어 나간다. 이런 의미에서 세계관에 있어서의 주체적·실천적 요소가 자주 강조되기도 한다. 과학[도구이성]과 세계관의 대립이라는 것은 이러한 관점에서 문제삼을 수가 있다. 과학은 사물의 상호관계를 관찰하고 법칙적으로 기술할 뿐 그런 방법으로 세계를 보고 있는 인간의 주체적 현실을 고려하지 않는다. [도구]이성은 관측이 가능한 현상의 객관적 기술에만 시종하기 때문에 세계를 통일적으로 파악하고 해석할 수 없다. 그래서 이성은 우리에게 世界像을 줄 수는 있지만 世界觀을 줄 수는 없는 것이다. 이에 반해 세계관은 객관적으로 대상을 이해하는 데 그치지 않고 보는 주체의 실천적 실체의 파악을 목적으로 한다. 따라서 세계관은 세계에 있어서의 인간과 사회의 위치를 분별할 뿐만 아니라, 어떠한 방향으로 나아가야 하는가, 또 어떻게 살아야 하는가를 반성하는 경지에까지 이르지 않으면 안된다. 이렇게 세

---

28) 『동아세계대백과사전』, 제17권(동아출판사, 1985), p.296.

계관은 근본적으로 우리들의 인생과, 정치-사회관과 관련되어 있다고 할 수 있다.

세계관은 흔히 시대에 따라, 또는 국민에 따라, 종족에 따라, 계급에 따라 다르다고 말한다. 또 철학자의 머리 수만큼 서로 다른 세계관이 있을 수 있다고 말하기도 한다. 그렇다면 이와 같이 다양한 세계관을 어떻게 정리해야 하는가.

니체가 아폴론적과 디오니소스적이라는 두 가지 유형을 생각한 것은 잘 알려진 사실이다. 유물론자는 세계관을 계급적 견지에서 관념론과 유물론이라는 대립으로 설정하려고 한다.29)

아무튼 사람이 어떤 세계관을 택할 것인가 하는 문제는 단순한 이론적 태도만으로 결정되는 것이 아니고 인간과 사회가 어떤 역사적 상황 속에서, 그리고 어떤 실천적 방향을 지향하면서 사색하고 결단하고 행동하는가의 문제와 깊은 관계가 있다고 할 수 있다.

여기서는 이러한 세계관의 취지에 비추어 민족의 민주주의와 평화통일을 위하고, 그리고 이를 계기로 인류의 새로운 문명사관을 정립하여 弘益人間理化世界의 이상을 실현하기 위하여 수운의 동학사상을 중심으로 그 세계관을 살펴보고자 한다.

2) 侍天主사상

侍天主는 한울님을 내 몸 안에 모신다는 뜻이다. 육체적 物性은 인격적 정신을 결여하기 때문에 후천적으로 한울님을 내 정신

---

29) 李恒寧, 「통일이념과 동학사상」(『신인간』 11월호, 천도교중앙총부, 1989).

안에 모시고 그의 天性을 내면으로 인격화해 물성을 극복하고 완전한 신성을 이룸으로써 군자·성인·신선의 경지에까지 승화되어 가자는 것이 시천주의 목적이다. 그러니 처음부터 인간이 神性을 내재하고 있다면 새삼스레 侍天主를 해야 할 필요가 없다는 것이다.

이런 의미에서 이 시천주의 세계관은 한국이 자유주의를 택하고 북한이 사회주의를 채택하고 있는데 세계관의 남북한의 이념적 인식의 차이를 극복하면 자주와 평화·번영의 통일국가와 새로운 문명을 열어가는 한국 민족주의의 새 세계관을 올바로 정립하는 데 기여할 것으로 보인다. 냉전의 계급논리에 기초한 남·북의 唯物論과 唯心論의 우주관에서 민족과 계급의식이 균형을 이룬 더 높은 차원을 향하여 민족과 계급의 논리를 지양·승화해 갈 수 있기 때문이다. 이리하여 무엇보다도 홍익인간의 창조적 우주관이 요청되기도 한다.

侍天主의 天의 의미를 인식하기 위하여 다른 철학·종교사상과 비교해 볼 필요가 있다. 먼저 程朱학과 비교해 보면 동학사상이 얼마나 위대한가를 알게 된다.30) 조선조 초기에 明으로부터 수입해 들어와 국학으로 삼은 정주학에서는 '天'을 '비인격적 理氣天'으로 규정하고 있다. 그 결과 우리 민족이 고조선 이래로 믿고 신앙해 오던 인격적인 하느님은 없어지고 생명도 인격도 없는 이기천이 되고 말았다. 다시 말하면 이는 우리 민족이 자기 神을 잃어버렸다는 의미이다. 그 결과 남은 것은 天이 의지적·인격적인 天主가 아니라, 우연으로 존재하는 天·地·人으로 분리되어

---

30) 최동희,「천도교와 단군」(단군학회, 한국종교와 단군인식 추계세미나, 1999.10.2)

세인의 관심 밖으로 버려지게 된다.

그리하여 朱子의 理氣天으로 된 자연은 필연적 존재로서 그 존재원인이 스스로 존재하는 것이 아니라 누구에 의해서 만들어졌거나 우연히 생긴 것에 불과하다는 사고가 朱子 이후 근 천여년을 지배해 왔다. 달리 말하면 생명있는 인격적 하느님을 程伊川과 朱子가 방기하였다는 것이다.

그러므로 수운이 생명을 넣어 살려낸 것이 동학이라는 것이다. 이것은 수운의 위대한 功이다. 이러하기 때문에 수운에게 나타난 한울님〔上帝〕의 첫마디가 이러할 수밖에 없다.

나도 또한 개벽이후 勞而無功하다가서 너를 만나 성공하니 나도 성공 너도 득의 너의 집안 운수로다.[『용담유사』]

上帝가 자연자체인 天主는 아니다. 그러나 상제는 한울님〔天〕의 대리자이므로 한울님의 입장에서 말하고 있는 것이다. 勞而無功이란 "인간이 아무리 노력해도 성공할 수 없었다"라는 의미이다. 만약 상제가 한울님〔天主〕이라면 이런 말이 성립될 수 없다.

'상제'라는 개념은 공자이후 子思로부터 시작한 한울님에 대한 애매모호한 사고가 차츰 시대가 변할수록 더해 가더니 宋代에 이르러서는 결정적으로 부정되게 됨으로써 상제는 한울님의 대리자로서 그 역할을 실현할 수 없게 되는데, 죽은 한울님이 너를 만나 되살아나게 되어 나도 이제는 성공할 수 있게 되었다는 말이다. 그렇게 한울님의 살린 운이 곧 너의 공이 되었다는 것이다. 이처럼 부활한 한울님의 모델은 기독교의 예수의 부활이라는 형태로도 나타난다. 이는 인격적인 한울님을 찾아 깨어나는 신앙과 불신앙의 시대인 과거에도 반복되었음을 의미한다.

　그러면 기독교의 天의 개념에 대해서도 고찰해 보기로 하자. 동학의 侍天主는 원천의 한울님을 직접 내 안에 모셔 일체가 되는데 비해 기독교는 하느님의 대리자인 예수와 일체가 된다는 데 있다. 상제도 원래의 하느님의 아들인 天子라는 점에서 하나님의 아들인 예수가 만왕의 왕으로서 하나님의 아들인 것과 동일하다. 그러나 동학은 인간이 직접 시천주함으로써 본래의 하느님과 하나가 되는데 代天者인 아들과 하나된다는 점에서 기독교와 다르다.31)

　여기에 비해 儒敎는 어떠한가? 공자는 天을 인격天으로 믿었음이 사실이나, 그 인격天인 한울님을 자기 안에 모셔 한울님과 일체가 되라는 가르침은 없고 다만 敬天・順天할 것만을 가르쳤다.32) 사실 공자는 그의 후대로 내려오면서 天에 대한 인식이 불확실해졌고, 급기야 宋代에 와서는 물리적인 理氣天으로 격하되고 말았다. 인격天의 죽음을 두고 부모가 죽은 마당에 하느님의 아들인 상제인들 살아남을 리 없게 되니 상제의 민간신앙도 점차 사라지게 되었다.

　天・地・人皇들은 성인으로서의 임금이었던 각 시대, 桓國・倍達・朝鮮의 代天者인 동시에 현실적인 天子였다. 그러므로 수메르인의 민족이동과 함께 메소포타미아로 전해진 '메시아代天子사상'도 6천 년 전(上古代) 桓雄天帝의 敬天愛人 弘益人間사상이 흘러간 것이리라 짐작된다.33)

---

31) 김진혁, 앞의 책, p.87.
32) 『명심보감』: "順天者興也 逆天者亡也."
33) 김진혁, 앞의 책, p.88.

佛敎의 天은 汎天이므로 天을 心的 존재로 보지만 인격신을 인정치 않으므로 天을 신앙하는 것이 아니라 佛性을 신앙한다고 해야 할 것이다. 불성이란 원래의 인간성을 의미하는 것으로 見性함으로써 보살도의 이상을 성취한다는 것이다. 보살은 석존시대에 대각 견성함으로써 부처를 이룬 사람을 의미한다. 그러므로 부처란 眞人을 의미한다고 볼 수 있다.

이렇게 불교는 인격없는 汎天을 대상으로 하여 귀납적으로 우주삼라만상의 본질과 실체를 파악해 들어가야 하기 때문에 복잡 난해할 수밖에 없는데 반해, 동학은 인격적 한울님을 우주자연의 실체로 보고 바로 우리를 낳아준 인격적인 부모라고 단정하고 나서 그 한울님의 인격적 성품에 근거하여 우주자연의 性을 밝혀나가는 연역적 방법을 택하기 때문에 질박하면서도 단순 명쾌하다.

그러므로 수운은 吾道는 儒・佛・仙 合一이라 하였으나 이는 종합이 아니라 동학의 無極大道는 3道의 원천이라 하였다. 여기서 우리는 동학의 지혜와 포용성을 발견하게 된다. 동학은 "西道는 우리 道와 같으나 이치는 다르니라"고 하여 이제는 서양의 기독교까지 포용하여 세계적인 종교・철학 사상으로 나아갈 수 있는 여지를 가히 남겨두고 있다고 하겠다.

3) 至氣一元論

수운은 程朱學 등 汎天主義의 세계관과는 달리 「論學文」에서 至氣의 세계관에 대하여 다음과 같이 말하고 있다.

至라는 것은 太極인 한울님을 지극히 위하는 것이요, 氣란 우주가 빈

공간인 듯 하나 한울님 정신의 기운으로 꽉 차 있어 삼라만상의 생성과 변화의 본질로서 생명순환운동을 하고 있다. 그러나 모양이 있는 것 같으나 형상하기 어렵고 들리는 듯하나 보기는 어려우니 이것을 일러 혼원한 기운이라 하였다.34)

여기서 渾元이란 여러가지의 성질들이 복잡하게 얽혀 있어 참 모습을 알 수 없지만 그 본질은 하나라는 것이다. 이는 하나의 氣가 천태만상의 다양성으로 생성되므로 혼잡스럽게 보이지만 사실은 하나의 氣일 뿐인데 그것이 한울님의 靈氣인 정신의 기요, 생명의지의 기라는 것이다. 하늘과 땅과 사람 3才의 근본존재는 모두가 一氣의 조화일 뿐이다. 氣는 음양의 형태로 陽氣와 陰氣로 나타난다. 음양의 변화는 조화의 근원이다.

그리고 鬼神이란 것도 음양의 변화이자 조화를 의미한다. 陰은 鬼요, 陽은 神이다. 또 性은 鬼이고 心은 神이다. 귀신이란 어떤 靈物이 아니고 단지 陰陽二氣의 작용에 불과하다. 그러므로 태극의 '天'에는 인격적 의지는 머무를 곳이 없고 다만 물리적 법칙이 있고 기의 운동만이 존재한다. 거기서 어떻게 心이 나오는 것인지를 알 수가 없다. 心은 인격적 속성이기 때문이다. 인간이 인격적·의지적 존재라면 그 원인자로서 인격성이 인정되어야 하기 때문이다.

그런데 수운은 자기도 귀신이라고 하면서 "귀신이 곧 한울님이다[鬼神者吾也]"라고 하였다. 수운에게 나타난 상제 한울님은 말하는 한울님이고 인격적 한울님이었다. 그런데 근대에 들어와

---

34)「논학문」: "至者極焉之爲至 氣者虛靈蒼蒼無事不涉無事不命 然而如形而難狀如聞難見 是亦渾元一氣也."

서도 하느님의 인격을 제거하고 한울님의 존재를 업신여겼을까? 왜 생명이 없는 물리적 天으로 격하시켜 버린 것일까? 그것은 말할 필요도 없이 '동학정신'을 부정함으로써 '한민족의 주체적 세계관'을 말살하기 위해서이다.

至氣一元論은 至氣가 작용하므로 사람이 주체가 되어 한울님을 내 안에 모셔다 섬기는 새로운 세계관이다. 그것은 인격천일 때 가능한 일이다. 汎天의 세계관에서는 있을 수 없는 일이다. 理氣二元論의 세계관에서 보는 天은 비의지적 理氣天이므로 의지적 섭리 같은 것은 존재하지 않는다. 따라서 명령도 할 수 없는 天이다. 그러나 至氣一元論은 無事不涉 無事不命 渾元之一氣에서 볼 수 있듯이 '涉'자를 '간섭하다'로 보고, '命'자를 '명령하다'로 보아 우주만물의 생성변화의 조화작용을 '天'이 의지적으로 섭리하는 것으로 보고 있다. 그리고 '涉'은 萬有의 다양성이 상호교섭함으로써 상보직으로 존재한다는 뜻이 된다. '命'은 명령이 아니고 한울님의 생명·의지·정신이 理氣一元的 渾元之一氣로 작용함으로써 생멸현상을 일으키고 있다는 뜻이다. 만물 하나하나가 상호유기적·보완적으로 교섭에 의해 존재가 가능하게 된다.

一氣의 운동은 수많은 소립자들이 다양한 입자군으로 하여 상호 작용함으로써 생성변화작용을 일으켜 현상계를 창출해내고 있다. 그러나 이 입자들은 불변의 自性的 존재가 아니라 끝없이 그 모습을 바꾸며 운동하고 있다. 이것이 소위 다양성의 상호교섭이다.

이처럼 至氣란 동학에서는 철학적 개념상의 하나의 용어가 아니라 한울님의 道를 사람이 그의 인격적 성품으로 내면화하기 위하여 지극한 정성으로 한울님을 위하고 섬기는 天德의 실천적 기운이며 정신적 기운을 의미하는 것이라고 할 수 있다.

4) 새로운 세계관

오늘날 많은 사람들은 종래의 가치관은 붕괴되었으므로 새로운 가치관이 출현하여야 한다고 한다. 본래의 문명을 해체하고 21세기를 시작으로 새천년에는 신문명사관이 창조되어야 한다는 것이다. 이는 동·서냉전체제가 무너지고 또 탈근대화운동(post-modernist movement) 등이 일어나고 있는 데서도 알 수 있다.

그런데 현대를 '이데올로기의 종언'의 시대라고 말한다고 해서 이념이 더 이상 요구되지 않는다는 시대라는 것은 아니다. 이데올로기란 이념으로 이는 우리가 아무리 새로운 이념을 찾으려고 해도 새로운 세계관을 발견할 만한 문화적 근거가 없다는 뜻으로 이해될 수 있다.

이념은 인간의 이상이다. 그리고 이상은 꿈이고 꿈은 희망이다. 그러므로 이념이 없다고 하는 사실은 꿈도 희망도 없는 암흑 속을 헤매고 있다는 소리다. 이러한 이념을 이끌어내는 근원은 문화에 있다. 또 문화는 그 문화가 소유하고 있는 세계관에 의해 만들어진다. 또 그 세계관은 그 세계관의 뿌리가 신관에 의해 결정된다.

이처럼 그 사회가 가진 신관과 세계관에 의해 정치·문화의 골격이 되는 가치관과 윤리·도덕이 결정된다. 그러므로 그 사회의 지배원리도 그 정치질서의 바탕이 되는 신과, 우주관·세계관에서 도출되는 것이다. 오늘날 서양은 서양문화의 축인 창조신을 그리고 동양은 범신을 통해 도출된 세계관을 형성해 왔다. 그리하여 기독교·회교·힌두교·불교·유교·도교의 정치문화가 성립될 수 있었다. 그런데 근대에 이르러 계몽사조의 출현으로 과학주의가 들어와 창조신과 범신론적 세계관의 기반이 무너지게 되었다.

그 동안 세계를 지배해 온 창조신과 범신은 物神과 과학신에 의해 대체되게 되었다. 그러나 물신과 과학신의 반역으로 인간이 탈인간화로 되어감에 따라 물질문명의 황금만능주의의 늪에 빠져 작금에 이르러 포스트모더니즘에 의해 반성을 하고 있다. 이제 새로운 역사를 이끌어갈 새로운 가치관을 세우기 위해 인간들의 상상 속에서 만들어낸 관념적 산물에 불과한 신들이 아니라 과학적으로도 증명되면서도 살아숨쉬는 眞神을 찾아내야 할 때가 도래한 것이다.

역시 그러한 神은 '자연신'인 동학의 한울님이요, 우리 민족 고래로 신앙해 온 '생성신'밖에 없다. 그 동안 우리의 무지와 불신으로 잊어버렸던 眞神을 되살려 그와 함께 잊혀졌던 인간의 정체를 되살리는 부활의 役事를 해내야 한다. 그리하여 이 시대에 있어서 地上神仙의 천국을 건설하여야 한다. 이 眞神세계관에 의해 새로운 정치사회를 창조하는 민족이 새천년의 문명을 이끌 지도력을 갖게 될 것이다.

동학의 한울님인 '자연·생선신관'은 스스로 자기전개를 하여 인간과 만물로 되는데, 이는 자연자체인 한울님의 생명이 발현해 내는 조화의 결과이다. 삼라만상은 한울님의 몸 속에 들어 있고, 우주 자체가 한울님의 몸이고 정신이다. 이는 누가 누구를 창조한 것이 아니라 창조주와 피조물이 주종관계가 아니라 오히려 일체의 관계이다. 발바닥에 아주 작은 가시가 박혀도 그 고통은 발바닥으로만이 아니라 몸 전체의 고통으로 되는 것과 같은 이치이다.

이처럼 한울님의 신관에 의해서 결정되는 신과 인간, 사회의 관계는 상보적이고 일체적 관계이므로 귀천·선악·미추 등 차별이나 분별이 있을 수 없는 것이다. 그야말로 至公無私하고 不擇善惡의 관계만 존재한다. 인간세상은 자연만물과 한몸이고 인종·계급을 넘어 너와 내가 모두 한울님 안에서 일체이므로 투쟁·생명경시·자연파괴와 같은 사고는 일어날 수 없다. 상대를 파괴하거나 고통을 주는 일은 자신을 파괴하고 자기를 불행하게 하기 때문이다. 결국 개체와 전체의 관계는 전체를 위해서 개체들이 수단이 되는 전체주의가 아니라 동학의 同歸一體의 관계로 된다.35)

평등과 자유 속에서 인간은 스스로 선택하고 결단하고 책임지는 자유분방하면서도 책임을 지는 자율적 인생을 영위해 간다. 서로를 위하는 것이 자기를 위하는 것이 되고, 국가는 국민을 위해 주인이 아니라 봉사하는 것이 국가 자체를 위하는 것이 된다. 국가는 국민을 위해 봉사하는 참된 민주주의가 실현된다.

그런데 오늘의 민주주의는 말로만 국민이 나라의 주인으로 되어 있을 뿐이다. 진정한 민주주의 국가에서는 국민을 통치한다는 말이나 통치자라는 말이 있을 수 없다. 대통령이나 정치인·공무원은 오로지 국민의 공복이다. 그러니 공복이 주인을 지배하고 통치할 수는 없는 것이다. 그런데도 현대정부는 문민정부라고 하면서도 통치니 통치자금이라는 말 등을 쉽게 사용하고 있다. 이

---

35) 黃文秀,「李敦化의 新人哲學」(『동학학보』 창간호, 1999.11), p.16.

는 독재국가라는 뜻이며 대통령은 독재자나 전제군주라는 뜻이 된다.

전체주의는 전체[국가]를 위해서 국민[개인]이 수단으로 봉사해야 하는 것으로 국가가 목적체이고 국민은 수단이 된다. 그래서 국가주의라 한다. 전체주의는 창조론적 세계관이나 범신론적 세계관에 의해 도출되는 지배원리이고 질서이다. 여기서는 정치사회는 신 또는 주인으로부터 은총이 내려지는 노예상태이다. 수직적이고 불평등적 종속관계가 변함없는 정치질서로 된다.

따라서 인간만이 목적체가 되고 인간실현이 이루어지는 사회는 곧 인격적인 한울님과 일체를 이루는 天人合德의 새로운 세계관에서만 가능할 수 있다. 이는 동학의 이상이고 미래사회의 새로운 가치관이기도 하다. 眞人으로서 동물적인 자연을 극복하고 마음과 정신 가운데 한울님을 모시는 侍天主를 통해서 한울님의 德[인격]을 인간사회에 내면화하여 가는 것이 동학사상의 이상이다.

현대는 이념도 없고 이상도 꿈도 없는 세상으로 변하였는가? 이는 그 정치사회를 지배해 온 신들이 사멸하였기 때문이다. 그리하여 인간의 정신도 고사하였다고 한다. 인간의 꿈과 이상이 되살아나기 위해서는 眞神을 살려내어야 한다. 그래야 새 시대를 이끌어갈 새 문화가 성립될 터전이 닦여지고, 그 새로운 대지 위에 우리는 새로운 세계관을 기둥으로 하여 이상향을 건설해 나아갈 수 있을 것이다.36)

여기서 우리는 동학의 가치를 발견하게 된다. 그래서 한울님

---

36) 앞의 책.

도 기쁜 목소리로 말하기를 "나도 또한 개벽이후 勞而無功하다가 서 너를 만나 성공하여 나도 성공 너도 得意 너의 집안운수로다" 라고 하였던 것이다. 그렇기 때문에 동학철학은 새로운 인간학이 자 국가학이 아닐 수 없는 것이다. 동학은 미래가 요청하는 인류 구원의 정보원이고 개벽의 이념이다. 그러므로 우리는 하루 속히 동학의 한울님인 '우리 민족의 한울님'을 되살려내야 하고 그리하 여 '동학'을 '國學'으로 삼아 민족정기를 세우고 민족정신을 선양 해 나가야 할 것이다.

5. 造化의 世界

1) 無極大道

「論學文」에서 사람은 오행의 기로 이루어진다(人爲五行之氣) 했으니 이 金·水·木·火·土의 다섯 가지 성질의 오행운동으 로 造化의 세계를 이루게 된다. 五行은 곧 氣이다. 사람은 5행중 가장 빼어난 기이며(人五行之秀氣), 곡물은 5행의 근본을 이루는 기이다.

생명의 기운인 조화의 기가 피어나는 힘을 神氣라고 한다. 이 때의 氣는 서양적 사고의 물리적 에너지나 과학적 에너지와 같은 것이 아니라 우주자연의 한울님의 마음이고 정신이며 의식이고 생명이다. 천지는 一氣이고 만물이고 인간인 것이다.

朱子는 理氣를 물리적 기로 봄으로써 理氣本體論的 世界(宇 宙)觀을 확립하였다. 다시 말해 氣는 인격적 존재인 신이거나, 세계의 주재자가 아니라, 하나의 단순한 물리적 에너지와 같은 것으로 보았으며 理는 心이나 정신으로 보는 것이 아니라 물리적 법칙성과 같은 것으로 세계를 설명하는 체계를 세웠다.

조선조의 유학은 송대의 두 거유인 程伊天과 朱熹가 세운 학설이다. 그래서 이를 程朱學이라고 부른다. 정주학은 實보다 명분을 중시하는 철학이기 때문에 조선조 500년은 명분주의의 영향으로 당쟁과 사화의 역사로 점철되었다.

주희의 理氣란 그것이 一元論이던 二元論이던 그것을 心으로 보지 않고 物의 개념으로 보는 데 문제가 있다. 理氣를 물리적 법칙과 에너지로 보게 될 때 기의 인격성이나 기의 심성 및 생명성이 탈락되고 기의 세계는 다만 우연히 존재하게 되는 물질적 자연으로만 되고 만다. 朱子의 心卽理나 性卽理가 우주의 마음이나 우주정신이라고 하더라도 그것은 이성적 정신을 의미하는 자연법칙이나 논리적인 법칙[理法]에 불과할 뿐 인격적 心情[감정]은 아닌 것이다.

그러나 동학의 세상은 생성론적 세계관이고 圓錐型의 역사관에 근거하고 있다.「교훈가」에는 "순환지리 회복인가 … 윤회같이 둘린 운수 내가 어찌 받았으며"라고 하여 先天의 役事가 後天의 役事로 갈아드는 원환운동과 같은 자연의 순환원리에 근거있음을 말하고 있다.

사실상 天과 地는 둘이면서 하나요, 하나이면서 둘인 玄妙一體이다. 두 극을 조화시켜 각각의 힘이 끝없이 뻗어나가거나 충돌이 없도록 圓和 · 圓融의 힘으로 회전하게 함으로써 상극을 해소시켜 하나의 통일된 힘이 되게 한다. 天地가 조화를 이루어 하나의 힘이 되게 함으로써 더욱 높은 차원으로 승화시키는 창조적 힘이 나오게 된다. 끝없는 순환운동[圓운동]이 곧 자연생명 자체의 존재양식이다.

氣는 태극과 다른 것이 아니라 氣가 곧 태극이다. 음양[기]의 두 극을 兩儀라고 한다. 動의 태극은 靜의 무극으로 바뀌게 된다. 이 때 태극은 극이 없는 무극으로서 음양의 대결관계가 없어지고 하나로 조화 통일된 中正의 氣로 운동하기 때문에 만물의 생성·조화가 일어나는 창조적 기로 승화하게 된다.

동학의 태극론은 태극의 쉬는 상태가 무극이 아니라 衷氣에 의해 反極의 상대성을 해소시켜 통일된 하나의 힘이 되었기 때문에 극이 극복되었다는 의미에서 무극이라 하였다. 衷氣에 의해 中和됨으로써 극단의 대립이 없어진 조화의 상태를 中正이라고 한다. 자연의 中正을 깨닫고 人事에 그 이치를 적용할 때 이를 中庸之道라고도 한다. 따라서 동학에서의 理想鄕을 무극대도에서 찾는 것은 '극단이 없는 큰 道'에서만이 영원한 이상세계를 세울 수 있다고 보기 때문일 것이다. 무극은 한울님의 정신이요, 대도는 한울님의 차별이 없다는 뜻이다. 극이 없는 한울님의 도로 하여 인간과 사회·세계를 개벽하자는 것이 무극대도의 목적이다.

동물단계의 인식원리인 분별知[상대성·이원론 등]를 眞人의 인식원리인 통일적인 직관智[무극智]로 바꿔야 한다는 것이다. 여기서 知를 智라 함은 이성에 의한 지식은 知라 하는 것이고 智는 깨달음에 의해 了解되는 지혜이기 때문이다. 음양二氣는 오행운동을 통해 생물의 생성·조화운동을 일으킨다. 동학의 理氣는 인격적인 자연이 한울님의 생명력이 되어 무극대도를 세우는 衷氣요 生氣의 역할을 한다.

2) 君子之道

「布德文」첫머리 세상사람들이 '天'을 우연적 존재인 '자연'으로 보고 愚夫愚民이 자연현상을 無爲而化, 이를테면 우연에 의해 저절로 이루어지고 변화하는 것으로 알고 있는 무지에 대해 책망하였다. 그리고 '天'에다 인격적 존칭을 나타내는 '님'자의 뜻으로 '主'자를 붙여 '天主〔한울님〕'라 하여 主宰神의 格位를 부여하였다. '自然天'이 곧 살아 있는 '한울님'이라는 것이다. 그리하여 '主'에 대한 존경은 부모를 모시듯 하라는 것이다.

三皇五帝 이후에 聖人〔孔子인듯〕이 나서 자연의 천지도수와 천도의 변함없는 이치를 책으로 펴 세상에 내놓았다는 것이다. 그러므로 자연과 인사의 변화가 모두 循環之理인 盛衰之理에 의해서 순환되는 것이므로 한울님의 뜻을 공경스럽게 받든다고 하는 것은 곧 자연의 이치에 순응하는 길이 되는 것이다. '자연' 자체가 곧 인격적 '한울님'이고 우주의 주재자이기 때문이다.

따라서 오늘날 眞我로부터 소외되고 탈인간화된 群像들은 자아실현을 위해서는 聖人에 이르는 君子之道를 닦아야 한다는 것이다. 한울님의 도와 덕은 한울님의 인격과 정신인 것으로 이들 天道와 天德을 배우고 깨달아 인간자신의 내면적 인격으로 수양을 해가야 한다는 것이다.37)

인간은 자연으로부터 나왔다. 부모가 자식을 낳는 것처럼 자연이 인간을 낳았다는 말이다. 그러므로 자연은 우연적 존재가 아니라 필연적 존재요, 인격적 신이다. 여기에 侍天主사상의 뿌

---

37) 이원호, 「천도교에 있어서 여성에 대한 사회교육적 기능」(『종교교육학연구』제 4권, 한국종교교육학회, 1997.12), pp.137~149.

리가 있다. 시천주사상은 동학사상의 심장부요 핵이다. 수운의 지적대로 3代〔夏·殷·周〕에는 '자연천'을 세계의 주재신·인격신 〔한울님〕으로 믿고 섬겼으나, 송대에 이르러 정주학이 일세에 풍미하고부터 '인격천'의 관념과 믿음이 사라지고, 儒者들은 '우연 天'·'물리적 天'으로 생각하게 됨에 따라 한울님을 믿고 공경하고 섬기는 君子之道가 사라졌다는 것이다.

> 옛날 3대적에 한울님을 공경하던 도리를 자세히 읽어보니 이제야 비로소 옛 선비들이 한울님의 뜻에 순종하던 일을 알겠으나 후학들이 인격적 한울님과 그를 섬기는 도를 망각한 것을 스스로 탄식하노라. 내가 스스로 깨닫고 한울님의 도를 수련하고 닦고 보니 한울님의 도는 자연의 도가 아님이 없더라.38)

수운 자신이 天道를 깨닫고 보니 '한울님의 도'는 곧 '자연의 도'라고 하였다. 이는 한울님이 바로 자연 자체이기 때문이다. 侍天主는 한울님인 자연을 나의 부모로 모시고 섬겨, 존경과 효성을 다하는 것이 자식의 도리라 하였다. 孝의 근원이 여기에서 비롯됨을 알 수 있다.

君子〔眞人〕가 되기 위해 동학은 무극대도에 의해 그 마음밭에 진인의 씨를 뿌려 기르는 것을 養天主라고 한다. 씨도 뿌리지 아니한 사람이 어찌 곡식을 거두겠느냐고 동학의 도인들은 반문한다. 또 道의 씨를 뿌린다고 해서 참사람이 되는 것은 아니다. 그 씨가 발아하여 건강하게 자라서 충실한 열매를 맺어야 한다. 그것이 修道의 과정이다.

---

38) 「修德文」: "審誦三代敬天之里 於是乎惟知先儒之從命 自難後學之忘却 修而煉之 莫非自然."

인격화 과정을 통해 도덕의식이 무의식으로 바뀌어 "좋은 일을 해야 된다"라고 하는 생각조차 없이 무의식적으로 자리잡게 되는 단계가 道成人身이요, 道成德立이다. 이러한 인격을 神人이요, 君子라고 할 수 있다. 養天主를 하려면 學天主〔도를 배워야 하고〕해야 하고, 覺天主〔배운 것을 깨닫는 것〕 단계를 거쳐 養天主에 들어가게 된다.39) 이리하여 한울님의 덕과 한울님의 도를 새롭게 태어나는 眞我의 생명의 본질로 삼아야 한다는 뜻이다. 또 이 때는 定心이 필요하다. 定心은 한편으로 心柱의 의미로 心柱란 一念・一心・信念・一片丹心・지조와 같은 것이다. 定心의 반대가 移心이다.

수운은 정성에 능하고 공경에 능하고 믿음이 능하여 대성인이 되었다고 한다.40) 誠・敬・信이란 구체적으로 어떠한 심적 상태일까?

> 信은 깨달음을 통해서 인식되어지는 직관적 인식이고 또 마음에 우러나오는 믿음인 확신인 것이다.
> 敬은 공경하는 마음으로 부모나 스승이 말이나 머리로서가 아니라 행동으로 시종일관하여 그 진실됨이 가슴으로 느낄 때 비로소 공경심이 우러나게 되는 것이다.
> 誠은 정성이다. 정성이 지극한 것을 至誠이라고 한다. 정성스런 마음의 상태는 순일무잡하고 쉬임이 없는 마음이다.

또 동학은 "修心正氣하는 법을 알면 성인 되기가 무엇이 어려

---

39) 신일철, 「海月 崔時亨의 侍와 敎의 철학」,(『해월 최시형과 동학사상』, 예문서원, 1999.3.2), pp.97~102.
40) 「誠敬信」: "我水雲大先生 克誠克敎克信大聖也."

울 것인가"41)라고 하였다. 또 "우리 도는 천리에 순응하는 것이니 그 정한 마음을 지키고 그 정신의 기운을 바르게 행하여 천도와 천덕을 본연의 성품으로 거느리는 가르침을 받나니 그 이치는 자연 가운데서 스스로 화하여 나오는 것이니라"42) 하였다. 그리고 "인의예지는 공자의 가르침이요 수심정기는 오직 내가 다시 정한 것이라"43)고 하였다.

修心正氣란 세속적 지식과 탐욕을 닦아내어 眞我의 주체정신을 바르게 키워나가는 것이다. 守心正氣란 동물성을 버리고 새롭게 태어난 우주정신의 기운을 흐트러지지 않게 지켜나간다는 뜻이다. 道에 의해서 새로 태어나는 眞我의 주체정신을 [心]靈이라고 한다. 이 심령은 영원한 생명체인 신적 존재이다. 그러므로 해월도 "심령은 곧 한울님이다[心靈惟天也]"라 했다. 이렇게 天地가 막힌 것[隕絶]을 두고 다시 뚫고 天[정신]과 地[육체]가 다시 하나로 통일되는 길로 修心正氣로 '오염된 나'를 닦아내고 '참나'를 세워 守心正氣함으로써 주체정신을 키워나가야 하는 것이다. 그래서 守心正氣 4글자는 天地隕絶敎를 다시 보수하게 되는 것이다.

동학의 한울님은 만인의 귀천, 신분의 구별을 차별적으로 정해주는 독재자가 아니라 이를 초월하여 不擇善惡의 無善無惡을 추구한다. 구태여 선과 악을 흑백논리로 분별하지 않는다는 뜻이다. 이처럼 眞神은 선과 악의 범주를 초월한 존재이다. 그러므로 道를 따르는 君子[大人]는 한울님의 덕과 합하여 그의 천성으로서 인격이 한울님과 같게 되어 聖人의 경지에 이를 수 있는 것이

---

41) 「수심정기」; "能知 修心正氣之法 入聖何難."
42) 「논학문」; "吾道無爲而化矣 守其心正其氣 率其性受其教 化出於自然之中也."
43) 「수덕문」; "仁義禮智 先聖之所教 修心正氣 惟我之更定."

다. 小人의 덕은 天命에 위배되는 육체적 가치에 종속되어 군자와 성인에 나아갈 수 없는 것이다. 小人은 물질적 가치에 집착하고 의·식·주·성 등 동물적 본성이 있을 뿐이다. 그러므로 수운은 세상사람들과 동귀일체 하지 않겠다고 말하고 安貧樂道를 즐긴다. 안빈낙도란 가난한 가운데 道人의 안목[지혜]을 즐기는 것으로, 이는 마치 초가을 뜨거운 태양 불볕에 벼풀이 마르면서 열매가 알알이 여무는 것이듯 인간도 육체를 데워 참생명의 결실을 거두는 것과 같은 것이다.

『용담유사』의 「교훈가」에서는 "入道한 사람 그날부터 군자되어 무위이화 될 것이니 지상신선 네 아니냐"라고 했다. 군자는 道心을 자기의 주체정신으로 세우고 眞我를 실현하기 위해 '거짓나'를 닦고 비워내어 자기부정을 통해 자기긍정에로 나아가려고 노력하는 사람이다. 인간은 불완전하기 때문에 실수가 있을 수 있고 그런 존재가 '인간적'이라고 하여 동학은 군주와 성인을 하늘의 정점에서 땅 위로 끌어내리고 있다. 신념적 존재인 군자도 더러는 실수도 있고 성내고 싸울 수도 있을 것이다. 그러나 자신의 잘못을 쉽게 인정하고 반성하며 道를 향해 가는 일편단심만은 변치 않는 그런 사람이 참으로 군자일 것이다.

우리 중생들이 도를 실현하여 진아로 나아가려고 할 때 우리는 정치적 존재이므로 사회생활을 해가는 가운데서 자기성취를 완성해 가야 할 것이다. 죄악이 난무하고 희로애락이 들끓는 이 생활현장이야말로 참으로 道의 수련장이다. 그런 가운데서 온갖 유혹을 뿌리치고 誠·敬·信으로 참자기[眞我]를 지켜내어 나아갈 때에 비로소 守心正氣의 인격으로 승화하여 갈 수가 있을 것이다.

3) 後天開闢

후천개벽을 이루기 위한 동학의 무극대도는 天皇에 해당하는 수운이 父道를 뿌리고 地皇에 해당하는 해월이 母道를 기른 다음 人皇이 세상에 나타나 동학의 도를 세상사람이 다 밝게 알 수 있도록 드러낼 것이라고 하였다.

새천년을 위한 先后天의 교체기를 두고 동학에서는 "용이 태양주를 전하니 궁을이 문명을 일으키도다", "우리 도의 운수로 하여 우리나라 안에 영웅호걸이 많이 날 것이니 세계각국에 파송하여 활동하면 형상 있는 한울님이요, 사람 살리는 부처라는 칭송을 얻을 것이니라"고 하였다.

개벽운세를 일으키는 주체가 弓乙이고, 궁을은 태극이고 무극대도이니 인식원리의 교체를 의미하는 것이다. 그리하여 새 시대는 造化의 세계인 것을 두고 '人皇'이 오면 동학을 새롭게 하여 세계만방에 전파하게 되고, 세계는 동학의 무극대도로 하여 신선세계를 이루게 될 것이라고 하였다. 다시 말하면 21세기 이후 후천5만년 동안은 무극대도로 다스려진다는 것이다.

이리하여 한국은 무극대도의 종주국이고, 세계는 무극대도의 세계관을 축으로 하여 지상천국을 건설해 나가게 된다. 세계의 모든 나라 사람들이 한국의 문화와 언어를 배우려고 앞다투어 몰려오게 되고 한국어는 세계공통어가 되며 한국인은 세계만민을 지도하는 개벽의 역군이 될 것이라고 예언하고 있다. 이것은 하나의 예언으로 그칠 성질의 것이 아니라 무극대도는 실제로 새로운 하늘·땅을 열고 眞人을 창조해낼 '신인간학'이라는 것이다. 그러기 위해서는 동학의 한울님을 오늘에 되살려야 한다. 人皇이 도래하여야 예언이 현실로 이루어질 것이기 때문이다.

그런데 이와 같은 개벽이 오는 것은 인간이 신인간으로 되어 지상천국이 도래하기까지 단계적으로 온다고 보는 것이다. 상제가 수운에게 강림하여 한말에 의하면 그가 최초의 天皇으로서 5만 년 전에 개벽을 했다고 한다. 개벽은 문명을 열었다는 뜻이다. 그러나 사람의 人性의 발달이 늦어 뜻을 이루지 못하고 5만 년 후인 수운의 시대에 이르러 그의 사명을 수운에게 인계한다고 한 것이다. 그것이 소위 "勞而無功하다가서 너를 만나 성공하니 나도 성공, 너도 得意 너의 집안운수로다"라고 하는 내용이다.

그러므로 수운은 새로운 후천시대 5만 년 대운을 받은 천황이요, 후천상제로서 후천문명을 개벽하려 한 것이었다. 동학은 선천의 天皇氏인 상제로부터 도와 더불어 후천의 황제인 상제로부터 후천개벽의 사명을 물려받았다. 그러므로 수운은 후천의 천황씨요, 후천의 상제라는 것이다. 그것이 곧 天命의 계승이다. 이는 1만 년 전 桓國의 桓因氏가 천황씨로서 상제이고, 倍達나라의 桓雄氏가 地皇으로 그 뜻을 승계하고 古朝鮮의 檀君王儉이 人皇으로서 지황의 뜻을 받들어 홍익인간을 창조하는 天業을 三皇 즉 三神一體로서 役事한 동시성적 역사와 유사하다.

수운은 萬卷詩書를 두고 결국 弓乙이라는 한 깨달음에 의해 그 방대한 동양철학의 정수를 統撤大悟하였다. 孔子는 正名哲學을 두고 王道政治란 "모든 사물의 이름을 가지런히 하는 것이 바른 정치의 첩경"이라고 했다. 君不君 臣不臣 父不父 子不子라고 하여 모두 그 본래의 형태를 잃어버렸다고 했다. 옛 성왕들은 天德을 인격화한 성인으로서 백성을 교화하였으나 지금의 왕들은 무력과 간계로 권력을 장악하여 패도를 일삼는 자들이고, 신하들은 충절과 지조로서 임금을 섬기지 아니하고 간사한 말과 아첨으로 공명을 삼으며, 엄한 교육과 자애로움으로 자식을 기르지 아니하고, 자식은 효성과 공경으로 부모를 섬기지 아니하는 정치·사회의 인륜과 도덕이 무너져 내리는 것을 보며 공자는 실체를 잃은 허명만이 난무하고 있음을 개탄한 것이다. 그래서 무너진 정치질서를 바로 세우고 인륜도덕을 바로 잡으려면 사물의 외양[형식]과 내용이 일치하도록 국민교육을 통해 정치·사회의 세계관을 바로 세우고 이를 인격화해 가는 실천적 교육이 선행되어야 함을 강조한 것이다.

공자시대의 사회가 그처럼 사회기강과 윤리도덕이 무너진 까닭은 周나라가 제국으로서의 힘을 잃고, 부패하여 건국초기의 정치이념을 상실했기 때문이다. 그 결과 주왕실은 公室로서 이름만 있고 실제는 제후국들이 일어나 패자쟁탈전을 벌리는 춘추전국시대로 접어들어 정치력의 공백이 생긴 데서 연유하는 현상이다.

동학이 창도되었던 구한말도 周代 말처럼 중국대륙의 마지막 왕조였던 청제국이 부패하여 힘을 잃고 서구제국주의의 침략에 직면하여 그 그늘에 의탁해 있던 조선은 일제를 비롯한 열강들의 통상개방의 압력에 몰려 수구파와 개화파 사이의 운명적 갈림길에서 좌불안석하던 혼란한 시기였다. 한편 동양의 낡은 봉건제도가 무너져 내리는 가운데 서구의 개화·실학문명이 물밀듯이 밀려들고 있었다. 탐관오리들의 수탈과 가렴주구로 인해 농민대중은 극도로 피폐한 때라 대내외적·정치적 불안이 겹쳐 사회기강과 윤리도덕은 저절로 무너져 내리고 있었다.

동학은 이러한 국제정세와 국내정세를 면밀히 살펴 현실을 타개하기 위해서 철학적이면서도 정치적인 실천방법을 모색하게 되었다. 수운은 팔도강산을 두루 돌아다니며 인심풍속을 살폈다고 한다.

그리하여 동학은 조화세계의 건설을 두고 먼저 我國의 傷害之敎를 어떻게 구하여 輔國安民할 수 있을 것인가 하는 것을 구국의 일념으로 여기게 된다. 그리고는 도탄에 빠져 방황하고 신음하는 백성을 廣濟蒼生해 가기 위해서는 天道[동학의 새로운 세계관]를 얻어야만 후천개벽의 지상천국을 열어갈 수 있다고 믿게 되었다.

6. 맺음말

1) 弘益人間理化世界

우주와 천하만민의 한울님이자 한민족의 한울님이신 三神上帝가 선천시대를 개벽하여 인류의 이성문명을 섭리해 왔다.

그러나 선천시대는 수운에게 후천개벽의 사명을 물려준 것과 같이 선천시대의 眞人의 창조역사로는 인간을 완성의 단계에까지는 성장시킬 수 없었고 소위 '호모사피엔스'라는 이성인의 단계까지만 성숙시킬 수 있었다.

참인간의 창조역사는 3단계로 섭리되어 왔다. 3시대의 3皇이며 3神인 고조선시대의 桓因·桓雄·桓儉에 의해 참인간의 창조라는 이상에 근거하여 홍익인간 이화세계의 지상천국을 만들려고 종적으로 섭리한 역사이다.

3皇의 역사시대 이후 나타나는 5帝의 帝王들은 3神의 뜻을

받들어 水・木・火・金・土의 성질에 따라 자연이 四季를 이루고 영원히 순환하는 것처럼 인류를 천도로부터 반복적으로 깨우치고 교육하여 天道를 왕도로 삼아 다스려 眞人을 창조해내는 일을 5행의 순환처럼 시대별로 役事하는 제왕들이니 홍익인간의 창조가 그들의 사명이며 정치의 목적이었다.44) 이처럼 왕도정치란 홍익인간창조의 이상과 목적을 위해 정부와 위정자가 父道・師道 그리고 治道로서 백성을 깨우치고 교육하고 자기완성에 이르도록 하여 정치는 그 수단이 되어주는 것이었다.

오늘날의 정치는 국가와 정체가 목적이고 국민은 국가주의를 실천하는 수단에 불과하다. 패권・패도의 정치인 것이다. 이렇게 보면 철인정치는 공・맹에서 비롯된 것이 아니라 그 이전인 3신 상제의 홍익인간의 세계관에서 비롯된 것이다.

고조선은 東夷族을 중심민족(選民)으로 하여 세계 통일제국을 건설하고 세계 36족을 제후국으로 삼아 다스렸던 '지상의 하늘나라'였다.45) 그러나 고조선 후기에 이르면서 어리석은 제왕들이 나타나 天命을 저버리고 허영과 사치・물성에만 탐닉하자 제국의 힘이 쇠잔해 갔고, 반대로 방계민족들이 강성해짐에 따라 통일제국은 분열되어 天道는 그 맥이 끊겼으며 동이의 조선은 오히려 주변국가로 전락하고 말았다.

환웅시대 말기에도 제국은 그러한 분열과 쇠잔의 길로 접어들게 되어 檀君王儉이 일어나 九桓族을 재통합하여 강력한 조선통일제국을 건설하였다. 저 夫餘의 시조 東明聖帝나 고구려의 시조

---

44) 노태구, 「홍익인간이념의 현대적 의미」(대종교주관, 21세기를 향한 단군운동의 방향 세미나, 1997.12.3)
45) 김진혁, 앞의 책, p.538.

고주몽은 고조선 말기의 통일제국 쇠망의 운을 돌이켜 多勿동이제국을 건설하려는 웅대한 꿈을 품고 일어선 선각자들이었다.

그러나 그들이 소망했던 '세계 통일제국의 꿈'을 실현할 수 없었던 것은 天道의 생명인 '한울님을 섬기는 신앙〔侍天主〕'을 전국민적으로 되살려내지 못하고 상류계층 소수만이 神仙道 또는 風月道라는 형식으로 믿었고 官禮로 祭天하는데 그치고 말았기 때문이다. 고구려가 망한 후 그 유민들이 세운 발해국〔대진국〕도 역시 그러한 전철을 밟다 결국 망하고 말았다.

한민족의 문화나 제국의 문명이 성하고 쇠하는 이치는 그 문명이 섬기는 신을 그 민족이 얼마나 열렬히 믿고 섬기느냐에 달려 있다는 것이다. 이는 그들의 신에 대한 믿음을 통해 제국시민의 일치된 정신을 결정지어 주기 때문이다. 뿐만 아니라 그들의 신앙심은 윤리·도덕의 가치관을 규정하므로 사회의 부조리·부패를 막아주는 방파제 역할도 하게 되므로 신에 대한 믿음은 그 사회의 기강과 건강의 바로미터인 셈이다.

한편 창조적 초월신들이 사망하게 된 원인은 발달된 과학지식에 의해 그들의 신비의 베일이 벗겨졌기 때문이다. 그리하여 다음 단계로 과학지식이나 철학지식에 의해 참신과 유일신이 나타나야 할 때이다. 이 참신은 인간들의 무지에 의해 잊혀졌던 신이다. 거짓의 신은 지식의 빛 앞에서는 소멸되는 데 반해 진신은 지식의 빛을 통해 오히려 그 생명을 얻게 된다.

이 眞神이 바로 동학의 신이고 우리 민족 고유의 신인 자연 자체이다. 인간의 무지는 자연을 하나의 물질로밖에 보지 못했었다. 그러나 지식이 밝아짐에 따라 자연은 생명없는 물질덩어리가 아니라 생명과 의지와 감정을 가진 인격적 존재인 '참한울님'이었던 것이다.

후천시대는 선천의 종적 섭리를 횡적으로 전개하는 횡적 섭리 시대이다. 그러므로 天皇・地皇・人皇이 동시대에 한꺼번에 강림하여 三神一體의 道인 無極大道로서 감성문명시대를 開天하는 시대이다.

수운은 先天의 三神上帝로부터 후천상제의 位를 물려받았다. 그리고 해월은 地皇으로 天皇인 수운의 뜻을 따라 백성을 교화육성하였다. 결국 선천과 후천의 과도기이기는 하지만 근대는 선천의 이성문명이 명운을 거두기 위해 마지막 생명의 불빛으로 타오르다 꺼지는 잔광이었으며 그리고 그것은 또한 후천의 아침을 여는 새벽의 혼돈이었다. 이제 우리는 후천의 아침을 깨우기 위해 와야 할 '人皇'을 맞이할 때이다. 그리고 그 과도기에 종적으로 왔다간 천황과 지황의 못다 한 사명을 위해 인황과 더불어 3위1체로 되는 한 시대가 나타나는 것을 보게 될 것이다.

후천시대는 人皇을 중심으로 무극대도의 진리를 현대의 언어로 완전하게 밝혀야 하며 인황의 역사를 한민족의 중심에서 세계사적 의미로 확대해야 한다. 3신1체 상제 한울님이 현신하여 무극대도로서 새로운 감성문명을 일으켜 인류를 홍익인간으로 진리화하여 모든 사람을 살아 있는 신선이 되게 할 때 세계는 地上天國〔理化世界〕으로 될 것이다.

2) 후천문명론

동학은 고조선에서 유래된 신선도와 유도・불도의 정신을 통일한 철학이라고 말 할 수 있다. 이 말의 뜻은 동학이 三道를 연구해서 그 유용한 장점만을 골라 종합했다는 것이 아니다. 고조선의 홍익인간 철학이 殷나라가 망한 이후에 周나라로 넘어가면서 三道로 분리되었던 것을 수운이 다시 原道의 근원을 한울님으로부터 받아 통일하였다는 의미이다. 이는 자연자체의 한울님과 그 대리자인 상제를 내 마음 가운데 모시고 부모와 같이 섬기는 侍天主에 있다. 그러므로 소외된 인간은 먼저 자기소외의 현실을 깨닫고 참하느님을 찾아 모시는 일을 통해 定心과 修心正氣의 道의 생활과정이 필요하게 된다.

이리하여 앞으로 나타날 후천시대의 새로운 문명은 흑백의 극단주의로서 신본주의나 그것의 반동으로 나타난 인본주의가 아니라 神人合一주의이며, 이는 侍天主에 의해 인간이 신성을 자신의 것으로 내면화함으로써 살아서 신선이 되고 참사람[眞人]이 되려는데 生의 전목적과 가치가 집중되는 새로운 정치문화이다.46) 여기서는 소수의 힘있는 기득권자들이나 엘리트들을 위해 대중이 그들의 시녀가 되고 수단이 됨으로 해서 소외를 운명처럼 이고 사는 세상이 아니라 진정으로 대중이 자기의 삶을 자유의지에 따라 스스로 선택하고 책임지는 자율적 인격주체가 되는 세상이다.

전체주의 속의 소모품이거나 개인주의의 속물인 이기주의적 인간이 아니라, 天道의 中庸을 주체적 정신으로 실천하는 '자기를 사는 삶'이 오히려 전체와 이웃을 위하는 통일적 다원주의의 삶의 세계이다.

---

46) 노태구, 「세계화를 위한 한국민족주의론:동학사상을 중심으로」(백산서당, 1996), 참고.

3) 東學復元의 의미

이제 잃어버린 한울님을 다시 찾지 않으면 안된다. 신비적 초월신들이나 이데올로기로는 과학적 지식에 의해 검증되고 그 허무의 실체가 드러나 버렸기 때문이다. 그러므로 이제는 과학지식으로 확인되는 것이면서, 초월적인 동시에 실체가 있는 참하느님이 요구되는 시대이다.

이제 세계의 무너진 문명의 잔해 속에 새롭게 태어나야 할 문명은 새로운 문명이 아니라 역사상 옛조선에서 꽃피웠던 문명에서 찾아야 한다. 인간소외를 극복함에 있어서 변함없는 天道를 오늘날의 형편에 맞게 운용하면 되는 것이다. 다만 이 天道에 요구되는 현대적 문제는 세계가 하나의 마당으로 통합해 가는 시대에 있어서 민족과 국가 및 이념을 뛰어넘어 타문화와의 이질적 배타성을 어떻게 극복해낼 수 있는가 하는 점이 대중의 관심사가 될 것이다.

그러나 東學은 본질적으로 유·불·선을 포함하고 있으니 동양문화간의 큰 충돌은 없으며, 가장 큰 난제는 西學인 기독교 문화와의 본질적 차이를 극복하는 문제가 남아 있을 뿐이다. 이 문제도 祭天·소외〔타락〕·극복〔부활·重生〕이라는 天道의 3가지 원리 즉 '부정의 부정을 통한 긍정의 원리'로서 구원의 구조가 본질적으로 동일한 것이고 보면, 문제는 기독교의 초월신인 야훼와 우리의 상제간의 유사성을 증명할 수 있으면 그것으로 동·서의 깊은 간극을 초월하여 하나가 될 수 있는 것도 자명한 이치라 하겠다.47)

이렇게 동학이 새로운 세계 통일문명으로 된다고 할 때 세계

문화의 다양성이 모두 허물어져 획일적이고 전체주의적인 것으로 되느냐 하는 전체주의에 대한 두려움이 있을 수 있다. 그리하여 다원적인 것은 무조건 좋은 것이고 전체적인 것은 무조건 나쁜 것이냐 하는 것이 문제인데, 이는 단지 전체성(totality·community·collectivity)과 다양성(individuality·liberality·plurality)을 이분법적 흑백논리의 시각으로 보는 사고에서 기인하는 두려움에 지나지 않는다.

다원의 본질은 하나[전체]이면서 그 개체들의 삶의 표현방식·사고 등의 존재양식에 있어서는 개성적일 수밖에 없는 다원적 통일성이다. 다양성은 전체의 통일성과 개체들의 개별성의 조화이다. 이것이 자연의 이치이다.

인간들의 피부색이 제각기 다르고 생김이 다르고 사고가 다르고 문화가 다른 그 다양성과 개성은 그것이 가치인 동시에 생명이기도 하듯, 정치문화도 그 개성이 제각기 달라야만 각양각색의 가치와 아름다움의 의미가 있는 것이다. 그리하여 天道인 동학의 진리는 세계의 문화가 본질적인 면에서 같아진다고 해도 민족에 따라, 개인과 사회에 따라 그들이 이루어내는 문화적 표현은 천태만상이 되어 나타나게 된다. 다양성 속의 조화라는 자연의 이치가 동학사상의 원리로 되기 때문이다.

이와 같이 현대문명이 무너져, 세계는 지금 혼돈과 공허 속에서 물질만을 위해 인간을 수단으로 삼고 경쟁하는 야수들의 약육강식의 마당이 되어버린 이 때에, 새로운 희망의 빛인 정치질서·세계관을 수립하기 위해서는 잃어버린 참한울님[眞神]을 찾

---

47) 김진혁, 앞의 책, p.549.

아세워야 한다. 그 동안 동학을 망각함으로써 참하느님과 후천상제인 수운까지 잊어버리게 되어 나라도 망하고 세계가 한꺼번에 망할 수밖에 없게 되었다. 그리고 동학의 교단도 그 세력이 침체일로를 면치 못하게 되었다.

새로운 세계로 나아가기 위해서는 잃어버린 한울님과 동학을 다시 살려내야 하는데, 그것은 眞神으로 다시 태어나는 자연의 한울님이어야 한다. 그러한 한울님을 서양에서는 살려낼 수 없다. 왜냐하면 그들의 사고방식은 문명知로 묶여 있기 때문에 분별을 극복하고 인간과 자연과 세계를 통일·조화하는 신을 찾아낼 수 없기 때문이다. 그러므로 서양의 하느님도 우리 동학의 天道에 의해서만 찾아 소생시킬 수 있다.

한울님을 소생시키려면 동학을 살려내야 하고 동학의 한울님인 후천상제를 살려내야 한다. 人皇시대에 강림하는 天·地·人皇이 후천상제인 수운선생으로부터 新天·新地·新人, 즉 새 하늘과 새 땅, 참사람을 창조하고 참문명을 여는 天運을 계승할 수 있기 때문이다.

결론하여 한국은 동학을 복원하고 동학을 國學으로 삼게 될 때 비로소 동학의 物心一如의 妙法的 造化統一의 논리로 한민족의 평화통일을 이루어낼 것이다. 그리고 한민족통일공동체의 새로운 조화의 세계관으로 하여 새천년의 태평양문명시대에 있어서 세계의 주역이 될 수 있을 것으로 보인다.

동학의 정치사상으로서의 재조명
-『용담유사』를 중심으로-

양병기*

1. 머리말

　19세기 후반의 조선왕조는 역사적으로 대내외적인 변혁의 전환기에 직면하고 있었다.1) 먼저, 대내적으로는 純祖 이후에 외척에 의한 世道政治가 전개되어 賣官賣職 등에 의한 양반관료 지배체제의 붕괴와 봉건적 신분질서의 해체현상이 진행되고 있었다. 경제부문에서는 조세제도인 三政[즉 田政·軍政·還政]의 紊亂현상으로 피지배 민중계층의 조세부담이 가중되고 있었다. 이 과정에서 1811년에는 평안도·황해도 지역을 중심으로한 소위 洪景來亂이 발생한 이후 1862년에는 경상도·전라도·충청도의 三南地方에서 晋州民亂으로 대표되는 피지배 농민계층의 봉기가 집중적으로 발생하고 있었다.
　대외적으로는 서구열강의 동양진출과 관련한 西勢東漸의 위

---

* 청주대 교수(정치학)
1) 이상에서의 조선왕조가 직면하였던 대내외적 위기상황에 관하여는 李瑄根,「世道政治」(『한국사 15』, 국사편찬위원회 편, 탐구당, 1990), pp.13~77과 金鎭鳳,「農民의 抗拒」(『한국사 15』, 국사편찬위원회 편), pp.78~152 및 韓沽劤,「東學의 唱道와 그 基本思想」(『한국사 15』, 국사편찬위원회 편), pp.327~342 참조.

기를 맞고 있었다. 중국은 영국과의 아편전쟁(1839~1842)의 결과로 체결된 南京條約을 계기로 하여 타율적인 개국을 수용하였다. 일본도 미국에 의하여 1854년의 가나까와(神奈川)조약으로 강제 개국을 받아들였다. 이어서, 중국은 남경조약 불이행 등의 사유로 일어난 제1차 영불〔영국·프랑스〕연합국 전쟁(1857~1858)과 제2차 영불연합국 전쟁(1859~1860)에서 패배함으로써 1860년에는 중국의 수도인 北京이 영국·프랑스 군대에 점령당하게 되었다.

이러한 역사적 상황 하에서 1860년에 최제우에 의하여 東學이 創道되었던 것이다. 따라서 동학의 창도와 그 이후에 전개된 敎團활동은, 대내외적인 이중의 위기극복의 과제를 부여받고 있던 조선후기 봉건사회의 시대적 상황을 배경으로 한 것이었다. 뿐만 아니라 동학은, 특히 한국근대사에 있어서의 민중계층의 광범위한 정치적 진출을 보여준 1894~1895년의 동학농민혁명[2] 과도 繼起的인 상관성을 지녔다는 점에서 역사적으로 중대한 의의를 안고 있는 것이다.

포교개시 2년 만에 한반도의 삼남지방 전역에 교세를 펼칠 만큼 피지배 민중에게 영향력을 발휘한 동학은 종래의 유교·불교·도교와 새로 도전해 온 기독교의 사상을 褶合·圓融하여 독창적으로 체계화한 종교로 평가할 수 있다. 동학의 내면적 사상체계는 종교사상의 측면과 사회사상의 측면 등에서 여러가지의

---

[2] 1894년~1895년의 동학농민군의 봉기를 동학교단운동(1860~1893)과의 역사적 계기성 속에서 파악하여 '동학농민혁명'으로 규정하는 논거에 관하여는 梁炳基, 「東學農民運動의 革命性 硏究 (상)」(『현상과 인식』 제1권, 제4호, 한국인문사회과학원, 1977), pp.139~155와 「東學農民運動의 革命性 硏究 (하)」(『현상과 인식』 제2권, 제1호, 한국인문사회과학원, 1978), pp.150~165 참조.

해석이 가능하다. 동학은 조선후기에 있어서의 봉건사회의 모순이 안팎으로 심화되는 과정에서 離反을 거듭하게 되었던 피지배민중의 혼란한 민심을 수습하고 통합시키려는 종교사상의 내용을 담고 있었다고 볼 수 있다. 또한, 동학은 反外勢的 自主性의 성격과 함께 反封建的 사회개혁 지향의 내용을 담은 정치사상으로서의 성격도 띠고 있었다.

이러한 시각에서, 이 논문은 동학을 먼저 종교사상의 측면에서 검토하고 이어서 동학에 내재한 사회통합 사상으로서의 내용과 반봉건·반외세의 정치사상으로 구분하여 재조명하여 보고자 하는 데에 그 연구목적이 있다. 연구목적을 수행하기 위한 연구방법으로는 東學經典중의 『용담유사(龍潭遺詞)』를 주된 분석의 대상으로 삼되 『동경대전(東經大全)』의 관련내용도 검토의 대상으로 하였다.3)

2. 天道觀의 인간지상주의

동학은 慶州의 몰락양반출신인 崔濟愚[호는 水雲:1824~1864]에 의해서 1860년 4월에 創道된 한국고유의 종교이다. 그러나, 동학은 단순한 종교적 修道나 정신적 해탈에만 전념한 보편적인 종교가 아니고 조선후기 봉건사회에 있어서의 민중의 시대적 요구와 現世的 욕구를 상황적으로 반영한 민족종교였다.4) 西學[천주

---

3) 이 논문에서 인용하고 있는 동학경전의 『용담유사』와 『동경대전』은 천도교 중앙총부에서 간행한 『天道敎經典』(천도교 중앙총부출판부, 1988)을 참고로 하였다.

교를 의미]에 대한 종교적・정치적 대칭의식 차원에서 자주적으로 대응하려는 데서 이름 붙여진 이러한 동학의 창도동기에는 대내외적으로 제기된 조선후기 봉건사회에 있어서의 민족의 이중적 위기를 극복함으로써 당면한 역사적 과제를 수행하려는 목적의식이 내재하여 있었던 것이다.

이와 같은 동학의 종교사상으로서의 요체는 '天道'라는 개념에서 찾아볼 수 있다. 최제우는 1861년(辛酉年)에 자신이 창도한 종교를 '天道'라고 命名하였다. 이는 최제우가 『동경대전』에서

轉至辛酉 四方賢士 進我而向曰… 曰然則 何道以名之 曰天道也."5)

라고 한 데에서 찾아볼 수 있다. 동학의 종교사상은 이와 같은 최제우의 天道觀에서 살펴볼 수 있는 것이다.

최제우는 천도의 본질인 萬物의 生成淵源을 '天主'의 造化에 의한 것으로 규정한다. 즉, 이러한 천주의 존재는,

盖自上古以來 春秋迭代 四時盛衰 不遷不易 是亦天主造化之迹 昭然于天下也.6)

라고 한, 宇宙의 本體生命으로서의 천주인 것이다.7) 그리하여

夫天道者 如無形而有迹 地理者 如廣大而有方者也…陰陽相物 雖百千

---

4) 韓興壽,「近代 韓國民族主義의 生成과 發展」(『自由아카데미 硏究論叢』第二輯, 自由아카데미 出版部, 1977.10), p.193.
5) 『東經大全』,「論學文」.
6) 『東經大全』,「布德文」.
7) 이러한 해석은 白世明, 『東學經典解義』(韓國思想硏究會, 1963), pp.13~15 참조.

> 萬物 化出於其中 獨唯人最靈者也.8)

라고 한 바와 같이, 천주의 조화에 의한 天地陰陽의 운동법칙이 상대적으로 작용함으로써 萬物이 化生되는 가운데 최고의 정신적 존재로서의 인간이 生成되었다고 보고 있는 것이다.9)

또한 여기에서 더 나아가 천주와 인간과의 관계는 "天心卽人心"10)이라든가

> 나는 도시 믿지 말고 하느님만 믿어서라. 네 몸에 모셨으니 捨近取遠한단 말인가.11)

라는 데에서 나타나는 바와 같이, "하느님은 사람마다 모신 것이고 하느님은 사람의 마음속에 있는 것"이라는 논리로 발전한다. 즉, 천주는 인간의 內心에도 있는 것이고, 동시에 인간 밖에 객관적으로도 實在하는 것으로 사람의 本性과 天心과는 서로 靈通할 만한 素地가 있다는 것이다. 이것이 곧 종교사상으로서의 동학의 뚜렷한 특징인 侍天主・天人合一의 원리인 것이다.12)

여기에서 우리는 천도의 본체가 천주의 조화에 의한 것이라는 점과 함께 천주는 곧 인간내부에 內在하는 것이라는 천인합일의 원리에 의해 형성된 것임을 알 수 있다. 즉, 천도는 천인합일의

---

8) 『東經大全』, 「論學文」.
9) 白世明, 『東學經典解義』, pp.51~54 참조.
10) 『東經大全』, 「論學文」: "曰天心卽人心卽."
11) 『龍潭遺詞』, 「敎訓歌」.
12) 金龍德・金義煥・崔東熙, 『東學革命:녹두장군 全琫準』(同學出版社, 1973), pp.85~87 참조.

근본원리로 구성되어 있는 것이다. 이는 人間性을 宇宙本體의 구체적 표현이라고 본 점에서 人間至上主義를 표방한 것이라 볼 수 있다.13) 그리고 모든 사람이 하늘이요, 천주를 모시고 있다는 사상은 철학적·종교적 근거 위에 토대한 博愛主義·평등사상의 표징이라고 할 것이다.14)

3. 同歸一體의 사회통합 지향

이러한 최제우의 천인합일적 천도관과 함께 주목해야 할 것은, 그것이 단순한 종교사상 그 자체만으로 그치고 있는 것은 아니라고 하는 점이다. 즉, 그의 천도관 형성의 裏面에는 조선 후기 봉건사회에 있어서의 봉건질서의 모순확대와 서세동점의 충격이 시대적 환경요인으로 작용하고 있었던 것이며, 이러한 요인이 그의 동학창도를 촉진시켰기 때문이다. 그리하여 그는 한편으로 종교신앙의 요체로서의 천도관을 설정하고 이에 따르는 修行의 방법으로서 誠·敬·信을 제창하여 궁극적으로는 신앙의 형식에 의해 당시 대내외적으로 혼란한 사회의 통합을 추구했던 것이다.

그는 당시의 民心이 대내외적 격변기 속에서 중심을 잃고 혼란하여 정신적 지주가 없고, 이를 틈타 讖諱說 등속이 난립하고, 유교·불교의 퇴락과 더불어 천주교가 만연하게 된 것으로 파악

---

13) 趙芝薰, 『韓國文化史序說』(探求堂, 1972), p.127.
14) 申一澈, 「韓國의 近代化와 崔水雲」(『韓國思想叢書Ⅲ』, 韓國思想硏究會編, 景仁文化社, 1973), p.243.

하였다.

최제우의 이 같은 시국관은 다음과 같은 『동경대전』의 내용 속에서 이를 찾아볼 수 있다.

> 又此挽近以來 一世之人 各自爲心 不順天理 不顧天命 心常悚然 莫知所向矣…至於庚申傳聞西洋之人 以爲天主之意 不取富貴 攻取天下 立其堂 行其道 故吾亦有其然豈其然之疑…是故 我國 惡疾萬世 民無四時之安 是亦 傷害之數也 西洋戰勝攻取 無事不成而 天下盡滅 亦不無脣亡之歎 ….15)

즉, 최제우는 당시의 민심이 지향할 바를 찾지 못하고 있었던 점과 서양의 서세동점 과정에서 천주교가 수용되고 있던 상황을 주목하고 있었던 것이다. 또한, 『용담유사』의 「敎訓歌」에서 "儒道佛道 누천년에 운이 역시 다했던가"와 「安心歌」에서

> 妖惡한 고인물이…서학이라 이름하고…소위 서학하는 사람 암만 봐도 명인없네. 서학이라 이름하고 내몸 發闡하렸던가.

라고 함으로써 정신적 지주로서의 유교·불교의 쇠락과 천주교의 문제점에 대하여 언급하고 있음을 볼 수 있다. 이어서 「夢中老少問答歌」에서는

> 君不君 臣不臣과 父不父 子不子를 晝宵間 탄식하니…우습다 세상사람 不顧天命아닐런가…괴이한 東國讖書 치켜들고 하는 말이…賣官賣爵 世道者도 一心은 弓弓이오 錢穀쌓인 富僉知도 一心은 弓弓이

---

15) 『東京大全』, 「布德文」.

오 遊離乞食 敗家者도 一心은 弓弓이라…혹은 西學에 입도해서 各自爲心하는 말이 내옳고 네그르지 是非紛紛하는 말이 日日時時 그 뿐일네…아서라 이세상은 堯舜之治라도 不足施요 孔孟之德이라도 不足言이라.

하고 「勸學歌」에서는

강산구경 다던지고 인심풍속 살펴보니 父子有親 君臣有義 夫婦有別 長幼有序 朋友有信있지마는 인심풍속 괴이하다.

라고 함으로써 유교의 쇠락과 도참설의 유행 및 천주교의 수용 양상 등을 반복하여 비판적인 입장에서 평가하고 있음을 알 수 있다.

이러한 상황인식 하에서 그는 그가 창도한 동학의 천도관에서 제시한 천주의 관념을 신앙의 지표로 삼아 민심을 안정시키려 하였다. 그것은 誠·敬·信 三字의 修行에 의하여 守心正氣함으로써 구현된다고 보았던 것이다. 이는 『용담유사』의 「道德歌」에서

守心正氣하여 내어 仁義體智지켜 두고 君子 말씀 본받아서 誠敬二字지켜내어 先王古禮 잃잖으니 … 一心으로 지켜내면 道成立德 되려니와 … 敬命順理 하단말가.

라고 제시되고 있다. 이는 또한 『동경대전』의 「修德文」과 「座箴」에서

此道, 心信爲誠 … 先信後誠 … 敬而誠之.[16]
吾道博而約 不言多言矣 別無他道理 誠敬信 三字.[17]

라고 하여 守心正氣와 誠·敬·信에 의한 동학의 修道방법을 제시하고 있음을 볼 수 있다.

최제우는 이와 같이 당시 혼란한 민심의 정향을 궁극적으로 천도의 신앙에 의하여 '同歸一體'의 사회통합(social integration) 으로 귀착시키고자 하였다. 이러한 동귀일체라는 표현을 통한 사회통합 지향의 입장은 다음과 같은 『용담유사』의 「敎訓歌」·「勸學歌」·「道德歌」에서 찾아볼 수 있다.

> 하느님 하신 말씀… 億兆蒼生 많은 사람 同歸一體하는 줄을… 알았던가.18)
> 時運을 의논해도 一盛一衰아닐런가. 衰運이 지극하면 盛運이 오지마는 현숙한 모든 君子 同歸一體하였던가.19)
> 하느님은 至公無邪 하신 마음 不擇善惡 하시나니 淆薄한 이 세상을 同歸一體하단 말인가.20)

즉, 동귀일체를 당시 조선사회 민중들의 혼미한 의식정향을 안정시키고 그를 통하여 사회적 통합을 추구하려는 表象으로 삼으려고 하였던 것으로 볼 수 있다.

이렇게 볼 때, 최제우가 동학을 창도한 것은 당시의 어지러운 세태를 구제하려는 의지에서 나온 것임을 알 수 있다. 이 때문에 그는 이른바 '億兆蒼生이 同歸一體'할 無極大道로서 동학을 창도

---

16) 『東經大全』, 「修德文」.
17) 『東經大全』, 「座箴」:『天道敎經典』(천도교 중앙총부, 천도교 중앙총부 출판부, 1988), p.93.
18) 『龍潭遺詞』, 「敎訓歌」.
19) 『龍潭遺詞』, 「勸學歌」.
20) 『龍潭遺詞』, 「道德歌」.

하고 민중들을 일깨운 것이라 하겠다.21)

여기에서 우리는 최제우가 동학의 천도관에 의하여 사상의 통합을 꾀함으로써 조선사회의 대내외적 변동에서 야기된 사상의 混迷를 극복하고 불안으로부터 개체를 구원하려 했음을 알 수 있다. 이것은 "개인이 파격적인 곤궁 속에 처했을 때라도 그들의 생활에 의미를 부여함으로써 개인에게 공헌하는"22) 종교의 기능적 측면에서도 그 의의를 찾아볼 수 있다고 할 것이다.

이와 같이 동학의 천인합일적 천도관은 종교의 형태를 빌어 특히 농민대중을 비롯한 피지배 계층들을 인간지상주의의 평등사상으로 고무시키는 계기로 작용하였다. 이것은 당시 동학의 신도들 가운데는 몰락 양반인 殘班階層 출신들도 있었지만, 근본적으로 교세의 토대를 농민대중에 두었다는 데에서 추론이 가능한 것이다. 따라서, 종교사상의 형태로 분산된 피지배층의 의식정향을 안정시키고 정신적・종교적인 신앙의 지주를 제공함으로써 사회통합의 기능도 수행하고 있었다고 평가할 수 있다.

4. 輔國安民의 정치사상

최제우는 동학사상의 이면에 자주와 진보의 실천의지로서의 정치사상을 함축시키고 있었다.23) 즉, 기존의 봉건질서에 대한

---

21) 金庠基, 「東學運動의 歷史的 意義」(『韓國思想叢書 Ⅲ』, 韓國思想硏究會編, 景仁文化社, 1973), pp.182~183.
22) Milton Yinger, *Sociology Look at Religion*; 韓完相 譯, 『宗敎社會學』(大韓基督敎書會, 1973), pp.28~29.

반봉건적인 변혁 의식과 외세의 위협에 대한 反侵略의 자주적인 의식을 동시에 표방한 것이 '輔國安民'의 정치사상이었던 것이다.24)

우선 최제우는 위기에 직면하게 된 봉건체제에 있어서의 사회적인 여러 가지 모순을 지적하고 있다. 예컨대,

富貴者는 公卿이오, 貧賤者는 百姓이라… 猝富貴不祥이라… 우리라 무슨 팔자 苦盡甘來 없을 소냐. 興盡悲來 무섭더라.25)

라고 하여 지배층의 부귀와 피지배층의 빈천이라는 차별관계의 逆轉 가능성을 낙관적으로 전망함으로써 봉건적 사회계층 구조의 모순을 극복하려는 의지를 제시하고 있다. 또한

遊衣遊食 貴公子를 欽羨해서 하는 말이… 一天之下 생긴 몸이 어찌 저리 같잖은고.26)

라고 하여 당시 수탈의 대상이 되어왔던 피지배층과는 달리 할 일 없이 놀고 먹는 양반지배층의 생활을 사회적 불평등이라는 모순의 시각에서 지적하고 있다. 이러한 사회적 불평등은, 동학의 천도관에서 시현된 천인합일적 인간지상주의나 인간평등관에 비추어 볼 때 필연적으로 극복되어야만 할 봉건적 신분질서의 문제로

---

23) 韓興壽, 「近代 韓國民族主義의 生成과 發展」, p.195.
24) 김영작, 『한말 내셔널리즘 연구-사상과 현실』(청계연구소, 1989), pp.186 참조: 김영작 교수도 동학의 보국안민에 담긴 정치사상으로서의 성격을 '대내적 반봉건·대외적 자주독립의 지향과 이 과정에서의 농민의 정치주체화'라고 보고 있다.
25) 『龍潭遺詞』, 「安心歌」.
26) 『龍潭遺詞』, 「安心歌」.

인식되는 것이므로, 그에 대한 문제의식은 반봉건적 사회개혁의 정치의식으로 이어지게 되는 것이다. 그리하여, 『용담유사』에서

> 時運을 의논해도 一盛一衰 아닐런가. 衰運이 지극하면 盛運이 오지마는… 일세상 저 인 물이 塗炭中 아닐런가. 陷之死地 出生들아 輔國安民 어찌할꼬… 홀연히 생각하니 時運이 둘렀던가. 萬古없는 無極大道 이세상에 創建하니 이도 역시 時運이라.… 輪廻 時運분명하다.27)

라고 하는 데에서 조선왕조의 쇠운에 따른 새로운 질서의 도래 가능성과 陷之死地의 도탄에 빠진 민중을 구제하기 위한 보국안민의 방책을 時運觀의 입장에서 모색하고 있음을 발견할 수 있는 것이다. 이어서,

> 富하고 貴한 사람 이전시절 빈천이오 貧하고 賤한 사람 오는 시절 부귀로세. 天運이 순환하여 無往不復하시나니… 餘慶인들 없을소냐.28)

라는 데에 이르러서는 시운관을 매개로 한 부귀나 빈천의 순환을 통하여 봉건적 사회질서의 변이를 암시한다. 그리고,

> 十二諸國 怪疾運數 다시 開闢아닐런가. 태평성세 다시 정해 國泰民安될 것이니 慨歎之心두지 말고 차차차차 지냈어라. 下元甲지나거든 上元甲 好時節에 萬古없는 無極大道 이 세상에 날 것이니 너는 또한 年淺해서 億兆蒼生 많은 백성 太平曲 擊壤歌를 不久에 볼 것이니 이 세상 무극대도 傳之無窮 아닐런가….29)

---

27) 『龍潭遺詞』, 「勸學歌」.
28) 『龍潭遺詞』, 「敎訓歌」.
29) 『龍潭遺詞』, 「夢中老少問答歌」.

라고 함으로써 궁극적으로 開闢에 의한 上元甲 好時節의 도래에 의해 태평성대가 돌아온다고 보는 '安民'의 이상적인 地上天國을 예언하고 있는 것이다.

이와 같이, 종교적 형태로서의 동학의 경전 속에 담겨 있는 기존질서에 대한 개혁의지는 차별적 신분제도를 천인합일의 평등사상으로 극복하고자 하는 반봉건적 진보의 개혁사상이라 할 것이다. 또한, 시운관에 의한 개벽사상은 새로운 질서체제의 실현을 추구·지향한 혁명적 정치사상의 성격을 띠고 있었던 것이다. 그리하여, 이 같은 동학의 반봉건적 '안민'의 정치사상은 당시 불안정한 의식정향의 표류 속에서 방황을 거듭하던 피지배 계층을 반봉건적 '안민'의 근대의식으로 결합시켜 나아가는 기능을 수행하였다고 볼 수 있다. 뿐만 아니라, 더 나아가서는 1860~1893년 간의 동학교단 활동에서 崔時亨에 의하여 제시된 事人如天사상과 1894~1895년의 동학농민혁명에 있어서의 반봉건적 혁명이념으로 발전되어 갈 수 있게 한 정치사상의 원천으로서의 기반을 조성하였던 것이다.

그러나, 최제우는 조선사회의 봉건적 제반모순을 지적하면서도 그 내면에는 封建敎學으로서의 유교윤리관에 토대한 봉건적 잔재성을 내재하고 있었음도 발견할 수 있다.30) 예컨대, 최제우는 『용담유사』에서

가련하다 가련하다 이내 家運 가련하다… 不遇時之 男兒로서 허송

---

30) 姜在彦, 『韓國의 近代思想』(한길사, 1985), p.135; 이와 관련하여 강재언은 동학이 반침략과 반봉건적 사상을 반영하면서도 몰락양반이 창시한 이데올로기로서의 계급적 한계성을 내재하고 있었다고 평가한다.

세월 하였구나… 사십 평생 이뿐인가 無可奈라 할길없네… 어화 세상사람들아 나도 또한 출세후에 古都江山 지켜내어 世世遺傳아닐런가.31)

라고 가문의 몰락을 한탄하면서 동학의 창도를 자신의 사회적인 출세와 연결시키는 입장을 보이고 있다. 그리고 유교의 쇠락을 논의하면서도 군주제를 옹호하는 봉건교학으로서의 유교에 대한 친화성을 보이고 있다. 즉,

효박한 이세상에 不忘其本하였으라. 임금에게 공경하면 忠臣烈士아닐런가.… 나도 또한 忠烈孫이 초야에 자라나서 君臣有義몰랐으니 得罪君王아닐런가.32)

라는 입장의 표현이 그것이다. 이상의 내용은 그의 반봉건 정치사상에서 나타나는 한계점으로 지적될 수 있을 것이다.

한편, 동학은 그 발단에서부터 西學(천주교)과 西勢(서구열강을 의미)에 대한 대항의식에서 창도되었다는 점에서 반외세적 자기보전의 자주지향적 정치사상의 성격을 띠고 있었다. 조선왕조의 철종시대에 이르러 천주교는 국내에 널리 전파되었으며, 뿐만 아니라 1860년에는 영불연합군에 의한 중국의 수도 북경침공의 사실이 조선에 전달되면서 상하민심은 극심하게 동요하고 있었다.33)

이에 대하여 동학은, 天堂地獄說을 말하고, 祖上祭禮를 금지

---

31) 『龍潭遺詞』, 「龍潭歌」.
32) 『龍潭遺詞』, 「勸學歌」.
33) 韓㳓劤, 「東學의 唱道와 그 基本思想」, p.391 참조.

하는 서학의 비윤리성을 배격하고 있다. 이런 서학의 비윤리성에 대한 배격의 내용은 다음과 같은 『용담유사』의 「권학가」와 「도덕가」에서 찾아볼 수 있다.

> 下元甲 庚申年에 전해오는 세상말이 요망한 西洋賊이 중국을 침범해서 天主堂 높이 세워 거소위 하는 道를 천하에 遍滿하니 可笑절창 아닐런가…我東方 어린사람 禮義五倫 다버리고 남녀노소 兒童走卒 成群聚黨 極盛中에 허송세월 한단 말을 보는 듯이 들어오니. 無斷히 하느님께 晝宵間 비는 말이 三十三天 玉京臺에 나 죽거든 가게하소. 우습다 저사람은 저희 부모 죽은 후에 神도 없다 이름하고 祭祀조차 안지내며 오륜에 벗어나서 唯願速死 무삼일고. 부모없는 魂靈魂魄 저는 어찌 唯獨있어 上天하고 무엇하고 어른 소리 말았으라.… 허무한 니희 풍속 듣고나니 질창이오 보고나니 慨歎일세.[34]
>
> 天上에 上帝님이 玉京臺계시다고 보는 듯이 말을 하니 陰陽理致 고사하고 虛無之說아닐런가.[35]

뿐만 아니라, 서세의 중국침범이 곧 조선을 위협하는 것과 같은 것으로 파악하고 침략적 서세에 대한 위구심을 표명하고 있음도 찾아볼 수 있다. 최제우는 『동경대전』에서,

> 夫庚甲之年 建巳之月 天下紛亂 民心淆薄 莫知所向之地 又有怪違之說 崩騰于世間 西洋之人 道成立德 及其造化 無事不成 攻鬪干戈 無人在前 中國消滅 豈可無脣亡之患耶.[36]

---

[34] 『龍潭遺詞』, 「勸學歌」.
[35] 『龍潭遺詞』, 「道德歌」.
[36] 『東經大全』, 「論學文」.

라고 함으로써 영불연합군의 북경점령을 서세〔서구열강〕의 중국 침략으로 파악하고 이를 조선의 국가안보와 관련시켜 위기위식을 나타내고 있는 것이다. 서세에 대한 이러한 인식 속에서 최제우는 『동경대전』에서

> 吾亦生於東 受於東 道雖天道 學則東學 況地分東西 西何謂東 東何謂西… 吾道 受於斯布於斯 豈可謂以西名之者乎.37)

라고 함으로써 서양과 결부된 '서학'에 대하여 자신이 창도한 종교를 대칭적으로 '東學'이라고 명명했다. 그리하여, 반외세적 자기보전을 뜻하는 '輔國'의 자주적 지표로 설정하고 있는 것이다.

동학의 보국사상에서는 서세에 대한 자기보전적 반외세 민족의식과 함께 일본과 淸에 대한 민족의식도 표방하고 있음을 볼 수 있다. 즉, 임진왜란에서 쌓여진 강렬한 反日적개심과 함께 병자·정묘호란에서 기인한 反淸 怨讐意識에서 배태된 민족의식인 것이다. 그러나 그것은 단순한 복수심만이 아니고 침략외세로서의 일본과 청에 대한 또 하나의 경계를 의미했던 것이라고도 볼 수 있을 것이다.38)

일본에 대한 강렬한 민족적 적개심은 『용담유사』에 잘 나타나 있다. 즉,

> 가련하다 가련하다, 我國運數 가련하다. 前歲壬辰 몇 해런고 二百四十 아닐런가.… 개같은 倭賊놈이 前歲壬辰 왔다가서 술싼일 못했다

---

37) 『東經大全』, 「論學文」.
38) 韓㳓劤, 「東學思想의 本質」(『東方學志』 10輯, 延世大學校 東方學硏究所, 1969), p.68.

고 쇠술로 안먹는 줄 세상사람 뉘가 알꼬, 그 역시 원수로다… 내가 또한 神仙되어 飛上天 한다 해도 개같은 倭賊놈을 하느님께 조화받아 一夜間에 소멸하고….39)

가 곧 그것이다. 그리고 반청민족의식은 역시 『용담유사』에서

大報壇에 맹세하고 汗의 원수 갚아보세. 증수한 汗의 碑閣 헐고 나니 초개같고 붓고나니 박산일세.40)

라는 표현으로 나타나고 있다. 그런데, 大報壇이란 임진왜란 때에 조선에 원병을 파병한 明나라의 神宗皇帝의 위패를 봉숭하는 곳이니 이를 통해 본다면 최제우는 엄연히 華夷的 의식에서 탈피치 못하고 있음을 알 수 있다. 이는 그가 조선사회의 봉건적 제반모순을 지적하면서도 그 내면에서 봉건교학으로서의 유교윤리관에 토대한 봉건적 잔재성을 내재하고 있는 것과 마찬가지로, 반청의식도 어디까지나 화리적 의식의 기반 위에서 滿洲族 지배하의 청에 대한 반감을 표시하고 있기 때문이다. 이는 漢文化 중국 자체에 대한 자주적 민족의식이라기보다는 화리적 의식에 저초한 반청 민족의식으로서의 한계성을 내재하고 있었던 것으로 평가할 수 있는 것이다.

요컨대, 동학은 대내외적 상황의 인식근거를 역시 종교의 형태 속에서 보국안민의 정치사상으로 제시함으로써 농민계층을 비롯한 피지배층 민중의 정치의식을 반봉건적 진보의식과 반외세적 자주의식으로 고양·무장시켜 나아갔던 것이다.41) 이러한

---

39) 『龍潭遺詞』, 「安心歌」.
40) 『龍潭遺詞』, 「安心歌」.

동학의 정치사상은 "사회의 제반 난문제를 해결하는 데에 궁극적인 기준을 제시하여 사회에 공헌"하는 종교의 기능적 측면도 있었으나,42) 새로운 정치사회에로의 이행전략(移行戰略)의 미비43)와 그를 위한 실천적 정치투쟁의 미흡44)이라는 한계점도 동시에 내재한 것이었다.

5. 맺음말

이상에서 살펴본 바와 같이 최제우는 그의 동학창도를 통해 천인합일의 종교사상 속에서 인간지상주의와 인간평등성을 적시하였다. 나아가 최제우는 성·경·신으로 수심정기하는 종교윤리를 제창함으로써 특히 피지배층으로서의 농민계층의 분산되고 혼란한 사상의 통합을 추구하였으며, 이는 '동귀일체'라는 표상을 통하여 사회통합을 추진하려 하였던 것으로 평가할 수 있다.

한편, 대내외적 상황의 인식근거를 역시 종교의 외형 속에서 '보국안민'이라는 정치사상으로 제시함으로써 농민계층을 비롯한 피지배층의 정치의식을 반봉건적 진보의식과 반외세적 자주의식

---

41) 金昌洙,「東學革命運動과 東學敎門-동학혁명 전개과정에 있어서의 동학의 기여」: 김창수 교수는, 이와 같은 동학의 보국안민에서 나타난 반침략적 자주사상과 반봉건적 개혁사상이 전봉준 등의 동학농민군 지도자에게 실천적으로 계승되어 1894~1895년의 동학혁명운동으로 발전하게 되는 것으로 보고 있다[李炫熙 編,『東學思想과 東學革命』(청아출판사, 1984), pp.336~345 참고].
42) Milton Yinger, op. cit.
43) 김영작,『한말 내셔널리즘 연구-사상과 현실』, pp.210~222 참조.
44) 김만규,『한국의 정치사상』(현문사, 1999), pp.365 참조.

으로 전환시켜 나아갔던 것이다.

요컨대, '천도'로 표상화된 천인합일의 인간지상주의·평등사상을 기저로 하여 반봉건적 개혁과 반외세적 자주성 지향의 보국안민이라는 정치사상을 내면화한 동학사상은 당시의 농민을 비롯한 피지배층의 갈망을 반영한 것이었다.[45] 그리하여 동학의 종교사상 내부에는 일정한 前近代的 要素가 내재되어 있었음에도 불구하고, 그 정치사상 내부의 자주성과 진보성의 성격으로 인하여 1864~1893년 기간중의 동학교단 활동은 물론 1894~1895년에 전개된 동학농민혁명에 있어서의 반봉건 혁명이념과 반침략 민족주의 이념으로서의 정치사상적 정향과 연결되어 갈 수 있었던 것이다.

---

45) 金義煥, 『全琫準 傳記』(正音社, 1974), p.18.

서평

동학은 인류구원의 근원

이현희 저, 『우리 역사 속의 진실 찾기』
신지서원 2000년 1월(A5판, 반양장, 384쪽)

신재홍*

Ⅰ.

동학·천도교의 역사적 연구와 발표를 계속하고 있는 동학학회 회장이며 성신여대 교수인 이현희 회장이 『3·1혁명, 그 진실을 밝힌다』(1999)에 이어 이번에 대중교양용으로 『우리 역사속의 진실찾기』라는 또다시 주목할 만한 역저요, 화제의 책을 내 관심을 끈다.

이 책은 384쪽[A5판]에 달하는 한국근현대사에 관한 저자의 97항목의 문제성있는 단편의 글을 6부로 나누어 편간한 것이다. 그러므로 전편이 전부 동학·천도교에 관련된 연구저서는 아니라고 본다.

그러나 6부에 흐르고 있는 한국근·현대사의 일관된 내용들은 대개가 그 연원이 1860년대 동학사상으로부터 출발하고 있음을 눈여겨볼 수 있다. 그것은 그 때가 수운 최제우 선생의 동학

---
* 전 국사편찬위원회 편사부장(한국근대사)

득도라는 역사적인 측면에서 이 책의 출발은 '동학득도'로부터 그 시원점을 찾고 있기 때문이다. 이런 점에서 근현대의 역사라 해도 동학과 그 사상의 역사적 측면과 이념이 그대로 384쪽에 걸쳐 묻어나고 향기를 풍긴다고 말할 수 있다.

저자 이 교수는 이 책에서 "나는 이 역사산책을 통하여 우리나라 근현대사의 흐름을 동학의 득도라는 차원에서 찾아보고 철학적 이념과 민족의 운세를 캐기 시작하였다"라고 의미있는 출발의 말을 토해내고 있다. 그는 동학연구 40년의 연륜을 통해 과거 한국사상연구회의 주요멤버로 先學과 손잡고 동학의 역사적 해명을 지속적으로 전진시켜 성과를 내놓고 있었는데, 마침 3년 전 동학학회를 동지들과 창립하고 조직적인 연구에 제도적 풍토와 발표의 기회 및 보장을 해놓아 동학연구의 장을 펴놓은 것이다. 이 역시 저자 이 교수의 큰 업적중의 하나라고 생각된다. 앞서 출간한 『3·1혁명, 그 진실을 밝힌다』라는 방대한 양〔460쪽 내외〕의 역저 양서가 나오자 천도교 지도자들이 크게 반겼다고 들었다. 특히 부산의 안관성 종법사는 이 책을 받아들고 감격 경탄하면서 "이제 우리 천도교가 다시 살아났어. 어디 가져다 놓아도 손색없는 우수한 저술이야. 천도교가 바로 3·1운동〔혁명〕을 선도·주도하였다는 객관적인 증거가 극명하게 서게 된 것이야"라면서 감루를 금치 못했다고 들었다.

그 같은 감동 감탄의 연속타가 바로 이 대중서인 본서가 아닌가 생각된다. 동학을 구심점으로 한 한국근현대사를 연구하고 있는 평자의 경우도 소년운동을 통해 동학의 위상을 얼마간 제고하고 있다. 이는 동지 김정의 교수와 같이 소년의 동학에서의 기여도를 계속 연탁하고 있는바 이 교수의 동학을 통한 민족주의 연구는 매우 주목받는 업적중의 하나라고 믿고 이 책의 출간을 同慶해 마지않는 바이다. 이 책 속에 동학의 나아갈 길·방법·이념·사상·호소 등이 제시되어 있어 주목을 끈다.

II.

본서 제4부에 나오는 「역사속의 동학읽기」라는 제목의 7편이 이 책중 가장 본격적인 동학-천도교의 역사적 의미를 돋보이게 정리 제시한 것으로 보인다.

그는 동 제4부 ① '나라의 근본은 백성이다'라는 제목을 통해 곧 백성의 존재이유가 무엇인가를 제시함과 동시에 근본이 서야 나라가 바로 되고 발전한다라는 명쾌한 논리를 펴고 있다. 동학의 접주 녹두장군 전봉준이 동학혁명을 일으켜 교도와 농민을 취합할 때 이 말을 써서 감동적으로 순식간에 원근을 불문하고 전봉준 휘하로 결의에 찬 상기된 얼굴을 하고 운집했던 것이다. 그것이 동학혁명의 성공을 예고하는 징조적 근본이었다. 따라서 동학혁명은 곧 民의 존재이유를 심각히 따지며 위상을 정하는 가운데 일어났고 동조가 생겼으며, 성공으로 나갈 수 있었던 것이다. 그와 같은 백성의 존재를 무시하거나 소외 탄압하므로 순하디 순한 백성이 울분하고 격노하며 민중중심의 혁명을 일으킨 것이다. 대체로 혁명의 성공은 민중의 자발적인 참여와 방향감각 여하에 따라 성공여부가 결정된다는 국제정치학자(한스 콘)의 말을 인용치 않더라도 자명한 원리인 것이다.

② '사람이 곧 하늘이다'라는 제목에서 저자는 동학의 득도자 최수운의 인류구원적 사상과 인식을 차분하게 친화적 설명조로

서술하여 일반인의 이해를 돕고 있다. 그는 어려운 이론이나 방법이 아닌 쉬운 풀이로 수운의 인류 구원적 출범을 예찬하고 있다. 그것은 그가 득도한 1860년대의 역사적·문화적·사상적 공백기를 수운의 인류구원이라는 메시아적 기능을 역설함에서 설득력과 호소력을 동시에 지녔다고 본다.

그것은 ③의 '동학혁명'란에서 여지없이 그 진면목을 보여주고 있다.『동학학보』창간호에 실린 이 교수의「동학혁명과 홍천 풍암리전투 연구」(2000)에서도 언급하였듯이 동학혁명은 강원도 일대에서도 제1차·제2차의 혁명이라는 종래적인 도식을 따라 지속적으로 계속되었다는 새로운 사실을 독창적으로 제시하였는 바 이 항목에서 이 혁명이 민중구국항일투쟁의 출발점이 되었음을 여러 전거를 통해 명쾌히 제시하고 있는 것이다. 특히 동학의 지도자 30여 명이 강원도에서 혁명진행 중 잡혀 참수, 효수형으로 순도하고 있는 사실을 제시함으로써 그렇게 혁명성·처절성 등을 인식할 수 있는 것이다.

④는 해월 최시형 선생의 도망자 순례의 공로를 문헌에 의거 제시하고 있다. 앞의 저서에서도 이 같은 주장을 일관되게 해온 저자 이 교수는 이 항목에서 그가 간행해낸『동경대전』이나『용담유사』의 큰 업적을 다시 기리고 있다. 해월의 순교자적 언행이 아니었더라면 동학의 바이블이기도 한 양대 경전은 빛을 볼 수 없었을지도 모를 일이다.

⑤에서 다시 동학혁명의 이해·인식방법을 관련학자적 경우에 매우 객관적이고 보편 타당성있게 지적하고 있다. 물론 혁명 당시의 사료에는 동학혁명군을 비적 강도·폭도·선동꾼·파괴자 등으로 묘사해서 일망타진의 엄벌위주로 나간 것을 우리가 잘

알고 있는데, 이 교수는 그것을 다시 해석·음미하고 혁명으로서 용어정립과 명명에 관해 순리적으로 펴서 이해를 구하고 있는 것이다.

⑥에서는 지난 동학혁명 100주년(1994)의 과제가 무엇이었는가에 초점을 맞추어 혁명의 당위성을 논증하고 있다. 동학란·동학전쟁·갑오전쟁·농민전쟁·농민봉기… 수다한 동학혁명의 명칭을 왜 '동학혁명'이라야 정설이 되는가 하는 사실을 명쾌히 정립하였다. 소위 운동권에 속한 자들이 동학혁명을 '동학'이라는 외피마저 부인하고 순수하게 '농민전쟁'으로 몰아가는 몰상식에 일침을 가하고 기준, 정답을 제시한 것은 경청할 학술적 입론의 전개라고 믿어 의심치 않는다.

끝으로 「3·1혁명은 동학혁명의 계승」이라는 제목을 통해 3·1운동이 왜 혁명이 되어야 하는가에 관해 종래의 선명한 이론을 정립하였다. 저자는 우리 근현대사에서의 혁명은 동학과 3·1운동 두 커다란 공통의 민중역사의 승리로 거론하여 수긍이 간다. 평자 역시 그의 해박한 이론정립에 동조할 수밖에 없다.

아무튼 본서는 전체의 흐름이 동학으로 일관되지는 않았으나 나머지 5부내 90여 개의 대소항목의 심저에 흐르는 사상과 이론이 동학에 기초한다는 사실에 주목하고 감히 이 책의 서평을 맡게 되었다. 동학은 인류구원의 근원사상과 피난처임을 재삼 다짐하는 이론에 감명을 받았다.

서평

동학혁명의 명쾌한 해답

金義煥 저 『近代朝鮮東學農民運動史 硏究』
日本 和泉書院간, 1986[양장, 413쪽]

조항래*

I.

　본서는 고 김의환 교수가 1960년 이래 官文獻, 동학교단의 문헌은 물론 지방 관계지역까지 빠짐없이 답사하여 그때그때 발표한 논문들을 종합적으로 系統지워 완성한 양서인 것이다. 즉 1860년의 동학의 득도로부터 1893년 11·12월의 古阜농민의 民訴운동〔갑오농민전쟁의 序戰〕에 이르기까지의 34년간의 동학농민운동의 확대를 동학과 농민과의 內的관련으로 일관하여 고찰 논증, 서술한 한국근·현대사의 최초의 한 분야의 연구이다. 저자는 갑오동학농민전쟁까지 연구가 완성되어 있으나 분량상, 갑오동학농민전쟁사는 속편으로 앞으로 간행하겠다고 서문에 기록해 놓고 있다.

　본서는 일본 九州大學에 문학박사 학위논문으로 제출하여 오

---

* 평택대 교수(한국근현대사)

랜 심사 끝에 교수회의에서 만장일치로 통과되어 1984년에 저자가 학위를 받고 정리해서 간행한 것이다. 이 학위는 일본 구주대학에 조선사학과가 창설된 이후 최초의 박사논문이다.

저자는 본서연구의 주제와 서술방법에서 지금까지의 학계의 경향을 쇄신하였다. 즉 1894년 3월 이전의 농민운동을 동학과는 무관계의 일반민란으로 보고 동학과의 내적 관련을 부정해 왔다. 이 같은 종래의 학설에 의문을 가졌던 저자는 1960년 이래 여기에 대한 본격적 연구를 시작하여 그 연구성과를 발표해 왔다. 그런데 다행히도 최근에 이르러 저자의 연구성과를 확실히 입증하는 동학측의 기본사료가 속속 발견되어〔1968년 발견의 『沙鉢通文』, 1978년 발견의 『崔先生文集 道源記書』〕여기에 과거의 연구를 다시 보충할 수가 있었다고 지적하고 있다. 또 한국 근대의 기점으로 되어 있는 1860년을 중심으로 당시의 역사적 조건을 전제로 하여 형성된 주된 정치사상이 개화사상·위정척사사상·동학사상이다. 전자의 두 사상이 전통적인 위로부터의 지배층의 교학 가운데서 나타나 발전·성장하여 간 데 대하여 후자의 사상은 밑으로부터의 피지배층의 반봉건·반침략적인 민중〔주로 농민〕의 사상으로 발전·성장하여 갔다. 본 연구의 주제인 동학은 1860년 당시의 농민감각에 밀착하여 몰락양반인 잔반 崔濟愚에 의해 득도된 것으로 그것이 농민의 요구와 합치되는 반봉건·반침략의 기본성격을 지니고 있었기 때문에 농민대중의 농민운동으로 성장하여 근대 민족운동사상에 중요한 역할을 수행하고 그 중요한 분야를 차지해 왔다고 하여 동학농민운동사 연구가 한국근대사 연구의 중요한 과제임을 시사하고 있다. 또 동학사상 및 그 운동과 갑오농민전쟁과의 관련을 과대히 평가하는 교단측의 주장은 先驗的 신앙에 관계되는 학문외의 문제라 하여 동학연구의 조심점을 지적하였다. 적어도 이것을 연구문제사적으로 볼 때 1945년 8·15광복 이후에서 1950년대에 걸쳐서 학계의 연구동향으로서는 그 관련[동학과 갑오농민전쟁과의 관련]을 부정해 온 것이 그 주된 경향이었다. 그러나 그 후 이에 대한 학문적인 깊은 반성의 기운이 일어나 그 결과 1960·70년대에 있어서는 부분적이기는 하나 갑오농민전쟁으로의 동학의 역할을 인정하는 경향이 나타나게 되었다. 즉 1950년대까지의 기계적·도식적 평가로부터 1960·70년대에 걸쳐서 구체적·과학적 평가로 그 연구가 정착되어 왔다고 근간의 동학농민운동 연구의 뚜렷한 경향성을 알려주고 있다.

또 연구의 입장과 방법으로 사회의 변동기요, 대전환기에 있어서의 사회사상의 영향력을 중요시하여 그 사상이 창의성을 나타낼수록 영향력이 크다고 말하고 그 연구방법으로 봉건지배층[이것과 결탁된 외세]과 피지배층과의 대립에서 오는 기본적 모순과 피지배층 내부의 대립으로부터 오는[동학상하층의 모순, 동학농민과 비동학농민과의 모순] 상대적인 모순의 관계에서 동학운동의 발전을 고찰하였다. 따라서 유동적 史眼으로 동학농민운동을 생생하게 고찰하고 피지배층 내부의 모순 즉 동학 내부의 상하층의 대립모순과 동학농민과 비동학농민의 동질화가 가능한 것이며, 이 같은 모순은 절대적 기본적 모순인 봉건지배층[이와 결탁된 외세]과 피지배층과의 심화 대립과정에서 해소되어 동학농민의 세력은 확대되어 간 것이라 보아왔다. 즉 반봉건·반외세적 성격의 동학은 여기에 농민결집의 마당[場]의 역할을 수행한 것이라 생생하게 동학농민운동을 고찰해 놓고 있다.

Ⅱ.

　이상의 사안방법으로 고찰한 본서의 내용은 4장으로 구분하여 서술해 놓고 있다. 제1장「東學思想과 그 性格」은 저자가 가장 역점을 주입하여 노력한 글이다. 즉 초기 동학사상의 형성과 전개를 고찰하여 동학사상의 기본적 성격을 파악하고 그 기본적 성격의 어떤 부분이 농민운동의 발전 확대에 기여적 요인이 되었는가를 생생하게 분석해 놓았다. 즉 이 곳에서는 종래의 동학사상연구를 종합하여 파헤쳐 그 엣센스를 들어내놓고 있다. 즉 초기 동학의 반봉건적 성격〔농민대중의 것으로의 동학창시-동학창시의 대상문제, 동학의 반주자학적 성격, 天心＝人心(人乃天)의 반봉건적 평등사상, 後天開闢의 현실부정사상〕초기동학의 반외세적〔민족적〕성격〔서양의 무력적 침략에 도전하려는 輔國安民사상, 西學 즉 천주교에 도전하려는 보국안민 사상, 반일반청의 민족주체사상〕을 추출해내고, 그것이 어떻게 농민운동에 기여적 요인이 되어갔는가를 논하고 있다. 종래 동학사상 연구에 있어서는 無爲而化의 실천적 윤리의 결여라는 부정적인 면이 강조되어 왔으나 저자는 무위이화의 이면에 엿보이는 有爲而化의 실천적 윤리면을 생생하게 파헤쳐 지금까지의 해석에서는 엿볼 수 없는 새로운 면을 강조 제시해 놓았다. 이 같은 사실은 동학의 새로운 해석이라는 점에서 획기적 사실이라 하지 않을 수 없다.

　제2장「1871년(辛未)에 있어서의 동학농민군의 寧海聞慶蜂起-全般的 農民蜂起로의 萌芽」에서는 제1장에서 논증한 동학의 농민운동으로의 기여적 요인을 중심으로 1871년(신미)의 영해 문경에 있어서의 동학농민군 봉기를 고찰 논증한 것이다. 초기

의 동학사상 가운데는 상층부의 신앙사상적인 움직임과 하층부 동학농민들의 현실적 타파의 정치혁명적인 움직임이 있었는데, 교조 사후 이 두 움직임이 결합하여 일으킨 최초의 敎祖伸寃運動이 1871년의 동학농민군의 영해 문경봉기인 것이다. 이 봉기 가운데 저자는 당시 일반 비동학농민 봉기 가운데는 볼 수 없는 선진적 성격 즉 전반적 갑오농민전쟁으로의 맹아적 요소를 입증하고 있다. 지금까지 학계에서는 이 봉기는 동학과 관계없는 일반농민봉기로 취급해 왔으나 저자는 이미 20년 전부터 논문으로 동학농민군의 봉기라고 立論하였는데, 1978년에 그 기본사료인 『최선생문집 도원기사』가 발견되어 저자의 입론이 확증되게 되었다.

제3장 「開港(1876) 후의 外勢의 侵入과 東學農民運動의 發展」에서는 개항 후 외세의 한국에 대한 경제적 침략과 농민경제의 파탄, 이러한 추세 가운데 반봉건·반외세[민족적]를 슬로건으로 하는 동학농민운동이 어떻게 발전하고 여기에 따라 동학의 조직이 어떻게 확대되어 그것이 어떻게 농민결집의 마당의 역할을 수행해 갔는가를 고찰 논증한 것이다. 말하자면 개항후 동학농민운동 발전의 기반과 그 확대상을 심층 고찰한 것이다.

제4장 「1892·3년에 있어서의 동학교조신원운동의 앙양과 그 性格變化」에서는 갑오농민전쟁 직전인 1892·3년에 있어서 종교적 슬로건으로 일어난 교조신원운동이 그 운동의 전개과정에서 어떻게 성격이 변화해 가고, 또 성격변화의 결과 東學湖南接[뒤의 南接]의 지방접주들이 어떻게 주도권을 쥐고 의도·계획적으로 전반적 갑오농민전쟁으로 발전하여 갔는가를 고찰한 것이다.

Ⅲ.

　이상 4장의 본서의 내용을 통하여 알 수 있는 바와 같이 본서는 동학농민운동의 발전상과 갑오농민전쟁의 성격고찰에 뺄 수 없는 중요성을 담은 한국근대사의 한 측면을 개척한 주목할 연구인 것이다.
　끝으로 본서가 출간된 이후 곧 저자 김의환 교수는 幽明을 달리하였다. 그 동안 본서는 국내서점가에서 별로 눈에 뜨이지 않았고, 사학계에서도 거의 소개되지 않았던 것으로 알고 있다. 이번에 본회의 회장인 李炫熙 교수의 호의로 필자는 외우인 고 김의환 교수의 명복을 빌고, 감히 이 귀중한 연구서에 대한 서평을 하게 되었다는 것을 附言한다.

시평

전봉준의 평가와 『동학사』의 해석문제

柳永益 저, 『東學農民蜂起와 甲午更張』
一潮閣, 1998년11월(국판양장 모조 252쪽)

이현희*

I.

본서는 우리나라 근대사연구로 수많은 주목할 주옥같은 논저를 발표하고 있는 연세대 석좌교수 유영익의 최근 역작으로 모두 6편(4편은 主 논문. 2편은 補論)의 논문을 순서대로 짜임새있게 배열해 놓고 있다.

그 중 동학에 관련된 핵심적인 논문은 제1장에 펼쳐지는 「全琫準義擧論-甲午農民蜂起에 대한 通說批判-」이다. 그 외 제5장 「甲午農民蜂起의 保守性」과 제6장 「東學農民蜂起와 甲午更張의 歷史的 意義」라는 두 가지의 補論的인 참신한 논문이 이 저술의 반을 채우고 있다.

본서에 수록된 그 외 3편의 논문은 「대원군과 청일전쟁(제2장)」·「박영효와 청일전쟁(제3장)」·「갑오경장과 사회제도 개혁(제

---

* 성신여대 교수(한국근대사)

4장)」이다. 이 뒤의 3편의 논문도 동학과 관련을 맺고 있어 동일 저서와 함께 배열·정리해 놓은 것 같다.

저자 유 교수는 서문에서 그 자신이 미국대학의 유학중 제일 처음 쓴 논문이 동학에 관한 성과였다고 지적하고 그것이 인연이 되어 학위논문을 갑오경장이란 주제로 채택·수용하였다고 언급하였다. 그만큼 유 교수는 동학에 관해 애정이 깊었다고 실토하면서 동학이 자신의 "마음을 사로잡은 학문적 첫사랑의 대상이었다"고도 고백한다. 그가 얼마나 동학연구에 애착과 조예가 깊었는가 하는 점은 이 책에 수록해 진지하고 심층적이며 분석적인 주목할 연구논문을 대하면 얼른 이해가 간다.

특히 그는 사료의 철저한 비판과 고증, 내외 사료와의 대조·검증이 워낙 철두철미하여 기존의 학설(주장)을 반박·정리하고 대안을 제시하는 과정에서 객관성과 타당성을 발견해 낼 수 있다. 그는 "참신한 사료들을 되도록 많이 발굴하되 입수된 사료의 가치를 가린 다음 이를 허심탄회하게 분석함으로써 해당 주제에 대해 합리적이고 균형잡힌 해석을 시도하였다"[서문]라는 말속에서 진솔한 저자의 고심어리고 야심찬 학문적 의욕을 다시 한번 읽어볼 수 있어 감명을 받게 한다.

따라서 본서는 19세기 후반의 한국사의 동학인식체계를 재고·비판케 하는 기존학계에 주는 경고장과도 같게 들리고 있다.

II.

28쪽에 걸치는 분량의 제1장의 논문은 「전봉준 의거론」으로 그의 유교주의적 배경을 각종 자료에 의거 비교·검토하면서 명쾌히 규명하여 그간 분분하던 사상적·종교적·보학적 배경을 명쾌하게 단정적으로 제시해 주고 있다.

　전봉준의 대원군과의 내통·제휴·봉대설은 그간 이상백 등 여러 학자에 의해 제기되어 왔지만 이 저자의 논문에서 그 가능성이 더욱 현실화·고정화되고 있는 듯싶은 뉘앙스를 풍긴다. 실제로 평자 역시 그의 유려한 논지와 축조적 문장에 매료되었다. 그것은 실증적으로 인식케 하는 유도력·호소력이 넘친다고 믿기 때문이다. 그의 지적과 같이 동학운동은 혁명성과 전쟁론으로 대별되고 있는 바 두 가지의 흐름은 어느 하나도 진실에 해당되지 않는다는 독특한 경악스러운 논지인 것이다. 혁명성은 보수성으로 인식하였고 전쟁론은 의거론으로 연구를 귀착시키고 있어 참신성에 주목해 볼 수 있다. 그러나 두 가지 흐름이 결론적으로는 진보적이고 주체적인 민중운동이었다는 종래 논지에 변화를 주려고 자료적 지원 속에 설득력을 동원한다. 이론상으로는 긍정적 논조도 있겠으나 한편으로 기존의 주장에도 무게가 실려 있지 않겠는가 싶은 생각이다. 그에 관련된 수많은 논저가 그의 강력한 주장에 방어벽의 임무를 띠고 있음도 귀담아 들어야 하지 않겠는가 싶다.

　그는 동학운동이 혁명성보다는 보수적 복고적이었다고 보기 때문에 「동학농민봉기」라는 용어를 학계에 정착시키려 의도하는 듯 싶게 느껴진다. 물론 이 용어의 학술적인 면에서의 정착희망은 다른 많은 용어의 난무·난삽·난타와 함께 공동의 토론장에서 하나로 정리되어야 할 것임을 제안해 둔다.

　이 논문에서 전봉준의 가계와 사상적 배경·인물평가 그리고 무장(茂長)포고문의 성격 등의 규명은 큰 연구성과로써 주목할 업적이라 평가할 수 있다. 이 포고문의 성격을 정리할 때 녹두장군이 철저한 유교지식인었음을 입증한다는 것[21쪽]을 강조하면서 종래 학설화된 반봉건 평등주의·민족주의 요소를 그의 언행 속에서 찾아 볼 수 없다고 기존의 학설을 전면 부인하고 있어 과연 그것이 올바른 해석일까 아닐까 심사숙고할 대목인 것 같다.

핫이슈로 대두한 폐정개혁안 12개조의 진위나 설정자체의 여부 문제인 것 같다. 이것이 오지영의 『동학사』[역사소설]에 나오고 있어 혁명성의 전거로 내세우고 있는 것인데 저자는 이 12개조의 존재에 매우 회의적 평가를 내리고 있어 역시 재고해야 할 것 같다. 동 10조와 12조 외의 조항은 군국기무처의 개혁안을 참고하여 삽입하였을 것으로 추정하고 있다[18쪽]. 과연 그럴까 하는 것은 고증할 자료가 마땅치 않아 유교수의 문제제기에는 공감하나 설득력·호소력은 상대적으로 적은 것이 아닌가 싶다. 동12개조의 폐정개혁안이 집강소를 통해 발표되었고 지속적인 개혁을 추진하였다는 사실을 감안해 보면 전적으로 오지영의 윤작이나 후대의 개작일까 하는 의구심이 간다. 다같이 생각할 과제인 것 같다.

동학군의 개혁요구는 경제문제의 해결을 통해 생활조건을 개선하려는 데 더 큰 관심이 있었다고 설명하면서 복고주의적 성향·언행을 보였다는 것인데 이 역시 재검토할 사안인 것 같다. 동학교단의 교조신원운동은 1864년 이래 오랫동안 제기되었던 전교인의 요구이며 척왜양의 주장도 동일하다. 『동경대전』이나 『용담유사』에 "개 같은 왜놈들"이라는 표현이 빈발하고 있어 이것이 동학군들에게 그대로 민족의식이나 배외사상으로 전수된 것이 아닌가 싶어 동학군이 단순 복고나 보수성 유지차원이라는 입론의 전개에는 뭔가 타당성이 부족하지 않은가 싶은 생각이다.

혁명·전쟁, 이러한 주장이 방계사료에 의거한 논지라고 질책할 수 있겠으나 기존의 주장이 막연한 근거에 의거하지 않았다는 점도 간과할 수 없을 것이다.

Ⅲ.

본서의 동학관련 논문은 앞의 것 외에 두 편이 보론적으로 실려 있다. 얼핏보면 이 두 편은 그의 기존논문의 주장을 더욱 보강하거나 표현의 유사성을 발견할 수 있다. 평자는 동학농민운동을 혁명으로 규정해야 한다는 일관된 주장을 몇 가지 근거에 의거하여 논저를 통해 강조하였다. 그 중에는 오지영의 『동학사』까지도 원용해서 역설한 바 있다. 그러나 유 교수는 "보수적 성격의 무장개혁운동으로"[180쪽] 규정하고 있다. 예컨대 김구가 동학에 입도한 것은 평등주의·體天行道에 매료된 까닭인 것을 생각할 때 동학은 민족종교로써 보수적이기보다 보국안민적이었고, 왕정복고적이기보다는 인내천이란 사실에 휴머니즘과 인간성의 존엄을 느낀 것이 아닌가 싶다.

그는 끝으로 일본침략군을 축출하기 위해 항쟁하였던 동학농민군의 애국정신에서 많은 교훈을 찾아야 한다고[226쪽] 결론을 맺어 동학군의 제1차·제2차 '혁명'을 애국정신의 발로로 규정하고 있는 듯한 논조에 안도한다.

아무튼 본서는 동학군과 전봉준에 관한 내용이 주류를 형성하는 품격 높은 학문적 고증과 비판의 안목을 한 단계 높여준 놀랍고 감명받게 한 양서·역작이었다고 보아 다시 한번 높이 평가한다. 유 교수의 동학연구의 새로운 진전과 서광이 비칠 것을 합장하여 기도·기원한다.

동학과 동학경전의 재인식

지은이 : 동학학회
만든이 : 임성렬
만든곳 : 도서출판 신서원
초판1쇄 인쇄일 2001년 3월 15일
초판1쇄 발행일 2001년 3월 25일
주소 · 서울특별시 종로구
　　　교남동 47-2(협신209호)
등록 · 제1-1805(1994. 11. 9)
Tel　(02)739-0222 · 3
Fax　(02)739-0224

값 15,000원

신서원은 부모의 서가에서
자식의 책꽂이로
'대물림'할 수 있기를 바라며
책을 만들고 있습니다.
잘못된 책은 연락주십시오.